# LOUVOR

# LOUVOR

## ANÁLISE TEOLÓGICA E PRÁTICA

D. A. Carson
*Editor*

Mark Ashton
R. Kent Hugues
Timothy J. Keller

*Tradução*
Wilson de Almeida

Rio de Janeiro, 2025

Título original *Worship by the Book*
Copyright © 2012 por D. A. Carson, Timothy Keller, Mark Ashton e Kent Hughes
Edição original por Zondervan. Todos os direitos reservados.
Copyright da tradução © Vida Melhor Editora, S.A., 2017.
Todos os direitos desta publicação são reservados por Vida Melhor Editora, S.A.

| | |
|---:|:---|
| Publisher | *Omar de Souza* |
| Gerente editorial | *Samuel Coto* |
| Editor | *André Lodos Tangerino* |
| Assistente editorial | *Marina Castro* |
| Copidesque | *Paulo Pancote* |
| Revisão | *Magno Paganelli e Francine de Souza* |
| Capa | *Douglas Lucas* |
| Diagramação | *Magno Paganelli* |

Os pontos de vista desta obra são de responsabilidade de seus autores, não refletindo necessariamente a posição da Thomas Nelson Brasil, da HarperCollins Christian Publishing ou de sua equipe editorial.

Thomas Nelson Brasil é uma marca licenciada à Vida Melhor Editora S.A.
Todos os direitos reservados à Vida Melhor Editora S.A.
Rua da Quitanda, 86, sala 601A – Centro
Rio de Janeiro, RJ – CEP 20091-005
Tel.: (21) 3175-1030
www.thomasnelson.com.br

CIP-BRASIL. CATALOGAÇÃO NA PUBLICAÇÃO
SINDICATO NACIONAL DOS EDITORES DE LIVROS, RJ

A855L

Ashton, Mark
Louvor : análise teológica e prática / Mark Ashton, R. Kent Hugues, Imothy J. Keller ; editor D.A. Carson ; tradução Wilson de Almeida. - 1. ed. - Rio de Janeiro :Thomas Nelson Brasil, 2017.
268 p.

Tradução de: Worship by the book
ISBN 978.85.7860.408-0

1. Cristianismo. 2. Vida cristã. I. Hugues, R. Kent. II. Keller, Timothy J. III. Carson, D.A. IV. Almeida, Wilson de. V. Título.

17-42686                                                  CDD: 248.4
                                                                                CDU: 248.4

# SUMÁRIO

Prefácio .................................................................................................. 7

Agradecimentos ..................................................................................... 9

1. Adoração por meio da Palavra ....................................................... 11
   *D. A. Carson*

2. Seguindo os passos de Cranmer .................................................... 63
   *Mark Ashton com C. J. Davis*
   Apêndice: Colocando os princípios em prática ........................... 107
   (Três exemplos de culto)

3. Culto na Igreja Livre: o desafio da liberdade ................................ 133
   *R. Kent Hughes*
   Apêndice A: Adoração da Igreja da Faculdade ........................... 169
   (Cinco exemplos de cultos)
   Apêndice B: Maravilhas da adoração ........................................... 189
   Apêndice C: Leitura da Palavra .................................................... 191
   Apêndice D: Quando a música se iguala
                à adoração ................................................................... 193

4. Adoração reformada globalizada ................................................... 195
   *Timothy J. Keller*
   Apêndice A: Exemplos de cultos de adoração ............................ 240

Apêndice B: Orações para os não participantes da ceia do senhor ....... 251

Índice Escriturístico ............................................................................. 253

Índice dos Hinos e Cânticos ................................................................ 257

Índice de Autores ................................................................................. 259

Índice de Assuntos ............................................................................... 263

# Prefácio

Existem tantos livros sobre o tema da adoração nos dias de hoje, que é melhor deixar bem claro sobre o que estamos tentando tratar neste volume.

Não se trata de uma teologia abrangente de adoração. É menos ainda uma análise sociológica das tendências atuais ou um manual de apoio ao ministro, repleto de instruções do tipo "como fazer." Não tentamos fazer análises históricas detalhadas de nossas respectivas tradições, nem dedicamos muito espaço à interação com outras discussões. Em vez disso, após um capítulo preliminar sobre a teologia bíblica da adoração, os três capítulos restantes passam da reflexão teológica para a implementação prática de padrões de adoração coletiva nas igrejas locais que representamos. Os esquemas completos de cultos são incluídos, porque muitos ministros acharão os argumentos mais úteis e proveitosos se forem desenvolvidos em esboços detalhados.

Três de nós são atualmente pastores – um anglicano, um batista e um presbiteriano. O quarto é professor em um seminário, mas serviu como pastor em anos anteriores. O que nos une é nosso forte compromisso com o ministério da Palavra; nosso respeito pelo embasamento histórico; e nosso profundo compromisso, no entanto, com a contemporaneidade e o sólido envolvimento com pessoas não convertidas e sem igreja. Somos tão suspeitos em relação a um mero tradicionalismo quanto somos relevantes por nossa informalidade. O que apresentamos é o raciocínio teológico que molda nossos julgamentos em questões de culto coletivo, juntamente com exemplos que surgiram de nossos ministérios. Em cada caso, tentamos interagir com as nossas tradições respectivas sem estarmos bloqueados por elas.

Por razões de brevidade e clareza, incluímos relativamente poucas notas de rodapé e interagimos com um mínimo de literatura secundária volumosa. Não irá demorar muito para que os leitores descubram em quais pontos discordamos uns com os outros. Às vezes, o desacordo é sobre algo vinculado às nossas respectivas e distintas denominações; outras vezes os desacordos refletem as diferentes subculturas em que servimos; e ainda meras questões de julgamento. No entanto, o grau de concordância é impressionante – em parte, penso eu, é porque cada um de nós leva a teologia bíblica a sério.

Nós seríamos os primeiros a reconhecer que em inúmeros pontos, os irmãos e irmãs em Cristo de outras culturas, podem querer "ajustar" o que dizemos para melhor se adaptar a seus próprios mundos. Por exemplo, os padrões coreanos de oração pública são bastante diferentes da maioria do que se vê no Ocidente, e os estilos musicais nas igrejas indígenas originárias da África negra subsaariana gerariam uma discussão um pouco diferente sobre alguns pontos. Mas estamos nos dirigindo aos mundos que melhor conhecemos, relacionados com a Palavra que mais amamos. Nossa oração é que este registro de nossas próprias lutas, reflexões e práticas possa estimular outros a conduzir uma reforma cuidadosa e biblicamente fundamentada da adoração coletiva.

Quero registrar meus agradecimentos ao Dr. Don Hedges, que rastreou eficientemente os detentores dos direitos autorais das peças citadas nas folhas de serviço, e ao meu assistente de pós-graduação, Sigurd Grindheim, que habilmente compilou os índices.

*Soli Deo gloria.*
D. A. Carson

# AGRADECIMENTOS

Três dos quatro capítulos deste livro incluem modelos de culto detalhados, usados em igrejas específicas. Esses modelos de culto de adoração incluem numerosos hinos e coros, às vezes apenas as palavras, e por vezes tanto palavras quanto música. Todos os esforços foram feitos para localizar os detentores de direitos autorais e obter sua permissão. Inserimos uma linha de crédito em cada local do texto em que a permissão foi concedida, mas parece apropriado agrupar esses agradecimentos aqui também. Nos relativamente poucos casos de músicas em que nenhuma linha de crédito é fornecida, o material, tanto quanto pudemos determinar, está em domínio público.

Agradecemos a permissão que nos foi concedida para usar os seguintes:

J. S. Bach, "Alleluia! O Praise the Lord Most Holy" [Aleluia! Adorai o Senhor Deus santíssimo], © 1971 Concordia Publishing House.

Michael Baughen, "Sing to God New Songs of Worship" [Cantai a Deus louvores de adoração], © Jubilate Hymns Ltd. (admin. por Hope Publishing Company).

Michael Christ, It's Your Blood [É teu sangue], © 1985 Mercy/Vineyard Publishing (ASCAP).

Samuel Crossman, My song is love unknown [Amor desconhecido], (nessa versão) © Jubilate Hymns Ltd. (admin. por Hope Publishing Company).

Anita Davidson, It's Not the Bright Light [Não foi a luz brilhante], permissão concedida pelo autor.

William Dix, As with Gladness Men of Old [Com alegria, homens do passado], (nessa versão), © Jubilate Hymns Ltd. (admin. por Hope Publishing Company).

Les Garrett, This Is the Day [Este é o dia], © 1967 Scripture in Song (uma divisão da Integrity Music, Inc.) (ASCAP).

Jack Hayford, "Worship Christ the Risen King" [Adorai a Cristo, o Rei ressuscitado], © 1986 Rocksmith Music/
Annamarie Music (ASCAP) (todos os direitos admin. por Brentwood-Benson Music Publishing, Inc.).

Christopher Idle, "The Lord My Shepherd Rules My Life [O Senhor, meu pastor, conduz minha vida], © Jubilate Hymns Ltd. (admin. por Hope Publishing Company).

Yasushige Imakoma, Send Your Word [Envia tua Palavra], © 1983 The United Methodist Publishing House (admin. por The Copyright Company, Nashville).

Hilary Jolly, Foolish the Wisdom of the World [Tola sabedoria do mundo], © Jubilate Hymns Ltd. (admin. por Hope Publishing Company).

Glenn Kaiser, "Ever Closer" [Sempre Perto], © 1993 Grrr Music.

Francis Scott Key, Lord, with Glowing Heart [Senhor, com um coração ardente], esse arranjo © 1998 Redeemer Music.

Twila Paris, He Is Exalted [Ele é exaltado], © 1985 Mountain Spring Music/Straightway Music.

Andy Park, One Thing I Ask [Uma coisa peço], © 1987 Mercy/Vineyard Publishing (ASCAP).

H. W. Rattle, Jesus' Love Is Very Wonderful [O amor de Jesus é maravilhoso], © Scripture Union.

Stuart Townsend, How Deep the Father's Love for Us [Quão profundo é o amor do Pai por nós].

(Traditional) The First Nowell the Angel Did Say [O anjo proclamou o primeiro natal], (nessa versão), © Jubilate Hymns Ltd. (admin. por Hope Publishing Company).

Jaroslav J. Vajda, Shout to the Lord [Aclame ao Senhor], © 1969 Hope Publishing Company.

Darlene Zschech, Shout to the Lord [Aclame ao Senhor], © 1993 Darlene Zschech/Hillsong Music (admin. nos EUA e Canadá por Integrity's Hosanna! Music) (ASCAP).

## Capítulo 1
# Adoração por meio da Palavra
#### D. A. Carson

**DESAFIO**

Construir uma teologia do culto é uma tarefa difícil. Além das dificuldades comuns associadas à construção de uma teologia bem documentada, equilibrada e razoavelmente abrangente sobre quase todos os temas bíblicos, a preparação de uma teologia do culto apresenta desafios especiais.

No nível empírico, o triste fato que se apresenta na vida da igreja contemporânea é que poucos temas acendem um debate tão acalorado quanto adoração. Alguns desses debates têm menos a ver com uma teologia inteligível do culto do que com mera preferência por certos estilos de música (hinos mais antigos *versus* louvores de adoração contemporâneos) e tipos de instrumentos (órgãos e pianos *versus* guitarras e bateria).

Outros pontos de interesse dizem respeito ao lugar da "música especial" (expressão norte-americana para a música de performance), do canto congregacional, das respostas litúrgicas, das palmas e do drama. Todos os lados alegam estar centralizados em Deus. Os grupos modernos acham que os tradicionalistas defendem verdades confortáveis e racionalistas que já não os tocam, enquanto os intrépidos defensores do passado se preocupam que os contemporâneos mais jovens estejam tão envolvidos com experiências exageradas, que não se importem com a verdade, muito menos com a beleza.

Às vezes, parece que, para muitos, há apenas duas alternativas: o tradicionalismo imponente (ou deveríamos dizer "majestoso"?) e a contemporaneidade de modismo (ou deveríamos dizer "avivada"?). Somos convidados a escolher entre "como era no princípio, é agora e sempre será no mundo por vir", e "o antigo considerado frio, enquanto o novo é verdadeiro". Um lado pensa na adoração como algo que experimentamos, muitas vezes em oposição ao próprio sermão (primeiro temos adoração e depois o sermão, como se fossem duas categorias distintas); enquanto o outro lado entende a adoração de forma elaborada, muitas vezes, contra tudo o resto na vida.

Na verdade, as questões são mais complicadas do que sugere essa polarização simplista. Deve-se considerar a propensão de não poucas igrejas contemporâneas de remodelarem as reuniões corporativas da igreja, para torná-las mais aceitáveis a todos os subgrupos culturais sociologicamente distinguíveis que surgem – como a geração pós-Segunda Guerra, os mais exaltados, a geração X [nascidos em meados da década de 1960], os brancos independentes de Cleveland ou quem quer que seja.

Embora se possa aplaudir tal impulso que, por causa do evangelho, deseja remover todas as afrontas, exceto a da cruz, mais cedo ou mais tarde isso se torna perturbador pela falta de estabilidade advém de um sentimento de herança e de substância transmitida de uma geração para outra, de padrões de culto coletivo compartilhados com os cristãos mais antigos, ou de qualquer visão compartilhada de como deveria ser o culto coletivo. Isso, por sua vez, provoca um enxame de tradicionalistas que gostam de coisas mais antigas, independentemente de serem ou não bem estabelecidas. Eles fazem cara feia tanto para as frases repetitivas quanto para as guitarras e começam a procurar alguma "opção para essa adoração alternativa."[1]

Além disso, para se obter uma perspectiva sobre as opções possíveis, é preciso refletir sobre alguns dos estudos históricos que examinam as práticas de adoração de algumas épocas passadas, às vezes explicitamente, com a intenção de permitir que os povos contemporâneos recuperem suas raízes ou redescubram práticas mais antigas.[2] De forma intrigante, novos cultos

---

[1] A ironia é de Martin Marty em seu prefácio a Marva J. Dawn, *Reaching Out Without Dumbing Down: A Theology of Worship for the Turn-of-the-Century Culture* [Alcançando sem cair na estupidez: uma teologia para a cultura da virada do século]. Grand Rapids: Eerdmans, 1995.

[2] Para mencionar uns poucos exemplos bem diversos: Paul F. Bradshaw, *The Search for the Origins of Christian Worship: Sources and Methods for the Study of Early Liturgy* [À procura das origens do culto cristão de adoração: fontes e métodos para o estudo das liturgias primitivas]. Oxford: University Press, 1993; James McKinnon, ed., *Music in Early Christian Literature* [Música na literatura cristã primitiva]. Cambridge: Cambridge University Press, 1986; Melva Wilson Costen, *African American Christian Worship* [Adoração cristã afro-americana]. Nashville: Abingdon, 1993; Horton Davies, *The Worship of the American Puritans, 1629-1730* [A adoração dos americanos puritanos, 1629-1730]. Nova York: Peter Lang, 1990; idem, *Worship and Theology in England*, v. 1 [Adoração e teologia na Inglaterra, v. 1], *From Cranmer to Baxter and Fox (1534-1690)* [De Cranmer a Baxter e Fox (1534--1690)]; v. 2, *From Watts and Wesley to Martineau (1690-1900)* [De Watts e Wesley a Martineau (1690-1900)]; v. 3, *The Ecumenical Century (1900 to Present)* [Do século ecumênico (1900 até o presente)]. Grand Rapids: Eerdmans, 1996; Cf. James F. White, *A Brief History of Christian Worship* [Uma breve história da adoração cristã]. Nashville: Abingdon, 1993; J. G. Davies, ed., *A New Dictionary of Liturgy and Worship* [Novo dicionário de liturgia e adoração]. Filadélfia: Westminster Press, 1987; Gordon S. Wakefield, *An Outline of Christian Worship* [Um esboço da adoração cristã]. Edimburgo: T & T Clark, 1998; Andrew Wilson-Dickson, *The Story of Christian Music* [A história da música cristã]. Mineápolis: Fortress, 1996; Hughes Oliphant Old, *The Reading and Preaching of the Scriptures in the Worship of the Christian Church* [A leitura e a pregação das Escrituras no culto de adoração na igreja cristã], v. 1, *The Biblical Period* [O período bíblico]; v. 2, *The Patristic Age* [A era patrística]; v. 3, *The Medieval Church* [A igreja medieval]. Grand Rapids: Eerdmans, 1998-99.

não tradicionais já se tornaram, em algumas igrejas, tradições arraigadas – e, numa escalada histórica, indiscutivelmente inferiores.

O que não pode ser contestado é que o tema culto tem atualmente se mostrado algo "polêmico". A confusão generalizada é pontuada por posições teológicas fortemente sustentadas e, às vezes, mutuamente exclusivas, que tentam construir uma teologia bíblica de adoração como um empreendimento bastante sensível do ponto de vista pastoral.

A grande diversidade das opções atuais[3] não só contribui para o senso de agitação e divisão em muitas igrejas locais, mas leva a asserções confiantes de que todas as evidências bíblicas sozinhas dão suporte a essas e aquelas opiniões. As tentativas contemporâneas de construir uma teologia do culto estão naturalmente envolvidas no que a "adoração" significa *para nós*, em nossos vocabulários, e nos vocabulários das comunidades cristãs às quais pertencemos.

De forma ideal, é claro, nossas ideias sobre adoração devem ser corroboradas pelas Escrituras e, sem dúvida, é o que ocorre com muitos indivíduos ao longo do tempo. Mas o oposto também acontece com facilidade: involuntariamente extraímos nossas ideias e experiências de adoração das Escrituras, de modo que terminamos "encontrando" lá o que, com requintada confiança, sabemos alegremente que *deve* estar lá. Isso é fácil de fazer, sobretudo, quando, como veremos, a gama semântica de nossa palavra *adoração*, em qualquer teoria contemporânea de culto, não corresponde de forma alguma a nenhuma palavra ou grupo de palavras na Bíblia. O que significa, pelas Escrituras, que o que está correto, nesse caso, é muito complexo.

O resultado é bastante previsível. Uma pessoa que ama as formas litúrgicas de adoração coletiva muitas vezes começará com coros do Antigo Testamento e salmos antifônicos, passará por padrões litúrgicos da antiga sinagoga e exaltará a maturidade teológica da liturgia em questão. Um carismático tipicamente começará com 1Coríntios 12 e 14. Um erudito no Novo Testamento pode iniciar com os ostensivos "hinos" do Novo Testamento e, então examinar, os breves textos que realmente descrevem algum elemento de adoração, como a Ceia do Senhor. E por aí vai. Não é fácil encontrar um método com o qual haja concordância ou uma abordagem comum para descobrir exatamente como a Bíblia deve reformular nossas visões sobre a adoração. Isso nos leva a alguns desafios ligeiramente mais técnicos.

---

[3] Veja, por exemplo, a útil análise de Mark Earey, Worship – What do we think we are doing? ["Adoração – o que achamos que estamos fazendo?"]. *Evangel* 16/1, Spring 1998: 7-13.

Ao contrário da *Trindade*, a palavra *adoração* é encontrada em versões atuais da Bíblia. Assim, poderíamos pensar que a construção de uma doutrina de adoração é mais fácil do que estabelecer uma doutrina da Trindade. No caso da Trindade, no entanto, pelo menos concordamos, mais ou menos, com o que estamos falando. Inevitavelmente, qualquer coisa que tenha a ver com nosso bendito Deus triúno envolve algumas coisas ocultas que pertencem somente ao próprio Deus (Deuteronômio 29:29); no entanto, em termos da esfera da discussão, quando falamos da doutrina da Trindade, temos alguma ideia sobre o que estamos nos referindo, e sabemos os tipos de dados bíblicos e históricos que devem alimentar a discussão.

Em contraste, uma rápida leitura da literatura sobre adoração logo revela que as pessoas querem dizer coisas muito diferentes quando falam de culto. Construir uma teologia da adoração quando há pouca concordância sobre o que é adoração ou a que ela se refere é bastante assustador. A tarefa clama por algumas definições que possam estar de comum acordo.

Mas, embora a palavra *adoração* apareça em muitas versões atuais da Bíblia, não se pode, assim, definir o tema culto com a mesma facilidade com que se chega à teologia da graça estudando todas as ocorrências da palavra *graça* ou à teologia do chamado examinando todas as passagens que usam a palavra *chamado*. É claro que, mesmo nesses casos, há muito mais envolvido do que o simples estudo de palavras.

Se alguém deseja examinar o contexto de cada passagem contendo a palavra *graça*, deve familiarizar-se com os sinônimos, sondar os conceitos e as pessoas às quais a *graça* está ligada (por exemplo, a fé, o Senhor Jesus, a paz e assim por diante). Reconhecemos rapidamente que diferentes autores bíblicos podem usar palavras de formas ligeiramente divergentes. Como é bem claro, o *chamado* nos escritos de Paulo é efetivo: aqueles que são "chamados" são verdadeiramente salvos. Em contraste, nos evangelhos sinóticos, o "chamado" de Deus significa algo como "convite": muitos são *chamados*, mas poucos são escolhidos. Ainda assim, é possível apresentar um resumo mais ou menos abrangente das várias coisas na Bíblia que têm o significado de *chamado*, simplesmente verificando todos os exemplos, analisando-os e catalogando-os.

Mas o mesmo não pode ser feito em relação à *adoração*, porque para quase toda definição de adoração há muitas passagens que não usam a expressão hebraica ou grega que poderia ser traduzida, de fato, pela palavra *adoração*. Além disso, as palavras no hebraico e no grego, que às vezes são traduzidas por *adoração*, em muitos casos significam algo bem diferente do que entendemos por adoração. Assim, não chegar a uma conclusão sobre o assunto por meio de um simples estudo de palavras. Teremos de chegar a definições sobre as quais possamos concordar.

Construir uma teologia da adoração é um desafio por causa dos diferentes tipos de respostas fornecidas, nesse caso, pela teologia bíblica e pela teologia sistemática. Essa observação é tão importante e está tão implicada no cerne deste capítulo, que justifica uma explicação mais completa.

Começo com duas definições. Para nossos propósitos, a *teologia sistemática* é uma síntese teológica organizada, seguindo linhas tópicas e atemporais. Por exemplo, se estivéssemos tentando construir uma teologia sistemática sobre Deus, perguntaríamos o que a Bíblia, como um todo, fala Dele: Como ele é? Quais são seus atributos? O que ele faz? As respostas a essas e muitas perguntas semelhantes seriam forjadas a partir da totalidade do que a Bíblia diz, em interação com o que os cristãos em outras gerações entenderam. Não estaríamos perguntando, basicamente, coisas mais restritas, como: O que o livro de Isaías diz sobre Deus? Como Deus é revelado progressivamente por meio da história da redenção? Que contribuições distintas à doutrina de Deus são feitas pelos diferentes gêneros encontrados na Bíblia (por exemplo, literatura apocalíptica, parábolas, poesia etc.)?

Em contraste, a *teologia bíblica* é a síntese teológica organizada de acordo com o livro bíblico e seu *corpus*, bem como ao longo da linha da história da redenção. Isso significa que a teologia bíblica não pergunta, em primeira instância, o que a Bíblia, como um todo, diz sobre, por exemplo, Deus. Em vez disso, ela pergunta o que os evangelhos sinóticos dizem sobre Deus, ou o que o evangelho de Marcos ou o livro de Gênesis menciona. Ela pergunta sobre que coisas novas a respeito de Deus temos descoberto no decorrer do tempo.[4]

A teologia bíblica está certamente interessada em saber como os textos bíblicos foram entendidos ao longo da história da igreja, mas, acima de tudo, está empenhada no estudo indutivo dos próprios textos (incluindo questões como o seu gênero literário: por exemplo, ela não cai no erro de tratar os provérbios como se fossem leis, como uma abordagem insensível, como se colocados em série para o desenvolvimento da trama bíblica.

De que forma, então, essas considerações nos levam ao modo como construímos uma teologia de adoração? Se perguntarmos o que é a adoração,

---

[4] A *ordem* em que algo é revelado pode ser extremamente importante se quisermos entender a Bíblia corretamente, e é tornada muito clara em capítulos como Romanos 4 e Gálatas 3, em que o argumento do apóstolo gira, várias vezes, em torno de quais acontecimentos ocorreram primeiro.

*pretendendo que nossa pergunta seja respondida pela matriz da teologia sistemática*, então estaremos procurando por "toda a Bíblia" – isto é, o que a Bíblia diz como um todo, o que resultará em um ou mais efeitos. Do lado positivo, estaremos tentando ouvir a Bíblia inteira, não somente uma passagem favorita – digamos, 1Coríntios 14. Na melhor das hipóteses, tal atenção promove respostas mais abrangentes e menos idiossincráticas.

Por outro lado, se tentarmos ler toda a Bíblia sem refletir sobre as distinções que ela própria introduz em relação à adoração, podemos acabar procurando os menores denominadores comuns. Em outras palavras, podemos procurar coisas relativas à adoração que são verdadeiras em cada fase da história redentora, e assim perder seus traços distintivos. Por exemplo, podemos dizer que a adoração está ligada à confissão da pura centralidade e dignidade de Deus. Isso é maravilhosamente verdadeiro, mas não diz nada sobre o lugar dos sistemas sacrificais na adoração do Antigo Testamento, ou sobre o papel dos coros criados por Davi, e assim por diante.

De forma alternativa, se usarmos toda a Bíblia indiscriminadamente para construir nossa teologia de adoração, podemos utilizá-la de forma idiossincrática. Por exemplo, notamos que o serviço do templo desenvolveu corais, então concluímos que nossa adoração coletiva deve ter corais. Talvez devesse – mas em algum lugar, ao longo do tempo, não teremos integrado em nossa reflexão, de que modo a Bíblia aí se encaixa. Não teremos um "templo" no sentido do Antigo Testamento. Em que fundamentos transferimos os corais do Antigo Testamento para o Novo Testamento e não um templo ou os sacerdotes do Antigo Testamento? Certamente, alguns dos pais da Igreja, durante os primeiros séculos, começaram a pensar nos ministros do evangelho como equivalentes aos sacerdotes do Antigo Testamento.

Os escritores do Novo Testamento preferem pensar em Jesus como o único sumo sacerdote (ver Hebreus) ou, alternativamente, em todos os cristãos como sacerdotes (por exemplo, 1Pedro 2:5 e Apocalipse 1:6). Mas, mesmo se continuarmos a pensar nos membros do clero contemporâneo como sacerdotes, mais cedo ou mais tarde teremos de fazer perguntas semelhantes sobre muitos outros elementos da adoração do Antigo Testamento que estavam ligados ao templo – por exemplo, os sacrifícios do Dia da Expiação e da Páscoa. Todos os cristãos compreendem esses sacrifícios como transmutados sob a nova aliança, de modo tal que agora foram cumpridos no sacrifício de Cristo.

Mas o ponto é simplesmente que usar o método da "escolha" para construir uma teologia da adoração a partir de toda a Bíblia carece de rigor metodológico e, portanto, de estabilidade. Assim, construir uma teologia da adoração fora da matriz da teologia sistemática pode realmente *definir* o que entendemos por "adoração". Os métodos e abordagens características da disciplina (mais precisamente, são características da disciplina do tipo de teologia sistemática que é insuficientemente informada pela teologia bíblica) irão, em certa medida, determinar o resultado.

Se perguntarmos o que é adoração, *pretendendo que nossa pergunta seja respondida a partir da matriz da teologia bíblica*, então estaremos procurando o que diferentes livros e seções da Bíblia dizem sobre esse assunto e como eles se relacionam uns com os outros. Inevitavelmente, estaremos um pouco mais atentos às diferenças; em particular, seremos forçados a refletir longamente sobre as diferenças que se encontram ao se passar do pacto mosaico para a nova aliança (sobre a qual falaremos mais, a seguir).

Os riscos aqui são quase o inverso dos perigos de se adotar uma abordagem sistemática. Agora, podemos nos concentrar de maneira meramente descritiva sobre este ou aquele *corpus*, que não conseguiremos construir uma teologia adequada de adoração. Para uma teologia da adoração edificada sobre a matriz da teologia bíblica, deve haver ainda uma teologia de "toda a Bíblia", no sentido de que as diversas peças devem se encaixar. A perda de vigor nesse ponto produzirá uma descrição com interesse de um antiquário, mas sem poder normativo.

Resumindo: a construção de uma teologia responsável da adoração é dificultada por opiniões fortes e divergentes, por uma variedade de pressões linguísticas e pelas tendências acentuadas de se produzir obras completamente diferentes, dependendo, em parte, do fato de o teólogo trabalhar fora da matriz da teologia sistemática ou da teologia bíblica.

## EM BUSCA DE UMA DEFINIÇÃO

Antes de buscar uma definição, pode ser interessante seguir duas etapas preliminares. Primeiro, podemos pensar sobre a palavra *adoração*. Tanto o substantivo quanto a forma do verbo mudaram seu significado de modo relevante ao longo dos séculos. Embora a partir do século 10 a palavra *adoração* muitas vezes tivesse Deus como objeto principal, a partir do século 13, muitas vezes, o sentido estava ligado à condição de merecer honra ou ter uma boa reputação ou ser a fonte ou o fundamento dessa honra. Chaucer, por exemplo, diz que é uma grande honra [motivo de adoração] para um homem se manter longe da confusão e da luta. Já os cavaleiros eram adorados [reverenciados] por suas façanhas com armas.

No século 15, um "lugar de adoração" poderia ser uma boa casa, e uma "cidade de adoração" seria uma cidade importante. Por uma fácil transferência de significado, adoração passou a se referir à própria honra que é demonstrada a uma pessoa ou coisa. Esse uso remonta a mil anos e não se restringe, de modo algum, a Deus como motivo único. Por exemplo, na cerimônia de casamento do antigo *Livro de oração comum* inglês, o noivo diz para a noiva: "Com o meu corpo, eu vou te adorar" – o que certamente não faz dela uma divindade.

Em todos esses usos, trata-se da "veneração" ou do "merecimento" da pessoa ou coisa que é reverenciada. A partir de uma perspectiva cristã, é claro, somente o próprio Deus é verdadeiramente digno de toda honra possível, por isso não é de se estranhar que, na maioria das Bíblias, a palavra "adoração" esteja ligada ao culto a Deus ou à proibição de adorar outros seres, sejam eles sobrenaturais (por exemplo, Satanás, em Mateus 4:9) ou pareçam ser (por exemplo, o Sol).

O que torna esse tema ainda mais difícil é o fato de que existem várias palavras subjacentes em grego e hebraico, que às vezes têm o sentido ou não de "adoração". Ou seja, não há equivalência direta entre qualquer palavra hebraica ou grega e a nossa usada para *adoração*. Por exemplo, o verbo grego *proskyneō* é traduzido por "adorar" em Mateus 2:2 ("Vimos a sua estrela no oriente e viemos adorá-lo").

Herodes também prometeu ir *"adorá-lo"* (2:8), embora certamente não estivesse pensando em adorar um ser sobrenatural. O que ele estava (falsamente) prometendo era prestar homenagem a essa criança nascida para ser um rei. No entanto, na parábola do servo sem misericórdia, em Mateus 18:26, quando o servo se viu falido e sua família foi ameaçada de escravidão, ele *"caiu de joelhos [pesōn... prosekyneī]* diante de [seu senhor]", e certamente não há qualquer questão aqui em referência a "adoração" no sentido contemporâneo.

Assim, nossa palavra *adoração* é mais restritiva em seu objetivo do que esse verbo grego, mas pode ser mais ampla nos casos a que se refere (independentemente do objetivo). De toda forma, a construção de uma teologia de adoração não será possível, a menos que cheguemos a um acordo razoável sobre o que entendemos por adoração.

O segundo passo preliminar, que pode ser útil, é refletir sobre alguns livros e artigos que apresentem um ou mais dos desafios envolvidos no estabelecimento de uma teologia da adoração. Cada uma dessas peças é competente e importante. Se eu levantar questões sobre elas, não é porque eu não esteja em dívida com relação a elas, mas porque essa interação vai ajudar a estabelecer as complexidades do assunto e preparar o caminho para o que se segue.

Andrew Hill escreveu um livro instrutivo cujo subtítulo, *Old Testament Worship for the New Testament Church* [Adoração do Antigo Testamento para a Igreja do Novo Testamento], revela o conteúdo.[5] A maioria de seus capítulos é dedicada a um ou outro elemento de adoração no Antigo Testamento: o vocabulário de adoração no cânon hebraico; a natureza do "temor do Senhor" (que Hill liga à piedade pessoal); os desenvolvimentos históricos; as formas sagradas, os lugares sagrados e os templos sagrados de adoração; as ações sagradas como o levantamento das mãos; os papéis do sacerdote e do rei na adoração; o lugar do tabernáculo e do templo; e o significado dos salmos e da decoração artística própria para a adoração.

Hill conclui seu livro tentando estabelecer as conexões legítimas entre esses padrões do Antigo Testamento e a adoração do Novo Testamento. Seis apêndices incluem aspectos do calendário religioso hebraico, sacrifício e música no Antigo Testamento e o uso de salmos para a igreja de hoje. O livro está repleto de informações cuidadosamente apresentadas.

Pode-se discutir este ou aquele ponto, mas, para nossos propósitos, as maiores questões surgem a partir do último capítulo de Hill. Ele argumenta que os padrões judaicos de adoração foram estampados na igreja nascente principalmente de duas formas.

Primeiro, a estrutura da sinagoga e a liturgia foram em grande parte duplicadas pela igreja primitiva. Por exemplo, Hill diz que uma típica liturgia da sinagoga, tanto antiga quanto moderna, é a seguinte: o chamado à adoração (muitas vezes uma "bênção em forma de salmo"); um ciclo de orações (focando-se sobretudo em Deus como Criador e no amor da aliança Dele por Israel) (Deuteronômio 6:4-9) e outros textos (Deuteronômio 11:13-21; Números 15:37-41) que serviram tanto de confissão de fé como de bênção; um segundo ciclo de orações, geralmente conduzido por alguém que não seja o líder da sinagoga e que inclui louvor e petição, com a recitação congregacional das Dezoito Bênçãos; a leitura da Escritura (incluindo tradução, se necessário, e mesmo uma breve exposição) de, pelo menos, uma passagem da Torá, uma dos Profetas, e talvez uma dos Escritos; uma bênção (muitas vezes dos Salmos); o sermão; a bênção congregacional e o amém.

---

[5] Andrew E. Hill, *Enter His Courts with Praise! Old Testament Worship for the New Testament Church* [Entrai em seus átrios com louvor! Adoração no Antigo Testamento para a Igreja do Novo Testamento]. Grand Rapids: Baker, 1993.

Seguindo o exemplo de W. E. Oesterley[6], Hill, então, destaca as várias maneiras em que a igreja aparentemente espelhava as práticas da sinagoga em seu próprio culto de adoração: chamada para adoração, afirmação do credo, oração, leitura e exposição das Escrituras e assim por diante. Hill acrescenta algumas ligações adicionais: uma comunidade de aliança para a adoração, o batismo, o conceito de personalidade corporativa dentro da comunidade, a coleta de ofertas/dádivas em dinheiro, as bênçãos litúrgicas e a participação leiga.[7]

Segundo, Hill apela à tipologia. Os escritores do Novo Testamento liam o Antigo Testamento como uma revelação incompleta e ainda imperfeita, que se cumpria na nova aliança e faziam uma releitura do texto sagrado a partir de uma perspectiva cristológica. Hill observa brevemente algumas das conexões tipológicas óbvias: o santuário da aliança mosaica torna-se o santuário não feito com mãos (Hebreus 9:1-23), o "culto sacrificial" da aliança mosaica pelo único sacrifício de Cristo (Hebreus 9:23-10,18), e assim por diante.

A partir daí, Andrew Hill deduz que o livro de Hebreus, em particular, "provê uma janela para os princípios espirituais implícitos na adoração do Antigo Testamento".[8] Por exemplo, "a ordem profética, do Antigo Testamento para fazer justiça e amar a misericórdia em vez de oferecer sacrifício de animais, assume novos significados à luz do mandamento de Paulo ao cristão em Cristo para ser um sacrifício vivo (Oseias 6:6; Amós 5:21-24; Romanos 12:1,2).[9]

Um grande número de perguntas surge, então. Primeiramente, a relação entre a igreja e a sinagoga: Até que ponto a liturgia da sinagoga reflete a teologia do Antigo Testamento? Nossas fontes reais para a liturgia da sinagoga são posteriores ao Novo Testamento, emergindo de um período de reflexão sistemática, *após* a queda do templo e a ascensão do cristianismo. Nesse ponto, a sinagoga não exercia mais o papel relativamente restrito que ocupava enquanto o templo ainda era o centro do mundo judaico; a sinagoga a partir de então, necessariamente, o substituiu.

Inevitavelmente, surgiram importantes e influentes ligações teológicas que tiveram de compensar o desaparecimento do templo e com ele a perda

---

[6] W. E. Oesterley, *The Jewish Background of Christian Liturgy* [A herança judaica na liturgia cristã]. Nova York: Oxford University Press, 1965, p. 111-54.

[7] Hill, *ibidem*, p. 232-33.

[8] Ibid., p. 237.

[9] Ibid.

de todo o sistema sacrificial. O trabalho de Oesterley é considerado agora bem antiquado e muitos estudos desde então alertaram contra seu anacronismo. Os lecionários judeus, por exemplo, vêm de um período posterior ao último escrito do Novo Testamento.[10] Da mesma forma, não temos nenhuma evidência detalhada do *primeiro século* sobre um culto cristão de adoração completo. Sem dúvida, há coisas para aprender com as fontes patrísticas, mas elas não deveriam ser lidas como fontes canônicas.

Certamente os documentos do Novo Testamento não fornecem um "culto-modelo" do tipo defendido por Hill (por mais admirável que seja esse modelo), nem ordenam que a igreja adote uma liturgia de sinagoga (qualquer que seja a data). Pelo menos alguns dos paralelos que Hill encontra entre a sinagoga e a igreja primitiva – uma comunidade da aliança que se reúne para adoração, dar ofertas em dinheiro, participação leiga – são tão genéricos que se tornam sem sentido (que religião não recolhe dinheiro? Religiões promovem alguma forma de participação leiga?) ou pelo menos levantam algumas questões fundamentais sobre a definição implícita de adoração. Sob a nova aliança, por exemplo, é certo dizer que a comunidade se reúne para a adoração? Voltarei a essa questão oportunamente.

Sobre o segundo ponto, a natureza da tipologia, embora eu concorde de coração que uma tipologia bem definida esteja no cerne de grande parte do uso do Antigo em vez Novo Testamento, pequenos ajustes na sua compreensão da tipologia ou na exegese de determinados textos resultarão numa teologia de adoração bastante diferente daquela que Hill está defendendo.

Por exemplo, enquanto alguns intérpretes consideram a tipologia como um método interpretativo que nos fornece nada mais do que "princípios espirituais" (o que pressupõe uma relação atemporal), outros – eu mesmo me incluo – pensam que várias formas de tipologia englobam um elemento teleológico, previsível. Nesse caso, deve-se perguntar *a que se referem* aqueles padrões de adoração do Antigo Testamento. Essa mudança na prioridade interpretativa se inclina em direção à teologia bíblica.

A partir do importante trabalho de Hill, podemos refletir mais brevemente sobre várias outras discussões de adoração de composição bem diferente. Muitos estudos enfocaram o tema do culto em um determinado *corpus*

---

[10] Se o que estamos dizendo é que a adoração coletiva na igreja primitiva refletia a sinagoga em (1) leitura da Escritura; (2) canto; (3) oração; e (4) homilia, isso sem dúvida é verdade. É a tentativa de fundamentar estruturas litúrgicas completas no Novo Testamento ou em sinagogas judaicas do primeiro século que se revela tão arredia e, finalmente, tão anacrônica.

bíblico – em algum elemento dos Salmos[11], em um capítulo crítico do Antigo Testamento[12], ou em Mateus[13], Hebreus[14], ou Apocalipse[15]. Inevitavelmente, tais ensaios variam consideravelmente. Alguns são contribuições à teologia do livro em particular; outros são tentativas de ficar por trás do livro para observar os padrões de adoração e prioridades da comunidade ostensiva servida pelo livro.

Até que tais estudos sejam integrados em uma amplitude maior, eles têm a função importante, mas limitada, de abrir os olhos para aspectos de adoração que podemos ignorar, embora eles próprios não possam impor uma visão unificada. Assim, podemos avaliar uma das observações de Marianne Meye Thompson sobre o livro do Apocalipse:

> A adoração serve à função indispensável de nos unir com "todos os santos", vivos e mortos. Na verdade, uma das coisas mais importantes que a adoração realiza é nos lembrar de que adoramos não apenas como uma congregação ou igreja, mas como parte da Igreja, o povo de Deus. João lembra aos seus leitores que sua adoração é uma participação no incessante louvor celestial a Deus. Assim também, a adoração do povo de Deus hoje encontra seu lugar "no meio" de uma multidão, representando cada povo e nação, tribo e língua.[16]

---

[11] E.g., Terence E. Fretheim, Nature's Praise of God in the Psalms [O louvor da natureza de Deus nos Salmos]. *Ex Auditu* 3, 1987: 16-30.

[12] E.g., John W. Hilber, Theology of Worship in Exodus 24 [Teologia da adoração em Êxodo 24], *Journal of the Evangelical Theological Society* [Jornal da Sociedade Teológica Evangélica] 39, 1996: 177-89.

[13] E.g., Mark Allan Powell, A Typology of Worship in the Gospel of Matthew [Uma tipologia da adoração no Evangelho de Mateus], in *Journal for the Study of the New Testament* [Jornal para o estudo do Novo Testamento] 57, 1995: 3-17.

[14] E.g., John Dunnill, *Covenant and Sacrifice in the Letter to the Hebrews* [Aliança e sacrifício na carta aos Hebreus]. Society of New Testament Studies Monograph Series, v. 75. Cambridge: Cambridge University Press, 1992.

[15] E.g., Donald Guthrie, "Aspects of Worship in the Book of Revelation" [Aspectos da adoração no livro do Apocalipse] in *Worship, Theology and Ministry in the Early Church* [Adoração, teologia e ministério na igreja cristã primitiva]. Journal for the Study of New Testament Supplement Series, v. 87. Sheffield: Academic Press, 1992, p. 70-83; Marianne Meye Thompson, "Worship in the Book of Revelation" [Adoração no livro do Apocalipse], *Ex Auditu* 8, 1992: 45-54.

[16] Thompson, "Worship" [Adoração], p. 53.

Talvez o trabalho que exige uma com mais urgência avaliação cuidadosa é o estudo bíblico-teológico preparado por David Peterson.[17] Esse importante livro não apenas traça o desenvolvimento da adoração no Antigo Testamento, mas também destaca o contraste vivo introduzido pelo Novo Testamento. Peterson insiste que, a partir de Moisés, o coração da adoração do Antigo Testamento está conectado com o tabernáculo e, depois, com o templo.

Mas o que impressiona no Novo Testamento não é apenas Jesus é ser explicitamente adorado e os impulsos teológicos dos documentos do Novo Testamento atrairem muitos elos do Antigo Testamento para o próprio Jesus (assim, ele é o templo, o sacerdote, o Cordeiro pascal, o Pão da vida) o que, portanto, transmuta padrões de adoração do Antigo Testamento, mas a *linguagem* de adoração se mover de um lugar ou de um tempo para a vida como um todo. A adoração já não é algo relacionado a festas fixas, como a Páscoa; ou a um lugar fixo, como o templo; ou o estabelecimento de sacerdotes, como o sistema levítico prescreve. É para todo o povo de Deus, em todos os tempos e lugares, e está ligado à forma como eles vivem (por exemplo, Romanos 12:1,2).

Examinaremos brevemente algumas das evidências a seguir; elas são muito impressionantes. Porém, uma das suas implicações é não ser possível imaginar nos reunirmos na igreja para o culto no domingo de manhã, com o intuito de nos envolveremos com algo com o qual não nos comprometemos no restante da semana. A nova terminologia de adoração na aliança prescreve uma "adoração" *constante*. Peterson, portanto, examina novamente o motivo pelo qual a Igreja do Novo Testamento se reúne e ele conclui que o foco está na edificação mútua, não na adoração.

Sob os termos da nova aliança, a adoração continua o tempo todo, inclusive quando o povo de Deus se reúne. Mas a edificação mútua não; é o que acontece quando os cristãos se reúnem. Edificação é o melhor resumo do que ocorre no canto coletivo, na confissão, na oração pública, no ministério da Palavra e assim por diante. Então, no fim de seu livro, Peterson examina sua própria herança denominacional (anglicana) e termina com uma súplica silenciosa para o uso continuado e apropriado do *Livro da oração comum*.

Logo parecerá óbvio que sou muito solidário com boa parte da exegese de Peterson. Especialmente, no exame dos vocabulários de louvor e "cúltico" no Novo Testamento – palavras para o serviço sacerdotal, o sacrifício, a oferta,

---

[17] David Peterson, *Engaging with God* [Envolvimento com Deus]. Leicester: Apollos, 1992. Ver também os ensaios anteriores em *Worship: Adoration and Action* [Culto: adoração e ação], ed. D. A. Carson. Grand Rapids: Baker, 1993.

e assim por diante –, Peterson é muito convincente. Não sei se ele sempre capta o elemento afetivo na adoração coletiva de ambos os Testamentos; além disso, irei sugerir uma ligeira modificação em sua maneira de pensar acerca das reuniões da igreja.

Com relação ao seu apego ao *Livro da oração comum*, ele está, naturalmente, seguindo o grande anglicano Richard Hooker, cujo argumento é onde a Bíblia não ordena nem proíbe, a igreja é livre para organizar sua vida litúrgica como quiser, em favor de uma boa ordem. Se o princípio de Hooker for seguido, Peterson sugere, com efeito, que essa ordenação seja bem preparada com ricos princípios teológicos em mente.

No entanto, é preciso lutar com as reivindicações concorrentes do princípio de Hooker e do princípio regulador presbiteriano (sobre o qual falaremos a seguir). Além disso, é difícil evitar a sensação de que há uma espécie de "desconexão" entre as conclusões de Peterson sobre o *Livro de oração comum* e o restante de seu trabalho. Com isso, não quero dizer que seus julgamentos sobre o culto anglicano sejam inapropriados ou teologicamente injustificados. Em vez disso, a maior parte de seu livro é apoiada por uma exegese próxima da Escritura e testada pelos cânones dela, enquanto o material do *Livro da oração comum* é desconectado de tal exegese e, portanto, tem mais o sabor de uma opinião pessoal fervorosa (independentemente de quão teologicamente fundamentada seja essa opinião).

Além disso, depois de definir o culto da nova aliança nas categorias mais abrangentes que envolvem a vida toda, Peterson descobre, afinal, que ele quer falar sobre o que chamaremos de adoração coletiva nos "cultos de adoração" regulares da igreja.

Peterson, é claro, admite que quando o povo de Deus se reúne coletivamente, ainda está adorando. O que ele insiste é que o elemento *distintivo* de suas reuniões coletivas não é a adoração, mas a edificação. Inevitavelmente, alguns que virão mais longe.

Observando não apenas como a linguagem "cúltica" é usada no Novo Testamento para se referir à vida cristã como um todo e notando a falta de qualquer menção sobre adoração quando os escritores do Novo Testamento fornecem as razões pelas quais o povo de Deus se reúne, os estudiosos concluem que devemos *parar* de pensar em "cultos de adoração" e nos reunir "para adorar" e coisas semelhantes.[18] Eles conseguem alguns bons

---

[18] Veja I. Howard Marshall, "How far did the early Christians *worship* God?" [Até que pontos os primeiros cristãos adoravam a Deus?]. *Churchman* 99, 1985: 216-29; A. Boyd Luter Jr., "'Worship' as Service: The New Testament Usage of *latreuo*" [Adoração como culto: o uso do Novo Testamento

resultados, mas boa parte de seu argumento se volta para uma definição de adoração que está fortemente ligada ao culto.

Então, preciso chegar a uma definição. Após a definição, muito do restante deste capítulo apresentará uma exposição dessa acepção, seguida de algumas sugestões práticas.

## DEFINIÇÃO E EXPOSIÇÃO

Robert Shaper afirma que a adoração, assim como o amor, é caracterizada pela simplicidade intuitiva (todos "sabem" o que é adoração, assim como todos "sabem" o que é o amor) e a complexidade filosófica (quanto mais você tenta definir amor ou adoração, mais difícil se torna a tarefa).[19] O culto envolve relacionamento, atitude, ato, vida. Podemos tentar a seguinte definição:

> A adoração é a resposta adequada de todos os seres morais e sensíveis a Deus, atribuindo de maneira agradável toda a honra e o valor ao seu Deus Criador precisamente porque ele é digno. Neste lado da Queda, a adoração humana de Deus responde adequadamente às provisões redentoras que Deus proporcionou graciosamente. Enquanto toda adoração verdadeira é centrada em Deus, a adoração cristã não é menos centrada em Cristo. Fortalecida pelo espírito e em linha com as estipulações da nova aliança, manifesta-se em toda nossa vida, encontrando seu impulso no evangelho, que restaura nossa relação com nosso Deus Redentor e, consequentemente, também, com nossos companheiros feitos à mesma imagem, nossos coadoradores. Tal adoração, portanto, manifesta-se tanto na adoração como na ação, tanto no cristão individual quanto na adoração coletiva, que é a adoração oferecida no contexto do corpo de cristãos, os quais se esforçam em alinhar todas as formas de sua devota atribuição de todo valor a Deus com toda a pompa de mandatos da nova aliança e exemplos que levam ao cumprimento as glórias da revelação precedente e antecipam a consumação.

---

de *latreuo*]. *Criswell Theological Review* 2, 1988: 335-44; e a discussão John P. Richardson, "Is Worship Biblical?" [É bíblica a adoração?]. *Churchman* 109, 1995: 197-218; *idem*, "Neither 'Worship' nor 'Biblical': A Response to Alastair Campbell" [Nem 'adoração' nem 'bíblica': uma resposta a Alastair Campbell]. *Churchman* 111, 1997: 6-18; e Alastair Campbell, "Once More: Is Worship 'Biblical'?" [Mais uma vez: é bíblica a 'adoração'?"]. *Churchman* 110, 1996: 131-9.

[19] Robert Shaper, *In His Presence* [Em sua presença]. Nashville: Thomas Nelson, 1984, p. 13.

Sem dúvida, essa definição é demasiadamente longa e bem complexa. Mas pode fornecer ganchos para uma breve exposição dos fundamentos da adoração. Essa exposição é organizada sob um apostólico número de pontos desiguais que surgem da definição.

A primeira (e bastante complexa) sentença da definição afirma que a adoração é "a resposta adequada de todos os seres morais e sensíveis a Deus". Há dois propósitos para essa frase. Primeiro, o "todos", inclusivo, nos lembra que a adoração não se restringe apenas aos seres humanos.

Os anjos adoram; eles são ordenados a fazer e, em uma passagem como Apocalipse 4, orquestram o louvor oferecido no céu. Entre outras coisas, isso significa que a adoração não pode propriamente ser definida como *necessariamente* decorrente do evangelho, pois um dos grandes mistérios da redenção é que, em sua sabedoria, Deus ofereceu um Redentor para os seres humanos caídos, mas não para os anjos caídos.

Os anjos que orquestram o louvor do céu não oferecem sua adoração como uma resposta de sua experiência de redenção. De nossa parte, quando apresentamos nossa adoração a Deus, devemos ver que isso não nos torna únicos. O objeto de nossa adoração, o próprio Deus, é único, e só ele deve ser adorado; e não nós, como adoradores.

Segundo, ao falar de adoração como a resposta apropriada "de seres morais e sensíveis", essa definição exclui do culto pedras e falcões, peixinhos e pardais, repolhos e sapos, um monte de poeira dançando num raio de sol. É claro que, por compreensível extensão da linguagem, todas as criaturas, sensíveis ou de outra forma, são exortadas a louvar o Senhor (por exemplo, Salmos 148). Mas eles não o fazem em obediência consciente; eles o fazem porque são criaturas de Deus e constituídas para refletir sua glória e, assim, trazer-lhe glória. Nesse sentido estendido, toda a ordem criada "confessa" o seu Senhor.

Como tudo isso, agora, participa da morte e dos "gemidos" em antecipação à consumação (Romanos 8:22,23), também participa no último dia na gloriosa transformação da ressurreição: a nossa esperança é um novo céu e uma nova terra. Nesse sentido estendido, toda a criação é orientada para Deus e "atribui" o mérito divino somente a Deus. Mas, trata-se de um sentido *estendido*. Para nossos propósitos, pensaremos na adoração como algo oferecido a Deus por "todos os seres morais, sensíveis."

A adoração é uma "resposta apropriada" a Deus por, pelo menos, quatro razões. Em primeiro lugar, em ambos os Testamentos, a adoração é repetidamente recomendada ao povo de Deus da aliança: eles adoram porque a adoração é várias vezes ordenada e encorajada. O povo de Deus deve dar "ao Senhor a glória devida ao seu nome. Tragam ofertas e venham à sua presença; adorem o Senhor no esplendor da sua santidade" (1Crônicas 16:29). "Venham! Adoremos prostrados e ajoelhemos diante do Senhor, o nosso Criador; pois ele é o nosso Deus, e nós somos o povo do seu pastoreio, o rebanho que ele conduz" (Salmos 95:6,7). "Prestem culto ao Senhor com alegria; entrem na sua presença com cânticos alegres" (Salmos 100:2).

Quando tentado a adorar o diabo, Jesus insistiu: "Adore o Senhor, o seu Deus e só a ele preste culto" (Mateus 4:10). Segue-se que a adoração de qualquer outro deus é simplesmente idolatria (Salmos 81:9, Isaías 46:6, Daniel 3:15,28). Quando o povo de Deus presta culto a falsos deuses, está sob julgamento terrível de Deus (Atos 7:42,43). Nos tribunais do céu, Deus não tem rival. Nenhuma reverência deve ser prestada a qualquer outro, nem mesmo que seja um glorioso intérprete da verdade: "Adore a Deus" e somente a ele (Apocalipse 19:10).

Em segundo lugar, a adoração é uma "resposta adequada" porque está fundamentada no próprio caráter e nos atributos de Deus. Se a adoração é repetidamente recomendada, muitas vezes o vínculo com a grandeza, a majestade ou o esplendor de Deus torna-se ainda mais explícito. Em outras palavras, o "valor" de Deus é frequentemente explicitado na "dignidade" particular que está sendo considerada. Às vezes, isso é abrangente: "Deem ao Senhor *a glória devida ao seu nome*" (1Crônicas 16:29, cf. Salmos 29:2) – isto é, a glória que lhe é devida, pois no pensamento bíblico o nome de Deus é o reflexo de tudo o que Deus é. Esse texto continua a exortar o leitor a "adorar o Senhor *no esplendor de sua santidade.*"

Isso equivale a dizer que devemos adorar ao Senhor no esplendor de tudo o que torna Deus o que ele é. Como a luz branca que brilha através de um prisma e é dividida em seus componentes coloridos, assim essa verdade pode ser dividida em muitas partes. Inúmeros elementos contribuem para a pura "divindade" que constitui a santidade em sua forma mais sublime. Assim, fala-se do "esplendor glorioso da sua majestade" (Salmos 145:3-5). Se 2Reis 17:39 ordena à comunidade da aliança "adorar ao Senhor teu Deus", dá-se uma razão: "ele os livrará das mãos de todos os seus inimigos". Mas todo o foco está em Deus.

Terceiro, um dos elementos mais marcantes da "dignidade" de Deus e, portanto, uma das razões mais relevantes para adorá-lo, é a realidade de que só ele é o Criador. Às vezes, isso está ligado ao fato de que ele reina sobre nós. O salmista exorta: "Venham! Adoremos prostrados e ajoelhemos *diante do Senhor, o nosso Criador*" (o primeiro elemento); "*pois ele é o nosso Deus, e nós somos o povo do seu pastoreio, o rebanho que ele conduz,* (segundo elemento) (Salmos 95:6,7). Se quisermos adorar o Senhor com alegria (Salmos 100:2), é por esta razão: "Ele nos fez e somos dele: somos o seu povo, e rebanho do seu pastoreio" (v. 3).

Em nenhum outro lugar, talvez, isso seja mais poderosamente expresso do que em Apocalipse 4. Dia e noite os seres viventes nunca param de dar louvor a Deus: "Santo, santo, santo é o Senhor, o Deus todo-poderoso, que era, que é e que há de vir" (4:8). Sempre que o fazem (e acabamos de dizer que nunca param), "os vinte e quatro anciãos se prostram diante daquele que está assentado no trono e adoram aquele que vive para todo o sempre" (4:10). Além disso, "lançam as suas coroas diante do trono" (4:10), um ato que simboliza seu reconhecimento incondicional de que são seres dependentes. Sua adoração não é outra coisa senão o reconhecer que só Deus é digno de "receber a glória, a honra e o poder, *porque criaste todas as coisas, e por tua vontade elas existem e foram criadas*" (4:11).

A adoração é a resposta apropriada da criatura ao Criador. A adoração não cria algo novo; ao contrário, é uma resposta transparente ao que é um reconhecimento do nosso *status* de criatura diante do próprio Criador.[20]

Quarto, falar de uma "resposta adequada" a Deus nos leva a refletir sobre o que Deus mesmo revelou acerca de suas próprias expectativas. Como Deus quer que seu povo responda a ele? Embora Deus sempre exija fé e obediência, a ação exata de fé e obediência pode mudar ao longo dos anos da História redentora. Suponha que, em algum momento da História, Deus insistisse em que os cristãos fossem obrigados a construir grandes monumentos em sua honra. Para eles, a construção de tais monumentos seria parte de sua "resposta apropriada" precisamente porque teria sido uma ordem de Deus.

Quando o pacto mosaico estava ativo, ao povo de Israel foi ordenado que deveriam subir ao templo/tabernáculo central três vezes por ano: isso era parte de sua resposta adequada. O que isso significa para os membros da nova aliança é que nossa resposta a Deus na adoração deve começar examinando cuidadosa e reflexivamente o que Deus requer de nós sob os termos dessa aliança.

Não devemos começar perguntando se *gostamos* ou não de "adoração", mas perguntar: "O que Deus espera de nós?" Isso emoldurará nossa resposta

---

[20] Este é o tipo de tema muitas vezes tratado por Marva J. Dawn, *A Royal "Waste" of Time: The Splendor of Worshiping God and Being Church for the World* [Um "desperdício" real do tempo: o esplendor da adoração a Deus e ser uma igreja para o mundo]. Grand Rapids: Eerdmans, 1999. Mas, como Marva não coloca sua discussão no contexto da teologia bíblica (ver a seguir), ela constantemente reduz a adoração ao que chamamos de "adoração coletiva".

correta. Fazer essa pergunta é também dar o primeiro passo na reforma. Exige autoexame, pois logo descobrimos que não estamos no ponto ou na altura que Deus espera. Neste lado da Queda, cada período de tempo tem seus pecados característicos. Descobrir que estamos ouvindo atentamente o que a Bíblia realmente diz sobre o que Deus exige, terá o efeito de reformar cada área de nossa vida, incluindo nossa adoração. Cornelius Plantinga frisa isso quase como um aparte:

> Se conhecemos os pecados característicos da época, podemos adivinhar suas suposições tolas e modismos – que a moralidade é simplesmente uma questão de gosto pessoal, que todos os vazios precisam ser preenchidos com vibração humana ou música de fundo, que 76% do povo americano são vítimas[21], que é melhor sentir do que pensar, que os direitos são mais importantes do que as responsabilidades, que mesmo para as crianças o direito de escolher substitui todos os outros direitos, que a liberdade real pode ser desfrutada sem virtude, que a autocensura é para os conservadores, que Deus é um colega ou mesmo um assistente nosso, cujo trabalho é nos tornar ricos, felizes ou religiosamente avivados, que é mais satisfatório ser invejado do que respeitado, que é melhor para os políticos e pregadores ser alegres do que verdadeiros, *que o culto cristão será inútil, a menos que seja divertido.*[22]

Adoramos nosso Deus Criador "precisamente porque ele é digno e mais que maravilhoso". O que deve tornar a adoração deleitável para nós não é, em primeira instância, sua novidade ou beleza estética, mas seu objeto: o próprio Deus é incrivelmente maravilhoso e aprendemos a nos deleitar nele.

Numa época cada vez mais suspeitosa sobre o pensamento (linear) de desconfiança, há muito mais respeito pelo "sentimento" das coisas – seja um filme ou um culto na igreja. É perturbadoramente fácil apresentar argumentos a respeito de pesquisas sobre pessoas, sobretudo jovens, que

---

[21] Neste ponto, Plantinga refere-se a um ensaio de John Leo, o qual observou que "muitos americanos se qualificam para o *status* de vítima de várias maneiras: são vítimas da AIDS, da imprensa, da música *rock* ou da pornografia, da educação deformada, do preconceito contra os *nerds*, da hostilidade pública em relação aos fumantes, do vício, do patriarcado, de ser negro, de ser branco, de pertencer a grupos de ligação masculina que batem tambores nos bosques, e assim por diante" ("A 'Victim' Census for Our Time", U.S. News and World Report, 23 November 1992, p. 22).

[22] Cornelius Plantinga Jr., *Not the Way It's Supposed to Be: A Breviary of Sin* [Não é o caminho que se supõe ser: um breviário do pecado]. Grand Rapids: Eerdmans, 1995, p. 126-7 (ênfase minha).

deixam uma igreja que oferece excelente pregação e ensino para se filiar a uma com excelente música porque, alegam, lá existe "melhor adoração". Todavia, é preciso analisar cuidadosamente esse assunto.

Limitemo-nos, por enquanto, à adoração coletiva. Embora existam coisas que podem ser feitas para aprimorar a adoração coletiva, há um profundo sentido em que uma adoração excelente não pode ser alcançada apenas por apresentar um louvor excelente. Do mesmo modo que, de acordo com Jesus, você não pode encontrar-se consigo até que se perca, também não pode encontrar o culto coletivo excelente até que pare de tentar encontrar um *louvor* excelente e vá em busca do próprio *Deus*.

Apesar dos protestos, algumas vezes nos perguntamos se estamos começando a adorar o louvor em vez de adorar a Deus. Como um irmão me disse, é um pouco como aqueles que começam admirando o pôr do sol e passam a admirar a si mesmos maravilhando-se com o pôr do sol.

Esse ponto pode ser reconhecido naquelas músicas de louvor do tipo, "vamos nos esquecer de nós mesmos e magnificar o Senhor, vamos adorá-lo". O problema é que depois de ter cantado esse louvor três ou quatro vezes, parece que você ainda está no mesmo lugar. A melhor *maneira* de se esquecer de si é concentrar-se em Deus – e não apenas ficar cantando sobre como conseguir isso, mas realmente colocar em prática.

Há bem poucos louvores, cultos de adoração e sermões que expandem nossa visão sobre Deus – seus atributos, suas obras, seu caráter, suas palavras. Alguns pensam que a adoração coletiva é boa porque agora é animada e não tediosa como o antigo culto. Mas também ela pode ser superficial apesar de animada deixando as pessoas insatisfeitas e inquietas em pouco tempo. As ovelhas deitam-se quando estão bem alimentadas (cf. Salmos 23:2); elas ficam mais propensas a se tornar inquietas quando estão com fome. "Apascenta as minhas ovelhas", ordenou Jesus a Pedro (João 21); e muitas ovelhas não são alimentadas. Se quiser aprofundar a adoração do povo de Deus, aprofunde-se, sobretudo, na sua inefável majestade, na sua pessoa e em todas as suas obras.

Esse não é um ponto teológico obscuro, divorciado de nossa conduta e ética. Tampouco é um aspecto independente, como se houvesse duas ordens distintas: em primeiro lugar, adorar a Deus (porque ele merece) e, então, viver corretamente (porque ele ordena). A adoração, devidamente compreendida, molda quem nós somos. Nós nos tornamos de acordo com aquilo que consideramos nosso deus. Os comentários de Peter Leithart podem não ser muito flexíveis, mas expressam algo importante:

É uma verdade fundamental da Escritura que nos tornamos semelhantes ao que ou a quem adoramos. Quando Israel adorava os deuses das nações, o povo se tornava como as nações – sanguinárias, opressivas, cheias de engano e violência (cf. Jeremias 7). Romanos 1 confirma esse princípio, mostrando como os idólatras são entregues aos desvios sexuais e, finalmente, ao caos social e moral. A mesma dinâmica está em ação hoje. Os muçulmanos adoram a Deus como um poder e não uma pessoa, e sua política reflete esse compromisso. Os humanistas ocidentais adoram o homem, resultando em que todo o capricho degradante do coração humano é honrado, exaltado e disseminado por meio dos órgãos da mídia de massa. Nessa linha, o salmo 115:4-8 lança uma brilhante luz sobre a história da antiga aliança e o significado do ministério de Jesus. Depois de descrever os ídolos como figuras que têm todos os órgãos dos sentidos, mas sem nenhum sentido real, o salmista escreve: "Tornem-se como eles aqueles que os fazem e todos os que neles confiam." Ao adorar ídolos, os seres humanos se tornam mudos, cegos, surdos e aleijados – no entanto, são essas, precisamente, as aflições que Jesus, segundo os Evangelhos, veio para curar![23]

Então, ore e trabalhe para que haja uma exibição grandiosa da glória, do caráter e dos atributos de Deus. Não esperamos que o mecânico fale sobre as maravilhas de suas ferramentas, mas que ele conserte o carro. Ele deve saber como usar suas ferramentas, mas não deve perder de vista o objetivo. Portanto, não devemos nos atrever a nos concentrar na mecânica da adoração coletiva e perder de vista o objetivo principal. Nos concentramos no próprio Deus e, assim, nos tornamos mais piedosos e aprendemos a adorar – e, ao mesmo tempo, a edificar uns aos outros, a nos apoiar mutuamente, e desafiar mutuamente.

Naturalmente, as glórias de Deus podem ser anunciadas em sermão, no canto, na oração ou em um testemunho. É nesse sentido que o título de um dos ensaios de Mark Noll se mostra inteiramente correto: "Nós somos o que cantamos."[24] O que está claro é que se você tentar ampliar a "adoração" simplesmente animando o ritmo ou atualizando a batida, você pode não estar ampliando, de forma alguma, a adoração no culto.

---

[23] Peter Leithart, "Transforming Worship" [Adoração transformadora], Foundations 38, Spring 1997: 27.
[24] *Christianity Today*, 12 July 1999, p. 37-41.

Por outro lado, os sermões secos como poeira, carregados de clichês e desprovidos da presença do Deus vivo, que é mediada pela Palavra, pouco fazem em prol da adoração.

Devemos lutar por um conhecimento crescente de Deus e nos deleitarmos nele – não nos deleitarmos na adoração em si, mas em Deus. Um lugar para começar pode ser a memorização do salmo 66. Há muito mais a saber sobre Deus do que a dieta leve oferecida em muitas igrejas; e os cristãos genuínos, quando alimentados com refeições espirituais saudáveis, logo se deliciam ainda mais no próprio Deus. Isso também explica a importância de "recontar" histórias por meio da Bíblia (por exemplo, Salmos 75,76). O relato da história bíblica traz à mente, uma e outra vez, algo do caráter de Deus, ações e palavras do passado. Ele chama a atenção para os grandes atos redentores de Deus, pelo panorama da história da redenção.

Essa perspectiva é frequentemente perdida no estilo de culto contemporâneo, em que há bem poucos elementos destinados a nos fazer lembrar dos grandes momentos decisivos na Bíblia. Estou pensando não só naqueles suaves "cultos de adoração" que nos deixam inundados de reminiscências da mesma forma que hinos e outras músicas que *contam a história da Páscoa ou do Natal*, mas também em hinos e canções perdidas que contam *histórias conhecidas da Bíblia* (por exemplo, "Hushed Was the Evening Hymn"[25] [Silenciado foi o hino da noite]). Da mesma forma, qualquer que seja a referência à Santa Ceia, ela é um meio designado pelo Senhor Jesus para lembrar sua morte e seu significado.[26]

Os salmos frequentemente recontam partes da história de Israel, especialmente os eventos que envolvem o êxodo, servindo tanto como revisão quanto incentivo ao louvor. Paulo reconhece que escrever "as mesmas coisas" pode ser uma "salvaguarda" para os seus leitores (Filipenses 3:1). Lembretes escritos podem estimular os leitores a desenvolver um "pensamento sadio" (2Pedro 3:1), pois Pedro quer que eles "recordem as palavras ditas no passado pelos santos profetas e o mandamento dado por nosso Senhor e Salvador" por meio dos apóstolos (3:2). Assim ele reflete as exortações do Antigo Testamento, pois é dito que devemos nos lembrar não só de tudo o que Deus fez por nós, mas de toda palavra que procede de Sua boca, repassando-as cuidadosamente aos nossos filhos (Deuteronômio 6:8).

---

[25] Esse hino é baseado no relato de 1Samuel 3:10, sem versão para o português. (N. do T.)

[26] Cf. Tim Ralston, 'Remember' and Worship: The Mandate and the Means [Lembrança e adoração: o mandato e os meios]. *Reformation and Revival*, 9/3, 2000: 77-89.

Tudo isso pressupõe que o recontar deve se provar como formativo e também para nutrir, estabilizar, agradar.[27] Igualmente, pressupõe que, mesmo sob os termos da antiga aliança, tudo o que poderia ser abarcado pelo termo *adoração* era mais abrangente do que o que estava ligado ao ritual do tabernáculo e do templo.

Talvez seja nessa direção que devamos lutar com a importância da repetição como um dispositivo pedagógico de reforço. Se o mero tradicionalismo, por razões de estética, se mostra suspeito, certamente o mesmo acontece com a mera inovação, por causa da excitação que produz. Mas deve haver algumas maneiras de se estabelecer corretamente os fundamentos da fé. Na repetição das coisas divinas e por meio de recontar as histórias, devemos implantar profundamente dentro de nossa alma as verdades gloriosas sobre Deus e sobre o que ele fez, o que, de outra forma, poderíamos esquecer em pouco tempo.

"Deste lado da Queda, a *adoração humana* a Deus responde adequadamente às provisões redentoras que Deus fez graciosamente." O breve vislumbre da existência humana antes da Queda (Gênesis 2) capta um tempo em que os portadores da imagem de Deus se deleitavam na perfeição de sua criação e do prazer de sua presença, exatamente porque estavam perfeitamente orientados para ele. Nenhuma provisão redentora ainda havia sido revelada, pois nenhuma era necessária. Não havia necessidade de exortar seres humanos a adorarem; toda a sua existência orbitava em torno do Deus que os havia criado.

No coração da Queda, é o amor-próprio que destrói nossa ligação com Deus. Implicitamente, é claro, todo fracasso em adorar Deus não é nem mais nem menos do que idolatria. Porque somos finitos, inevitavelmente vamos adorar algo ou alguém. Em *Os irmãos Karamazov*, Dostoievski não estava errado ao escrever: "Enquanto o homem permanecer livre, ele não vai se esforçar por nada que não seja tão incessante e tão doloroso como encontrar alguém para adorar."

Contudo, porque somos seres caídos, gravitamos em torno de deuses falsos: um deus domesticado e manejável, talvez um deus material, talvez um deus abstrato como o poder ou o prazer, ou um deus filosófico como o marxismo, a democracia ou o pós-modernismo. Mas iremos adorar. Em sua maior parte, esses deuses são pequenos e patéticos, o que levou William James a denunciar a "flacidez moral que nasceu do culto exclusivo à deusa do *sucesso*".

---

[27] Cf. Eugene H. Merrill, "Remembering: A Central Theme in Biblical Worship [Lembrança: um tema central na adoração bíblica]". *JETS* 43, 2000: 27-36.

Pior ainda, somos culpados diante de Deus, pois o nosso Criador é também nosso Juiz. Esse poderia ter sido o final da história, mas Deus revela progressivamente seus propósitos redentores. Ao fazê-lo, ele faz exigências sobre qual abordagem é aceitável para ele: o que constitui louvor e oração e o que se revela uma abordagem *coletiva* aceita por ele. Assim, a adoração torna-se envolvida pela prescrição no ritual, no sacrifício, na lei detalhada, no santuário, num sistema sacerdotal e assim por diante. Três pontos importantes devem ser destacados aqui.

Primeiro, os padrões mutantes e em desenvolvimento das prescrições de Deus para seu povo, quando se aproximam dele, constituem uma história complexa e sutil.[28] O primeiro pecado humano produz a primeira morte, a morte de um animal para esconder a nudez dos primeiros seres humanos. O sacrifício logo se torna um componente profundamente arraigado da adoração.

Na época do pacto mosaico, a oferta de paz (Levítico 17:11ss.) era o meio divinamente prescrito de manter uma relação harmoniosa entre Deus e seu povo da aliança. A oferta pelo pecado (Levítico 4) lidava com o pecado como uma barreira entre os adoradores e Deus. Essa oferta pelo pecado era o sacrifício de um touro, um cordeiro ou cabra, com quem o adorador se identificava, colocando as mãos na cabeça do animal. Quando o sangue da vítima, significando a sua vida (Levítico 17:11ss.), era espargido sobre os chifres do altar, simbolizando a presença divina, Deus e os adoradores se uniam em um relacionamento renovado.

Sob os termos da relação da aliança prescrita, não poderia haver culto aceitável fora de conformidade com as exigências do sistema sacrifical. Por esse sistema, Deus havia determinado os meios pelos quais as criaturas rebeldes poderiam se aproximar dele. "A adoração foi, portanto, a resposta de Israel à relação de aliança e os meios de assegurar sua continuidade."[29]

Houve muitas variações antes e depois do Sinai. No período patriarcal, os clãs e os indivíduos ofereciam sacrifícios em quase todos os lugares, sem a existência de uma classe sacerdotal. A aliança mosaica prescrevia que as oferendas fossem restritas ao tabernáculo, um santuário móvel, e que se

---

[28] Veja as seções relevantes de Peterson, *Engaging with God* [Envolvendo-se com Deus]; Y. Hattori, "Theology of Worship in the Old Testament" [Teologia da adoração no Antigo Testamento], in *Worship: Adoration and Action* [Louvor: adoração e ação], p. 21-50.

[29] J. G. Davies, "Worship" [Adoração], in *A Dictionary of Biblical Tradition in English Literature* [Dicionário de tradição bíblica na literatura inglesa], ed. David Lyle Jeffrey. Grand Rapids: Eerdmans, 1992, p. 851.

tornassem uma prerrogativa exclusiva dos levitas; mas ambas as restrições, especialmente a primeira, eram violadas com frequência.

Com a construção do templo de Salomão, a adoração na aliança tornou-se mais centralizada, pelo menos até a divisão do reino. As festas mais importantes traziam peregrinos aos milhares, vindo pelas estradas, "subindo" para Jerusalém, a cidade do grande rei. Os corais estavam presentes, e os instrumentos musicais contribuíam para essas ocasiões festivas. A adoração estava fortemente ligada ao culto.

A divisão do reino e a degeneração em espiral descendente de Israel e Judá logo rompeu até mesmo esse grau de uniformidade. O exílio dispersou as tribos do Norte para locais que tornavam impossível o acesso ao templo; no devido tempo, o exílio chegou ao reino de Judá e testemunhou a destruição total do templo.

A revolução no pensamento que acompanhou essa obliteração da realidade central do culto é mostrada em muitos textos do Antigo Testamento, não menos importante na visão de Ezequiel 8-11, onde está a comunidade exílica – e não os judeus que permaneceram em Jerusalém e que seriam destruídos com o templo – que constituíam o verdadeiro remanescente, o povo para quem o próprio Deus seria um santuário (11:16). Tais realidades relativizam o templo juntamente com a estrutura da aliança inextricavelmente ligada a ele. O mesmo efeito é alcançado pelas promessas de uma nova aliança (Jeremias 31:31ss., Ezequiel 36:25-27).

Como o autor de Hebreus iria mais tarde ponderar, a promessa de uma nova aliança tornou, por princípio, a antiga aliança obsoleta (Hebreus 8:13). A restauração de um templo menos suntuoso, após o exílio, não pôde realmente comprometer essas novas antecipações, pois nem a linha sacerdotal de Zadoque nem o reino davídico foram restaurados.

Assim, o primeiro ponto a ser observado é que, por mais envolvimento que Israel tivesse no culto, no sacrifício, no serviço sacerdotal, nas prescrições da aliança e nos grandes festivais, a adoração mudou sua face ao longo de dois milênios, desde Abraão até Jesus.

Segundo, não há razão para restringir ao culto toda a adoração no antigo Israel. Os salmos testemunham a respeito de um grande espaço para o louvor individual e a adoração, mesmo que alguns deles sejam dirigidos a uma leitura mais ampla, e mesmo que alguns tenham sido destinados para uso coletivo nos serviços do templo. O Antigo Testamento fornece ampla evidência de indivíduos derramando suas orações diante de Deus, independentemente da religião do culto (por exemplo, Ana, Daniel e Jó).

Em terceiro lugar, e mais importante, uma mudança notável ocorre com a vinda do Senhor Jesus e o alvorecer da nova aliança que ele introduz. Sob os termos da nova aliança, o sacerdócio levítico foi substituído: ou todos nós somos sacerdotes (ou seja, intermediários, 1Pedro), ou então somente Jesus é o sumo sacerdote (em Hebreus), mas não há classe ou tribo sacerdotal. O corpo de Jesus se torna o templo (João 2:13-22); ou, adaptando a figura, a Igreja é o templo (1Coríntios 3:16-17); ou o cristão, individualmente, é o templo (1Coríntios 6:19).

Nenhum edifício da igreja é designado jamais como o "templo" (por exemplo, "Templo da Igreja Batista"). O padrão de tipo/antítipo é tão completo que inevitavelmente a maneira como pensamos na adoração também deve mudar. A linguagem da adoração, tão ligada ao templo e ao sistema sacerdotal sob a antiga aliança, foi radicalmente transformada pelo que Cristo fez.

Vemos a mudança em uma passagem bem conhecida como Romanos 12:1,2. Oferecer nossos corpos como "sacrifícios vivos, santos e agradáveis a Deus" é o nosso "ato espiritual de adoração". Em outras palavras, Paulo usa a linguagem de adoração do culto, embora seu uso da terminologia nos transporte para longe do culto [no AT]: o que oferecemos não é mais um cordeiro ou um touro, mas nossos corpos.

Vemos a mudança novamente em outra passagem bem conhecida. Jesus nos diz que "devemos adorar em espírito e em verdade" (João 4:24). Isso não significa que devemos adorar "espiritualmente" (ao contrário de "carnalmente"?) e "verdadeiramente" (em oposição a "falsamente"?). O contexto enfoca o argumento de nosso Senhor. Os samaritanos sustentavam que o lugar apropriado para o culto era nas montanhas gêmeas, Gerizim e Ebal; os judeus sustentavam que era em Jerusalém. Em contraste, Jesus disse que um tempo estava agora surgindo quando "os verdadeiros adoradores adorariam o Pai em espírito e verdade... Deus é espírito, e é necessário que os seus adoradores o adorem em espírito e em verdade" (4:23,24).

Em primeira instância, essa declaração anula as montanhas de Samaria e Jerusalém como locais apropriados para a adoração coletiva do povo de Deus. Ele é espírito e não pode ser domesticado por meros localização ou templos, mesmo que no passado, tivesse escolhido revelar-se em um templo como um dispositivo de ensino para antecipar o que estava por vir.

Além disso, nesse livro – em que Jesus aparece como a videira *verdadeira*, o *verdadeiro* maná, o *verdadeiro* Pastor, o *verdadeiro* templo, o *verdadeiro* Filho – adorar a Deus "em espírito *e em verdade*" é antes de tudo uma maneira de dizer que devemos adorar a Deus *por meio de Cristo*. Nele a realidade surgiu e as sombras foram varridas (Hebreus 8:13). O culto cristão é o novo culto da aliança; é adoração inspirada pelo evangelho; é o culto centrado em Cristo; é a adoração centrada na cruz.[30]

Em outro lugar do Novo Testamento, descobrimos que Paulo poderia pensar no evangelismo como seu serviço sacerdotal (Romanos 15). Jesus é nosso Cordeiro pascal (1Coríntios 5:7). Oferecemos um sacrifício de louvor (Hebreus 13:15), não um sacrifício de ovelhas. Nossa adoração já não está focada em uma forma particular ou em um festival. Deve estar ligada a tudo o que somos e como um povo comprado pelo sangue do Messias de Deus. Oferecemo-nos como sacrifícios vivos. Agostinho não estava muito longe desse pensamento quando escreveu: "Deus deve ser adorado pela fé, pela esperança e pelo amor." Isso é algo que fazemos todo o tempo: sob os termos da nova aliança, a adoração não é mais focada em um culto moldado por um calendário litúrgico, mas é algo em que estamos continuamente envolvidos.

Resumindo: "Neste lado da Queda, a *adoração humana* a Deus responde adequadamente à provisão redentora que ele graciosamente proveu". Mas por causa da posição dos novos crentes da aliança dentro do fluxo da história redentora, o coração daquilo que constitui o verdadeiro culto muda radicalmente sua forma de ser.

Numa época em que as estruturas sacrificiais e sacerdotais antecipavam o sacrifício supremo e o sumo sacerdote, a participação do fiel na adoração coletiva da comunidade da aliança representava o templo com todo o seu simbolismo: animais para o sacrifício, festas importantes e assim por diante. Deste lado do supremo sacrifício, já não participamos das formas que apontavam para ele; e o foco da linguagem de adoração, a linguagem sacerdotal, a linguagem sacrificial tem sido transmutada em um campo muito mais abrangente, que é bem menos orientado para qualquer noção de culto.

No entanto, assim como não erramos ao exagerar as diferenças entre as formas de culto sob a aliança mosaica e sob a nova aliança, é essencial reconhecer que *"toda* a verdadeira adoração é centrada em Deus." *Nunca* é simplesmente uma questão de conformidade com os requisitos formais. O Antigo Testamento apresenta muitas passagens onde os profetas criticam severamente toda a adoração que é formalmente "correta", enquanto o coração do adorador está envolvido em idolatria (por exemplo, Ezequiel 8).

Isaías troveja a palavra do Senhor:

---

[30] Em todos esses aspectos, Peterson, *Engaging with God* [Envolvendo-se com Deus], é muito bom.

> "Para que me oferecem tantos sacrifícios?", pergunta o SENHOR." Para mim, chega de holocaustos de carneiros e da gordura de novilhos gordos; não tenho nenhum prazer no sangue de novilhos, de cordeiros e de bodes [...]
>
> Parem de trazer ofertas inúteis! O incenso de vocês é repugnante para mim. Luas novas, sábados e reuniões! Não consigo suportar suas assembleias cheias de iniquidade [...]
>
> Quando vocês estenderem as mãos em oração, esconderei de vocês os meus olhos [...] Parem de fazer o mal, aprendam a fazer o bem! (Isaías 1:11-17).
>
> Vocês pensam que podem roubar e matar, cometer adultério e jurar falsamente, queimar incenso a Baal e seguir outros deuses que vocês não conheceram, e depois vir e permanecer perante mim neste templo, que leva o meu nome, e dizer: Estamos seguros! – seguros para continuar com todas essas práticas repugnantes? (Jeremias 7:9,10).

"Sem pureza de coração, sua pretensa adoração era, na verdade, uma abominação", diz Robert Rayburn. "Mesmo que divinamente autorizadas, as próprias ordenanças passaram a ser ofensivas ao próprio Deus que as havia ordenado, por causa do modo como tinham se tornado abusivas."[31]

Isso esclarece um ponto de Peterson que pode facilmente conduzir a uma conclusão duvidosa. Peterson assinala corretamente, como vimos, que a passagem da antiga aliança para a nova traz consigo uma transmutação da linguagem do culto. Sob a nova aliança, a terminologia de sacrifício, sacerdote, templo, oferta e coisas semelhantes é transformada.

Não há mais um local supremo para onde podem ser feitas as peregrinações dos fiéis: adoramos "em espírito e em verdade". Essa transformação da linguagem é inevitável e está ligada à mudança do tipo para o antítipo, da promessa à realidade, da sombra à substância. Mas não devemos, todavia, concluir que, além dos casos de adoração individual, no Antigo Testamento as exigências formais do culto esgotaram o que se entendia por adoração pública.

Em qualquer estrutura legal sempre houve uma hierarquia de prioridades. O próprio Jesus estava preparado para proferir o seu juízo sobre qual era o maior mandamento da "Lei": "Ame o Senhor, o seu Deus de todo o seu coração, de toda a sua alma e de todo o seu entendimento'." (Mateus 22:37;

---

[31] Robert G. Rayburn, *O Come, Let Us Worship* [Ó vinde, adoremos]. Grand Rapids: Baker Book House, 1980, p. 19.

cf. Deuteronômio 6:5). Segue-se que o maior pecado, o pecado mais fundamental, é *não* amar o Senhor nosso Deus com todo o nosso coração, alma e entendimento.

Não podemos atribuir ao Senhor toda a glória devida ao seu nome se formos consumidos pelo amor próprio ou intoxicados por visões lamentáveis de nossa própria grandeza ou independência. Ainda menos adoramos o Senhor se *formalmente* aderirmos às estipulações do sacrifício da aliança quando nosso coração está longe dele.

Para colocar a questão positivamente, a adoração não é meramente uma atribuição formal de louvor a Deus: ela emerge de todo o meu ser para esse Deus inteiro, e, portanto, reflete não só meu entendimento de Deus, mas meu amor por ele. "Bendiga o Senhor a minha alma! Bendiga o Senhor todo o meu ser!" (Salmos 103:1).

Assim, a transição do culto sob a antiga aliança para a adoração sob a nova não é caracterizada por um movimento do formal para o espiritual, ou do culto para o espiritual, ou do culto para a vida como um todo. Pois sempre foi necessário amar Deus completamente; *sempre* foi necessário reconhecer a pura santidade, o transcendente poder, a glória e a bondade de Deus, e adorá-lo por aquilo que ele é. Portanto, insistimos que "*toda adoração verdadeira é centrada em Deus.*"

A transição da adoração sob a antiga aliança para a adoração sob a nova é caracterizada pelas estipulações da aliança e disposições das duas alianças respectivamente. A maneira de amar integralmente Deus sob a antiga aliança estava na obediência sincera aos termos dessa aliança – e isso inclui o lugar primário dado ao culto, com toda a sua importância e propósito no fluxo da história redentora; e as implicações desse trabalho intenso incluem distinções entre o santo e o comum, entre o espaço santificado e o espaço comum, entre o tempo santificado e o tempo comum, entre o alimento santificado e o alimento comum.

A maneira como amar totalmente Deus sob a nova aliança estava na obediência sincera aos termos dessa aliança – e aqui a linguagem do culto foi transmutada para a vida como um todo, com a implicação, não tanto de uma dessacralização do espaço, tempo e alimento, como com a sacralização de todo o espaço e de todo o tempo e de toda a comida: o que Deus declarou santo, que ninguém declare profano.

Há outra implicação aqui que só pode ser mencionada, não explorada. Na análise teológica do trabalho, é lugar comum dizer que o trabalho é uma "ordenança da criação" (a terminologia varia de acordo com a tradição teológica). Porém o trabalho penoso e difícil se tornou o resultado deste lado da Queda (Gênesis 3:17-19), o próprio trabalho fez parte do paraíso inicial (Gênesis 2:15), e continua a ser algo que fazemos, como criaturas na perfeita criação de Deus.

Isso é verdade, claro, mas sob a nova aliança também é inadequado. Se tudo, inclusive nosso trabalho, foi sacralizado no sentido específico, então o próprio trabalho é parte de nossa adoração. Os cristãos trabalham não apenas como criaturas de Deus na criação divina, mas como homens e mulheres redimidos que oferecem seu tempo, sua energia, seu trabalho, toda sua vida a Deus – amando-o com o coração, entendimento e força, entendendo que tudo o que fazemos, devemos fazer para a glória de Deus.

Isso não significa que não haja lugar para a reunião coletiva sob a nova aliança, nenhum reconhecimento coletivo em relação a Deus, nenhuma adoração coletiva – como veremos. Mas à luz da completa obra do Senhor Jesus Cristo na cruz, a linguagem do culto mudou necessariamente, e com ela nossas prioridades no culto. O que permanece constante é a completa centralização de Deus em tudo.

O culto cristão não é menos centrado em Cristo do que em Deus. O propósito estabelecido pelo Pai é que todos honrem o Filho, assim como honram o Pai (João 5:23). Sendo que o Verbo eterno se fez carne (João 1:14), uma vez que a plenitude da divindade vive em Cristo em forma corporal (Colossenses 2:9), e à luz da assombrosa obediência de Jesus (até a morte!), Deus o exaltou e lhe deu "o nome que está acima de todo nome, para que ao nome de Jesus se dobre todo joelho, no céu, na terra e debaixo da terra" (Filipenses 2:9,10), e sendo que o Jesus ressuscitado aceitou silenciosamente as palavras reverentes e adoradoras de Tomé, "Meu Senhor e meu Deus!" (João 20:28), os cristãos contemporâneos seguem o exemplo da primeira geração de cristãos e adoram a Jesus sem hesitação.

Em nenhum lugar a ordem de adorar o Senhor Jesus é mais clara do que no livro do Apocalipse, do capítulo 5 em diante. Em Apocalipse 4, na metáfora apocalíptica, Deus é apresentado como o incrível e transcendente Deus da glória, diante do qual até mesmo as mais altas ordens de anjos cobrem seus rostos. Isso prepara o cenário para o drama apresentado no capítulo 5. Lá um anjo emite um desafio para o universo inteiro: quem é capaz de se aproximar do trono de um Deus tão terrível, pegar o livro em sua mão direita, e abrir os sete selos que o fecham? No simbolismo do tempo e desse gênero de literatura, esse é um desafio capaz de realizar todos os propósitos de Deus para o universo, seus propósitos tanto de bênção quanto de julgamento.

Ninguém é achado digno de realizar essa tarefa, e João, o vidente, é levado ao desespero (5:4). Então alguém é apresentado: o Leão da tribo de

Judá, que é também o Cordeiro – simultaneamente um guerreiro real e um Cordeiro abatido – surge para pegar o rolo da mão direita do Todo-poderoso e abrir os selos. Mas, em vez de se aproximar do trono desse Deus transcendente e francamente aterrorizante, ele está no centro do trono, sendo um com a própria divindade (5:6).

Isto desencadeia um poderoso hino de adoração dirigido ao Cordeiro, louvando-o porque é digno de tomar o rolo e abrir os seus selos (5:9). O que o torna singularmente qualificado para realizar os propósitos de Deus com vistas ao julgamento e à redenção, não é simplesmente o fato de que ele surge do próprio trono de Deus, mas que ele foi morto, e por seu sangue, comprou homens para Deus, de cada tribo e língua e povo e nação (5:9). Em suma, não só sua pessoa, mas sua obra expiatória o torna exclusivamente qualificado para realizar os propósitos perfeitos de Deus.

Depois disso, no livro de Apocalipse, a adoração é dirigida "àquele que está sentado no trono e ao Cordeiro", ou alguma composição similar. Pois, em nossa época, a adoração cristã não é menos centrada em Cristo do que centrada em Deus.

A adoração cristã é trinitária. Esse ponto merece uma extensa reflexão. Poder-se-ia considerar, por exemplo, uma teologia bíblica trinitária da oração.[32] Mas para nossos propósitos basta repetir algumas das ideias de James Torrance. Ele escreve:

> A visão [trinitária] da adoração é que ela é o dom para participar, por meio do Espírito, na comunhão do Filho encarnado com o Pai. Isso significa participar da união com Cristo, no que ele fez por nós de uma vez por todas, em oferecer-se a si mesmo – ao Pai, tanto em sua vida quanto na cruz. Significa também participar do que ele continua a fazer por nós na presença do Pai e na sua missão ao mundo atribuída pelo Pai. Há apenas um verdadeiro sacerdote por meio de quem e com quem nos aproximamos de Deus nosso Pai. Existe apenas um Mediador entre Deus e a humanidade. Há somente uma oferta que é verdadeiramente aceitável a Deus, e não é nossa. É a oferta pela qual ele santificou, para sempre, aqueles que vêm a Deus por intermédio dele (Hebreus 2:11; 10:10; 14)... que levam a sério o ensino do Novo Testamento sobre o sacerdócio e a liderança

---

[32] Veja, por exemplo, o importante ensaio de Edmund P. Clowney, "A Biblical Theology of Prayer" [Uma teologia bíblica da oração], in *Teach Us To Pray: Prayer in the Bible and the World* [Ensina-nos a orar: a oração na Bíblia e no mundo], ed. D. A. Carson. Carlisle: Paternoster Press, 1990, p. 136-73.

de Cristo, a oferta de si mesmo por nós ao Pai e a nossa vida em união com Cristo por meio do Espírito, com uma visão da Igreja que é o seu corpo... Assim, somos batizados em nome do Pai, do Filho e do Espírito Santo na comunidade, o único corpo de Cristo, que confessa a fé no único Deus, Pai, Filho e Espírito Santo, e que adora o Pai por meio do Filho no Espírito.[33]

Isso é muito útil, sobretudo se não for tomado como algo que se deve fazer apenas no domingo de manhã, às 11 horas. A obra justificadora, regeneradora e redentora do nosso Deus triúno transforma o seu povo: essa é a própria essência da nova aliança, cuja adoração, portanto, encontra seu primeiro impulso nesse evangelho transformador, "que restaura nossa relação com o Deus Redentor e, portanto, com nossos companheiros de fé, aqueles que adoram conosco".

O culto cristão engloba tanto a adoração quanto a ação.[34] Referindo-se a ambos, não pretendo reintroduzir uma distinção entre o sagrado e o comum (ver seção 4 deste capítulo). Não é que tenhamos de fazer um retiro para a "adoração" e só depois partir para a "ação", entendendo que a adoração que fora então praticada, de alguma forma, nos capacitou melhor por sermos mais espirituais ou melhores adoradores. Devemos fazer tudo para a glória de Deus. Ao oferecer nossos corpos como sacrifícios vivos, que é o nosso culto espiritual, fazemos, por meio do nosso corpo, tudo o que ele deseja. De fato, pode haver algo mesmo mais agressivo do que essa "ação".

Como diz Miroslav Volf:

> Há algo profundamente hipócrita em louvar a Deus pelas poderosas obras de salvação de Deus, e cooperar, ao mesmo tempo, com os demônios da destruição, seja por negligenciar o bem ou por praticar ativamente o mal. Somente aqueles que ajudam os judeus podem cantar o canto gregoriano, como disse corretamente Dietrich Bonhoeffer, no contexto da Alemanha nazista... Sem a ação em favor do mundo, a adoração a Deus

---

[33] James B. Torrance, *Worship, Community and the Triune God of Grace* [Adoração, comunidade e o triúno Deus da graça]. Downers Grove: InterVarsity Press, 1996, p. 20-2. Esse livro muitas vezes provou muito esclarecedor, mesmo que nem minha opinião, Torrance, às vezes, aborde uma visão zwingliana muito simplista da Ceia do Senhor.

[34] Veja especialmente o ensaio de Miroslav Volf, "Reflections on a Christian Way of Being-in-the--World" [Reflexões sobre o modo cristão de estar no mundo], in *Worship: Adoration and Action* [Culto: adoração e ação], p. 203-11, a quem sou devedor por usar alguns dos elementos desta seção.

é vazia e hipócrita, e se degenera num silêncio irresponsável, sem Deus.[35]

Inversamente, a ação cristã neste mundo produz incentivo para adorar Deus (i.e., 1Pedro 2:11,12).

Por outro lado, o *mero* ativismo não é uma alternativa particularmente divina; pois, assim como a atividade para o mal, o ativismo pode ser impulsionado pela cobiça, por poder, pelo simples compromisso com uma tradição (não importa quão boa seja ela), pelo mero altruísmo ou pelo sentimento reformista. Recorrer a períodos de adoração, seja pessoal, individual ou coletiva, não significa, todavia, recuar para a clássica divisão do sagrado/profano, mas, captar o reconhecimento do Novo Testamento para os ritmos da vida nessa ordem criada. O próprio Jesus pressupõe que há tempo e lugar para o indivíduo recorrer a um refúgio "secreto" para a oração (Mateus 6:6). A própria igreja, como veremos, é para se reunir regularmente.

Em suma, precisamente porque o culto cristão é impulsionado pelo evangelho "que restaura nossa relação com o Deus Redentor e, portanto, também com nossos companheiros de fé, nossos coadoradores", precisamente porque o triunfo final de Deus é um universo reconciliado (Colossenses 1:15-20), nossa adoração deve manifestar-se tanto na adoração como na ação.

Da mesma forma, se os documentos do Novo Testamento constituem nosso guia, nossa adoração deve se manifestar tanto pelo cristão, de modo individual, quanto na "adoração coletiva, que é oferecida no contexto do corpo dos cristãos."

Essa identidade coletiva não se estende somente a outros fiéis aqui e agora com quem nos identificamos, mas também a cristãos de todos os tempos e lugares. Pois o "encontro" fundamental do povo de Deus é o encontro com *Deus*, no

> "monte Sião, à Jerusalém celestial, à cidade do Deus vivo. Chegaram aos milhares de milhares de anjos em alegre reunião, à igreja dos primogênitos, cujos nomes estão escritos nos céus. Vocês chegaram *a Deus*, juiz de todos os homens, aos espíritos dos justos aperfeiçoados, a Jesus, mediador de uma nova aliança, e ao sangue aspergido, que fala melhor do que o sangue de Abel" (Hebreus 12:22-24; ênfase adicionada).

---

[35] Ibid., p. 211.

A igreja local não é parte dessa Igreja como manifestação dela, não é seu afloramento. Cada igreja é simplesmente a Igreja.

Assim, o que quer que fizermos quando nos reunimos – algo ainda a ser discutido – nós o fazemos em profundo reconhecimento de que nós, os cristãos, representamos algo muito maior do que qualquer um de nós individualmente, ou mesmo qualquer grupo empírico do qual façamos parte. Nós somos a igreja, o templo de Deus (1Coríntios 3:16,17).[36] Uma das implicações de tal perspectiva é que, por mais que procuremos ser contemporâneos por motivos evangelísticos, também devemos seguir uma direção em que nos alinhemos com toda a igreja em algumas formas profundamente arraigadas e tangíveis. Tal pressuposto implica compreender que a igreja não foi inventada nos últimos 20 anos. As exigências de um fundamento coletivo devem ser fundidas com as exigências de viver fielmente e testemunhar em uma determinada cultura e num tempo específico.

O Novo Testamento fala da reunião ou da união do povo de Deus em muitos contextos (por exemplo, Atos 4:31; 11:26; 14:27; 15:6,30; 20:7,8; 1Coríntios 5:4; 11:17; 33,34; 14:26).[37] "A igreja na assembleia não só estimula seus membros, mas também se aproxima de Deus (Hebreus 10:19-25)", escreveu Everett Ferguson.[38]

Mas isso também poderia ser colocado de maneira oposta: a igreja na assembleia não se aproxima apenas de Deus, mas também incentiva seus membros. Mesmo em Efésios 5:19 falamos "uns aos outros" quando cantamos; e em Colossenses 3:16, o canto de "salmos, hinos e cânticos espirituais" está no contexto de ensinar e admoestar uns aos outros – uma parte em que se deve deixar que "habite ricamente em vocês a palavra de Cristo".

Isso significa que o modelo purista de nos dirigirmos *unicamente* a Deus em nossa adoração coletiva é muito restritivo. Por outro lado, enquanto um dos propósitos de nosso canto deve ser a edificação mútua, isso é bastante diferente de fazer de nós mesmos e de nossa experiência de adoração o *tema* do nosso canto.

Esse corpo de cristãos se esforça "para alinhar todas as formas de sua devota atribuição de todo o valor a Deus com o conjunto de novos mandatos

---

[36] O contexto mostra que nesta passagem o templo de Deus é *a igreja*, ao contrário de 1Coríntios 6:19,20, em que, num uso figurativo completamente diferente, o templo de Deus é o corpo do cristão, individualmente.

[37] Examine o importante trabalho de Everett Ferguson, *The Church of Christ* [A Igreja de Cristo]. Grand Rapids: Eerdmans, 1996, esp. 231ss.

[38] Ibid., p. 233.

e exemplos da aliança". Isso é verdade no campo do comportamento, para o qual o apóstolo Paulo dedica tanto espaço. Novamente, ele exorta seus colegas mais jovens a ajudar os cristãos a aprender *como* viver, falar e se comportar.

Mas meu foco aqui é na igreja, em suas reuniões. O que o Novo Testamento ordena para essas reuniões, seja por ordenança ou por descrição? Nos termos da nova aliança, é errado alegar que o nosso propósito de nos reunirmos (por exemplo, no domingo de manhã) é a adoração? Alguns, como vimos, respondem: "Sim, é claramente errado." Nem se trata de uma contestação recente. William Law, em sua famosa obra *A Serious Call to a Devout and Holy Life* [Um claro chamado para uma vida devota e santa], escrita há mais de dois séculos, insiste: "Não há uma única ordem em todo o evangelho para o culto público [...] A frequência a ele nunca é mencionada em todo o Novo Testamento".

À luz da tendência do Novo Testamento, para desdobrar toda a antiga terminologia da adoração em maneiras novas, não mais ligadas ao templo e às festas, mas por meio da vida cristã como um todo, dizer que nos reunimos "para adorar" implica dizer que *não* estamos adorando a Deus no restante do tempo. E isso está tão desconectado com as ênfases do Novo Testamento que devemos abandonar essa concepção completamente. Não nos reunimos para adorar, dizem essas pessoas; em vez disso, nos reunimos para instruir, ou para a edificação mútua.

Contudo, alguém pode se perguntar se essa conclusão é justificada. Naturalmente, se passarmos a semana *sem* adorar a Deus e entendermos a manhã de domingo como o momento em que nos reunimos para oferecer-lhe o culto não praticado durante toda a semana (para equilibrar as coisas, por assim dizer), então esses críticos estão inteiramente corretos. Mas não seria melhor dizer que a ênfase do Novo Testamento é o povo de Deus adorá-lo de modo individual e em sua vida familiar e, então, quando se reúnem, adorá-lo coletivamente?

Em outras palavras, a adoração torna-se uma categoria sob a qual envolvemos *tudo* em nossa vida. O que quer que façamos, mesmo que estejamos simplesmente comendo ou bebendo, falando, envolvidos nos negócios ou estando em casa ou nas reuniões da igreja, devemos fazer tudo para a glória de Deus. Isso é adoração. E quando nos reunimos, nos envolvemos na adoração de uma forma coletiva.

Alguns se sentem desconfortáveis com essa análise. Dizem que se a adoração é algo que os cristãos deveriam fazer o tempo todo então, embora seja formalmente verdade que os cristãos devam se dedicar à adoração quando reunidos, da mesma forma é verdadeiro afirmar que quando os cristãos se reúnem, devem se empenhar em respirar. É que eles fazem o tempo todo.

No entanto, a analogia feita entre adoração e respiração é enganosa. Não nos é exigido que respiremos; a respiração é meramente uma função autônoma. Mas recebemos *ordem* para adorar (por exemplo, Apocalipse 19:10). E embora seja verdade que a linguagem técnica de adoração no Antigo Testamento seja transmutada no Novo para a vida como um todo, existem passagens intrigantes em que a linguagem também se refere à assembleia cristã (por exemplo, *proskyneō* em 1Coríntios 14:25).

Além disso, assim como à luz do Novo Testamento não ousamos pensar que nos reunimos para um culto de adoração porque não temos adorado durante toda a semana, também é tolice pensar que somente parte do "culto" é adoração – talvez tudo, menos o sermão, ou apenas o canto, ou quem sabe os louvores e as leituras responsivas. A ideia de se ter um "líder de adoração" que conduz a parte do "culto" que antecede o sermão (que, então, não faria parte da adoração!) pode ser tão estranha, do ponto de vista do Novo Testamento, que chega a ser realmente embaraçosa.[39]

A experiência não nos ensina que, às vezes, nossos mais profundos desejos e orações fervorosas prestam adoração a Deus exatamente durante a pregação da Palavra Dele? Eu sei que o termo "líder de adoração" é só uma questão semântica, uma designação atualmente popular, mas que, inconscientemente, desvia as expectativas das pessoas sobre o que é adoração. No mínimo, é restritivamente enganoso.[40]

---

[39] Quase tão bizarro é o argumento de alguns de que devemos distinguir entre os de adoração e os cultos de ensino (por exemplo, Robert E. Webber, em um livro bastante útil, *Worship Old and New* [Adoração antiga e nova]. Grand Rapids: Zondervan, 1982, p. 125,194).

[40] Talvez este seja o momento para refletir sobre o fato de que muitos "líderes de adoração" contemporâneos têm treinamento em música, mas pouco conhecimento bíblico, teológico, histórico etc. Quando pressionados quanto aos critérios pelos quais escolhem suas músicas, muitos admitem que eles oscilam entre a preferência pessoal e o propósito de manter a congregação entusiasmada – certamente, não são os critérios mais profundos que existem. Eles dão pouco ou nenhum espaço para tratar dos grandes temas da Escritura, seus grandes eventos, do alcance de uma resposta pessoal a Deus encontrada nos Salmos (em oposição a usar os limitados temas para incentivar o otimismo por meio da "adoração"), de empregar termos bíblicos (como em um desses louvores que levam a congregação a cantar a palavra "santo" 36 vezes, enquanto apenas três são suficientes para Isaías e para João, no Apocalipse), de abordar as tradições históricas centrais da igreja, ou qualquer outra coisa relevante. Se esses líderes operam por conta própria, com pouca orientação ou treinamento ou sem a direção de pastores experientes, a situação geralmente se degenera do doloroso para o lamentável. Sobre este e muitos outros pontos práticos e teológicos, veja o conselho sábio e bem informado de David Montgomery, *Sing a New Song: Choosing and Leading Praise in Today's Church* [Cante uma nova música: Escolhendo e conduzindo o louvor na igreja de hoje]. Edimburgo: Rutherford House and Handsel Press, 2000.

Então, o que devemos fazer na adoração coletiva, assim compreendida? Embora alguns possam fazer objeção a uma ou duas de suas expressões, Edmund Clowney apresenta uma das respostas mais sucintas, como o Novo Testamento demonstra:

> O Novo Testamento indica, por preceito e exemplo, quais são os elementos da adoração [coletiva]. Como na sinagoga, o louvor coletivo é oferecido (Atos 2:42; 1Timóteo 2:1; 1Coríntios 14:16); a Escritura é lida (1Timóteo 4:13; 1Tessalonicenses 5:27; 2Tessalonicenses 3:14; Colossenses 4:15,16; 2Pedro 3:15,16) e exposta na pregação (1Timóteo 4:13; Lucas 4:20; 2Timóteo 3:15-17; 4:2). Há uma mudança direta da sinagoga para a reunião da igreja (Atos 18:7,11, comparar com 19:8-10). O ensino da palavra também está relacionado com a comunhão do pão (Atos 2:42; 20:7, v. 20,25,28). Os cânticos do povo da nova aliança louvam a Deus e os cristãos se encorajam mutuamente (Efésios 5:19; Colossenses 3:15; 1Coríntios 14:15,26; 1Timóteo 3:16; Apocalipse 5:9-13; 11.17ss; 15:3,4). O ato de dar aos pobres é reconhecido como um serviço espiritual a Deus e uma forma cristã de "sacrifício" (2Coríntios 9:11-15; Filipenses 4:18; Hebreus 13:16). A recepção e distribuição dos dons está relacionada com o ofício do diácono (Atos 6:1-6; Romanos 12:8,13; Romanos 16:1,2; 2Coríntios 8:19-21; 20:4; 1Coríntios 16:1-4) e à reunião dos cristãos (Atos 2:42; 5:2; 1Coríntios 16:2). A fé também é publicamente confessada (1Timóteo 6:12; 1Pedro 3:21; Hebreus 13:15; 1Coríntios 15:1-3). O povo recebe a bênção de Deus (2Coríntios 13:14; Lucas 24:50; Números 6:22-27). O beijo santo de saudação também é ordenado (Romanos 16:16; 1Coríntios 16:20; 2Coríntios 13:12; 1Timóteo 5:26; 1Pedro 5:14). O povo responde ao louvor e à oração com o "Amém" (1Coríntios 14:16; Apocalipse 5:14; Romanos 1:25; 9:5, Efésios 3:21 etc.). Os sacramentos do batismo e da Ceia do Senhor estão explicitamente previstos. A confissão está ligada ao batismo (1Pedro 3:21); e uma oração de ação de graças com o partir do pão (1Coríntios 11:24).[41]

---

[41] Edmund P. Clowney, "Presbyterian Worship" [Adoração presbiteriana], in *Worship: Adoration and Action* [Louvor: adoração e ação], ed. D. A. Carson, 117. Cf. também Hughes Oliphant Old, *Themes and Variations for a Christian Doxology: Some Thoughts on the Theology of Worship* [Temas e variações para uma doxologia cristã: alguns pensamentos sobre a teologia da adoração]. Grand Rapids: Eerdmans, 1992; Michael B. Thompson, "Romans 12:1,2 and Paul's Vision for Worship" [Romanos 12:1,2 e a visão de Paulo sobre adoração], in *A Vision for the Church: Studies in Early Christian Ecclesiology* [Uma visão para a igreja: estudos sobre a eclesiologia do cristianismo primitivo], ed. Markus N. A. Bockmuehl e Michael B. Thompson. Edimburgo: T & T Clark, 1998, esp. 129-30.

Pode-se discutir alguns pontos. Alguns podem dizer que a *permissão* explícita, em 1Coríntios 14, deve ser usada como referência para estabelecer os limites do uso restrito de línguas, por exemplo. Ainda assim, a lista de Clowney certamente é bastante correta. Mas observe:

Compilar essa lista já é reconhecer que há alguns elementos distintivos daquilo que eu chamei de "adoração coletiva". Não tenho certeza se seria sábio aplicar a expressão "adoração coletiva" a quaisquer e a todas as atividades em que grupos de cristãos fiéis estejam envolvidos – ir a um jogo de futebol, digamos, ou fazer compras de mantimentos. Essas atividades, sem dúvida, se enquadram na categoria "faça tudo para a glória de Deus" e, portanto, pertencem adequadamente aos modos pelos quais honramos a Deus; fazendo parte da adoração num sentido amplo.

Todavia, as atividades que o Novo Testamento descreve quando os cristãos se reúnem em assembleia, bem listadas por Clowney, são mais restritivas e mais focadas. Sem dúvida, pode haver alguma edificação mútua quando um grupo de cristãos participa de uma classe de corte e costura em conjunto, mas à luz do que o Novo Testamento retrata sobre o que os cristãos fazem quando se reúnem, há algo ligeiramente estranho em chamar uma classe de corte e costura de uma atividade de adoração coletiva.

Assim, parece haver um sentido mais restrito de adoração; e esse sentido está mais ligado à adoração coletiva, com o que a igreja reunida faz nas páginas do Novo Testamento. É precisamente nesse ponto que se deve insistir imediatamente que essa lista mais restrita de atividades *não* inclui tudo o que o Novo Testamento coloca dentro da noção teológica de adoração no sentido mais amplo.

Se alguém restringe o termo *adoração* à lista de atividades de reuniões da igreja listadas por Clowney, perdem-se elementos essenciais da transformação dramática que ocorre no movimento da antiga aliança para a nova[42]; inversamente, se alguém usa o termo adoração apenas em seu sentido mais amplo e teologicamente mais rico, então, cedo ou tarde, vai encontrar-se à procura de um termo que possa abarcar as atividades particulares das reuniões do povo de Deus, descritas no Novo Testamento. Por falta de uma alternativa melhor, escolhi o termo *adoração coletiva* – mas reconheço as ambiguidades inerentes a ela.

---

[42] Este, naturalmente, é o uso da palavra adoração encontrada na maioria dos estudos mais antigos ou naqueles recentes que não levam em conta os desenvolvimentos histórico-redentores dentro do cânon. Veja, por exemplo, D. E. Aune, "Worship, Early Christian" [Adoração, cristianismo primitivo]", in *Anchor Bible Dictionary* 6.973-89, que vincula o culto a atividades e respostas como estas: aclamação, reverência, bênção, comemoração, confissão, doxologia, medo, hino, invocação, oferta, louvor, oração, profecia, prostração, sacrifício, súplica e ação de graças.

Vale a pena refletir sobre quantos dos itens listados por Clowney estão relacionados, de uma maneira ou de outra, com a Palavra. Foi dito a Josué que a Palavra estaria com ele por onde quer que fosse, se ele apenas meditasse na lei dia e noite, tendo o cuidado de fazer tudo o que estava escrito nela (Josué 1:5-9). O livro dos Salmos abre-se declarando que justo é aquele que se deleita na lei do Senhor e medita nela dia e noite (Salmos 1:2). Jesus afirma, em sua oração sacerdotal, que o que irá santificar seus discípulos é a Palavra (João 17:17). Doyle põe seu dedo nesse fator de integração:

> A resposta característica que devemos oferecer a Deus, quando ele vem a nós revestido de suas promessas, revestido do evangelho, é a fé. No contexto da visão do Novo Testamento sobre o que a igreja deve ser, essa fé apropriadamente toma a forma de confissão. Aos outros confessamos e testemunhamos sobre a grandeza de Deus. Fazemos isso tornando a Palavra de Deus o centro de nossas atividades – lendo-a, pregando-a, fazendo dela a base da exortação e até colocando-a em forma de música por meio de hinos e louvor. Estamos certos de que o Espírito usa tudo isso para nos edificar em Cristo. O louvor é parte integrante das nossas atividades na igreja, porque é outra forma de nossa resposta de fé. É parte de toda a nossa adoração, mas apenas uma parte dela.[43]

O que isto também sugere, mais uma vez, é que uma abordagem ao culto coletivo que pensa apenas em *algumas* das atividades de cristãos reunidos, como cantar e orar, como adoração, mas não o ministério da Palavra em si, está mal fundamentada. Pior ainda são as formulações que estão em perigo de tornar a "adoração" um substituto para o evangelho. Não é raro ser informado de que "a adoração nos leva à presença de Deus" ou que "a adoração nos leva do pátio externo para o pátio interior" ou algo parecido.

Há uma maneira de ler essas declarações com simpatia (como logo irei mencionar), mas tomadas pelo seu valor nominal, elas são simplesmente falsas. Objetivamente, o que nos leva à presença de Deus é a morte e ressurreição do Senhor Jesus. Se atribuímos à adoração (o que significa, neste contexto, nosso louvor coletivo e adoração) algo relacionado a esse poder, não será muito difícil pensarmos que tal adoração teria sentido meritório, ou eficaz.

---

[43] Robert Doyle, "The One True Worshipper" [O único verdadeiro adorador], in *The Briefing*, 29 April 1999, p. 8.

O pequeno ponto da verdade que essas expressões escondem (embora essa verdade seja mal formulada) é que quando nos reunimos e nos envolvemos nas atividades de adoração coletiva (incluindo não somente oração e louvor, mas a Ceia do Senhor e o ouvir atento à Palavra, bem como os outros itens mencionados na lista de Clowney), nos encorajamos uns aos outros, nos edificamos uns aos outros, e assim frequentemente nos *sentimos* incentivados e edificados. Como resultado, somos renovados em nossa consciência do amor de Deus e de sua verdade; e somos encorajados a responder com adoração e ação.

Nesse sentido subjetivo, *todas* as atividades de adoração coletiva podem contribuir para nos tornar mais conscientes da majestade de Deus, de sua presença e de seu amor. Mas duvido que seja útil falar de tais assuntos em termos de adoração, "nos conduzir à presença de Deus": não só o termo *adoração* tem um significado demasiadamente estreito para ser útil, mas a declaração corre o risco de transmitir algumas noções profundamente falsas.

Embora os *elementos* listados por Clowney sejam obviamente aqueles da adoração coletiva mencionados no Novo Testamento, não há um mandato ou um modelo explícito de uma ordem ou arranjo particular desses elementos. Claro, isso não é negar que pode haver arranjos melhores e piores. Pode-se tentar estabelecer uma ordem litúrgica que reflita a teologia da conversão ou, pelo menos, da aproximação geral em direção a Deus: a confissão do pecado antes da garantia da graça, por exemplo. No entanto, a tendência em algumas tradições de detalhar tudo com clareza e afirmar que tais determinações são biblicamente sancionadas é "ir além do que está escrito" (para usar a frase paulina de 1Coríntios 4:6).

É nesse ponto que talvez eu deva comentar alguns exemplos reformulados de cultos evangélicos populares. Um dos modelos agradáveis que circulam na internet no momento, possui várias páginas: há espaço aqui para incluir apenas alguns trechos:

> Os fiéis entrarão no santuário falando livremente, concentrando sua atenção um no outro e trocando alegremente suas notícias da semana anterior.
> Se houver um retroprojetor, os diáconos devem ligá-lo.
> O ministro começará a comunhão da manhã cantando a saudação "Bom dia". Então não mais do que 50% e não menos [sic] do que 10% dos fiéis respondem, cantando deste modo: "Bom dia"...
> *As alegres boas-vindas da paz*: então o ministro poderá dizer: "Por que todos nós não apertamos a mão das pessoas à nossa esquerda e à direita e dizemos 'Bom dia'?"...

*A leitura*: Então será lida uma passagem da Escritura arbitrariamente escolhida pelo ministro, desde que não se refira a um tema do calendário da igreja...

E muito mais disso mesmo, tornando-se progressivamente mais divertido. Mas antes de rir muito, devemos talvez analisar por que isso é engraçado. É divertido porque há um choque óbvio entre as categorias do culto litúrgico tradicional (com abundantes referências a diáconos "iluminando" algo, cantando, e alusões ligeiramente amoldadas aos segmentos tradicionais do culto etc.) e o informalismo de muita adoração evangélica coletiva. Mas o fato evidente é que o modelo litúrgico, no qual o informalismo evangélico foi enxertado para construir essa peça divertida, *não tem nenhuma ordenança particular no Novo Testamento*.[44]

Não há menção a muitas outras coisas: drama, "música especial" (de performance), coros, dança artística, solos instrumentais. Muitas igrejas se encontram tão mergulhadas nessas ou em outras tradições que seria impensável ter um culto de domingo de manhã sem, digamos, "música especial" – embora não haja sequer uma sugestão dessa prática no Novo Testamento.[45] Algumas preferências são condicionadas não só pela igreja local, mas pelas tradições do país em que está inserida. A esmagadora maioria das igrejas evangélicas na América, sobretudo fora das principais denominações, oferece "música especial" quase todos os domingos.

---

[44] É nesse ponto que encontro mais dificuldades em Robert E. Webber, *Blended Worship: Achieving Substance and Relevance in Worship* [Adoração mesclada: obtendo substância e relevância na adoração]. Peabody: Hendrickson, 1994. Webber descreve de modo útil as práticas de adoração coletiva de uma grande variedade de tradições e aprecia a todas, escrevendo com emoção sua própria participação em muitas delas. Infelizmente, ele oferece bem pouca justificativa bíblica ou teológica para suas escolhas e recomendações, a não ser dizer que sentiu que Deus estava se revelando por meio desse ou daquele tipo de culto. O desarranjo teológico e o subjetivismo do livro são incríveis, embora estejam parcialmente escondidos por trás de uma de piedade transparente. De certa forma, seu livro posterior, *Planning Blended Worship: The Creative Mixture of Old and New* [Planejando a adoração mesclada: a mistura criativa entre o velho e o novo]. Nashville: Abingdon, 1998, é melhor; o que muitas pessoas entendem por "adoração mesclada" não é tanto uma mistura, mas um guisado encaroçado. Webber é útil para nos conduzir para além de nossos estreitos horizontes sem sucumbir à dissonância dolorosa.

[45] Por "música especial" estou incluindo não apenas os solos e pequenos grupos que uma geração ligeiramente anterior de igrejas evangélicas costumava apresentar, mas também o número muito substancial de músicas de "performance" que as "equipes de adoração" normalmente incluem nos cultos. Estas não são muitas vezes vistas pelas próprias equipes como "música especial" ou "música de performance", mas é isso exatamente o que elas são.

A esmagadora maioria das igrejas denominacionais similares na Inglaterra nunca as têm.[46]

Ocasionalmente, tentativas têm sido feitas para justificar o emprego de "sinos e incenso" na adoração coletiva, com base em algumas das imagens do livro de Apocalipse. Em Apocalipse 5, por exemplo, o incenso é levado diante de Deus pelos anciãos, e o incenso é identificado como "as orações dos santos". Aceitando que esse seja um exemplo do rico simbolismo do Apocalipse, ele não nos garante poder introduzir realidades similares carregadas de simbolismo como complementos da adoração coletiva? Esse raciocínio é equivocado em vários aspectos.

Muito do simbolismo apocalíptico desse livro está profundamente embasado no mundo do Antigo Testamento. Nesse caso, chama-se a atenção para passagens como Salmos 141:2: "Seja a minha oração como incenso, diante de ti e o levantar das minhas mãos como a oferta da tarde." Em outras palavras, a comparação é feita entre as orações particulares de Davi e as instituições centrais do tabernáculo (e templo posterior) – o que é precisamente feito sob a nova aliança. Alguém evita os atoleiros hermenêuticos óbvios, fazendo pacientemente a pergunta: "Até onde nossos registros informam, os cristãos no Novo Testamento usaram incenso durante a adoração coletiva?"

Historicamente, alguns ramos da igreja têm argumentado que se Deus não proibiu algo, somos autorizados a fazê-lo; e à igreja é permitido regulamentar suas próprias questões nesse campo, a fim de estabelecer a boa ordem (o princípio de Hooker, já citado há pouco). Outros argumentaram que as únicas coisas que devemos fazer no culto de adoração são aquelas que encontram um exemplo claro ou uma prescrição direta no Novo Testamento, para que não nos desviemos do que é central ou imponhamos às nossas congregações coisas que suas consciências talvez não sejam capazes de apoiar (O princípio regulador, também já mencionado).

---

[46] Há muitas implicações referentes a essas diferenças culturais além daquelas nos próprios cultos coletivos. Por exemplo, a Inglaterra, sem dar muito espaço para "música especial" no culto coletivo, não tem de alimentar um mercado impulsionado por sua busca. Portanto, uma grande quantidade de energia intelectual e espiritual é dedicada a escrever músicas que serão cantadas pela congregação. Isso resultou em uma produção bastante ampla de novos hinários em estilo mais ou menos contemporâneo, alguns deles sem valor algum, outros aceitáveis, mas dificilmente duradouros, e alguns francamente magníficos. Em contraste, nosso vício em "música especial" significa que uma grande quantidade de energia criativa tem sido destinada ao fornecimento de produtos para esse mercado. Sendo música boa ou não, quase nunca é adequada para ser usada por uma congregação. O resultado é que muitos dos nossos cânticos congregacionais são menos atualizados do que na Inglaterra, ou não são mais do que apenas corinhos repetitivos.

Tentar fazer mesmo que seja uma avaliação mais rudimentar desse debate dobraria imediatamente a extensão deste capítulo. Além disso, essas questões aparecerão novamente em capítulos posteriores. Mas quatro observações preliminares podem ser úteis. Em primeiro lugar, historicamente falando, tanto o princípio de Hooker como o princípio regulador foram entendidos e administrados de uma maneira mais forte e mais atenuada, com resultados amplamente diferentes. Alguns apelaram a Hooker para apoiar mudanças muito além da adequação, de prescrever ou proibir vestimentas e adereços; outros apelaram a Hooker em defesa de um livro de oração ordenado pela igreja. Alguns apelaram ao princípio regulador para proibir todos os instrumentos musicais na adoração coletiva e para sancionar apenas o canto de salmos; outros entendem como um princípio de liberdade dentro de limites: reconhecem que não estamos autorizados a adorar a Deus "como quisermos" e que nossa adoração deve ser aceitável pelo próprio Deus e, portanto, de acordo com sua Palavra.

Em suma, tanto o princípio de Hooker quanto o princípio regulador estão envolvidos em debates complexos sobre o que eles significam, tanto nos dias hoje quanto ao longo da história.[47]

Para muitos dos protagonistas, suas interpretações são tão certas, tão inamovíveis e tão inflexíveis quanto a rocha de Gibraltar. Em segundo lugar, deve-se honestamente admitir que tanto o princípio de Hooker quanto o *Princípio regulador* criaram tradicionalistas firmes. Os tradicionalistas que seguem Hooker argumentam que, de acordo com esse princípio, a igreja tem o direito de regulamentar certos assuntos, e a inovação sem restrição é uma negação desse direito. Então pare de mexer com o *Livro de oração comum*! Tradicionalistas que seguem o *Princípio regulador* não só tendem a adotar uma forma mais simples de culto público, mas procuram vinculá-la às formas tradicionais de expressão (por exemplo, eles sempre encontram falhas nos salmos definidos para a música contemporânea, preferindo os salmos com a métrica cantada séculos atrás).[48]

---

[47] Por exemplo, o princípio regulador, bem articulado pelos teólogos de Westminster, se opôs à introdução de novas observâncias no culto, mas não negou arranjos culturalmente apropriados às circunstâncias de culto – o que gerou um grande debate sobre o que se entende por "circunstâncias". Veja a discussão em Clowney, "Presbyterian Worship" [Adoração presbiteriana], 117ss.; e John M. Frame, *Worship in Spirit and Truth* [Adoração em espírito e verdade]. Phillipsburg: Presbyterian and Reformed, 1996. Embora neste último, cf. a revisão de Leonard R. Payton in *Reformation and Revival* [Reforma e reavivamento], 6/3, 1997: 227-35.

[48] Sobre esses pontos relacionados, veja John Frame, *Contemporary Worship Music: A Biblical Defense* [Adoração contemporânea: uma defesa bíblica]. Phillipsburg: Presbyterian and Reformed, 1997. Veja, também, Lee Irons, "Exclusive Psalmody or New Covenant Hymnody?" [Exclusiva salmódia ou hinódia da Nova Aliança], disponível em: <http://members.aol.com/ironslee/private/Psalmody.htm>.

Terceiro, ambos os campos também criaram pastores que são incrivelmente contemporâneos, completamente evangélicos no melhor sentido daquele longo período de sofrimento, bem como inovadores em sua liderança na adoração coletiva. Na tradição anglicana, por exemplo, se pensa no "culto experimental" devidamente autorizado por John Mason em Sidnei, que merece circulação e avaliação entre os anglicanos evangélicos[49]; na tradição presbiteriana, se pensa em Tim Keller, em Nova York (mas aqui vou falar pouco, por receio de envergonhar um colega colaborador). Em quarto lugar, apesar de todas as suas diferenças, cultos teologicamente ricos e sérios, de ambos os campos, geralmente têm um conteúdo mais comum do que qualquer dos lados geralmente reconhece.

Não existe uma única passagem no Novo Testamento que estabeleça um paradigma para a adoração coletiva. Não poucos escritores apelam a 1Coríntios 14. No entanto, as prioridades desse capítulo são definidas pela agenda de Paulo nesse ponto, tratando da *charismata* que ganhou um lugar muito proeminente em reuniões públicas. Não há menção da Ceia do Senhor e nenhuma menção de ensino público ministrado por um pastor/ ancião – embora outras passagens nos escritos de Paulo mostrem que tais elementos desempenharam um papel importante nas reuniões coletivas de igrejas supervisionadas pelo apóstolo.

O capítulo 14 de 1Coríntios coloca uma ênfase considerável na inteligibilidade. A questão para Paulo, é claro, tem a ver com línguas e profecias: sua preocupação é estabelecer diretrizes que mantenham o entusiasmo indisciplinado sob controle. O quadro[50] aplica a importância da inteligibilidade em relação à música escolhida. Embora não seja exatamente o que o apóstolo tivesse em mente, duvido que ele teria ficado descontente com a aplicação. No entanto, existem princípios complementares para se ter em mente. Paulo fala de "salmos, hinos e cânticos espirituais."

Podemos debater qual é a gama completa de estilos musicais a que essa expressão se refere, mas os salmos certamente são aí incluídos – sejam eles julgados inteligíveis ou não por nossa geração biblicamente analfabeta. As reuniões da igreja, por mais que Deus seja adorado nelas, têm a responsabilidade colateral de educar, informar e transformar a mente daqueles que delas participam, de treinar o povo de Deus em justiça, de expandir seus horizontes não só para que eles conheçam melhor Deus

---

[49] John Mason, *A Service for Today's Church* [Um culto para a igreja de hoje]. Mosman: St. Clement's Anglican Church, 1997.

[50] *Worship in Spirit and Truth* [Adoração em espírito e em verdade], *passim*.

(e, portanto, possam adorá-lo melhor), mas para que também compreendam mais adequadamente as dimensões da igreja que ele redimiu por intermédio da morte de seu Filho (e, portanto, adorá-lo melhor) – e isso significa, certamente, mais do que a parte restrita da igreja que subsiste em uma subcultura particular.

A importância da inteligibilidade (na música, por exemplo) deve, portanto, ser justaposta à responsabilidade de expandir os horizontes limitados de uma estreita tradição.[51] Incidentalmente, o impacto dessa observação se aplica tanto às igrejas que tentam ser tão contemporâneas, que projetam a impressão de que a igreja foi inventada ontem, e às igrejas entrincheiradas em uma fatia tradicional que não é menos estreita, e sim, mais atualizada.

Numerosas questões clamam por uma articulação mais detalhada – as várias funções da Ceia do Senhor no Novo Testamento, por exemplo. Mas o foco principal desta seção é demonstrar e ilustrar maneiras pelas quais o corpo de cristãos na adoração coletiva se esforça "para alinhar todas as formas de sua devota atribuição de todo valor a Deus, com o conjunto de novos mandatos e exemplos da aliança".

Devidamente compreendido, isso tem lugar com vistas a "promover o cumprimento das glórias da revelação antecedente. Em outras palavras, a mais rica conformidade com o padrão da nova aliança não é uma rejeição pura e simples do Antigo Testamento, mas o fruto de uma leitura bíblico-teológica da Escritura, que aprende sobre como as partes da revelação escrita se interligam no caminho da trama bíblica. O resultado é uma compreensão maior daquilo que Deus revelou e, idealmente, uma adoração mais profunda e mais rica do Deus que tão maravilhosamente se revelou.

Ao mesmo tempo, tal adoração é uma "antecipação da consumação". O clímax do tema intenso de adoração no livro do Apocalipse está nos capítulos 21-22. A Nova Jerusalém é construída como um cubo – e o único cubo de que ouvimos anteriormente na Escritura é o Lugar Santíssimo. Em outras palavras, toda a cidade está, de modo perene, e sem qualquer impedimento, mostrando sem restrição toda a glória da presença de Deus.

---

[51] Seria desejável, por exemplo, que mais líderes tivessem conhecimento de uma obra como a de Andrew Wilson-Dickson, *The Story of Christian Music: From Gregorian Chant to Black Gospel – An Illustrated Guide to All the Major Traditions of Music in Worship* [A história da música cristã: do canto gregoriano à música gospel dos negros – um guia ilustrado para todas as principais tradições de música em adoração]. Mineápolis: Fortress Press, 1996. Com isso não se pretende sugerir que toda igreja deva tentar incorporar a tradição em sua totalidade: não há tempo adequado para isso, nem mesmo sabedoria. Mas se quisermos transcender nossos próprios limites culturais, devemos fazer uma tentativa significante de aprender as tradições de irmãos e irmãs em Cristo fora de nossa própria herança.

Não há templo naquela cidade, porque o Senhor Deus e o Cordeiro são o seu templo. O povo de Deus verá seu rosto.[52]

Mas devemos nos conduzir aqui na antecipação desse fim. A adoração fiel é orientada para o fim. Mesmo a Ceia do Senhor é celebrada "até que ele venha" e, portanto, sempre uma expectativa dessa vinda, uma renovação de votos à luz daquela vinda. Como Larry Hurtado disse:

> Mais especificamente, o culto cristão poderia ser revivido e enriquecido pela lembrança do quadro maior dos propósitos de Deus, que se estende para além de nosso próprio tempo e ambiente imediato e por toda a história humana, e que promete uma vitória futura sobre o mal e uma consumação da graça redentora. Tomada à parte, à esperança no triunfo de Deus sobre o mal, além da confiança de que Jesus é realmente o Senhor divinamente designado, em quem todas as coisas devem encontrar seu significado, a aclamação cristã de Jesus como Senhor é considerada uma coisa estúpida, refutada e motivo de zombaria pelos poderosos, nas realidades negativas de nossa criatura: as tiranias políticas e econômicas, as forças religiosas e irreligiosas e os desenvolvimentos sociais e culturais que fazem a fé cristã parecer trivial, e nossa adoração ser pouco mais do que uma pitoresca invocação.[53]

## ALGUMAS CONCLUSÕES PRÁTICAS

A breve lista apresentada na conclusão deste capítulo é mais sugestiva do que abrangente. Muito mais informações práticas e sábias serão fornecidas nos capítulos restantes do livro.

1. Se a linha de argumentação neste capítulo é biblicamente fiel, devemos evitar mal-entendidos comuns sobre a adoração. Ferguson identifica

---

[52] Cf. N. T. Wright, *For All God's Worth: True Worship and the Calling of the Church* [Para toda a honra de Deus: o verdadeiro culto e o chamado da igreja]. Grand Rapids: Eerdmans, 1997, p. 7: "A grande multidão no Apocalipse, que nenhum homem pode contar, não está participando de um jogo. Não está indo às compras. Todos estão adorando. Parece algo sem graça? Se assim for, isso mostra como nossa ideia de adoração se tornou empobrecida. No centro dessa adoração está uma passagem como Isaías 33: "seus olhos verão o SENHOR em sua beleza; o SENHOR é o nosso juiz, o SENHOR é o nosso legislador, o SENHOR é o nosso rei; é ele que nos salvará. A adoração é a característica central da vida celestial; e a adoração está focada no Deus que conhecemos em Jesus".

[53] Larry W. Hurtado, *At the Origins of Christian Worship: The Context and Character of Earliest Christian Devotion* [Nas origens da adoração cristã: o contexto e o caráter de devoção cristã primitiva]. Grand Rapids: Eerdmans, 1999, p. 116.

quatro delas: uma interpretação externa ou mecânica da adoração, uma interpretação individualista, uma interpretação emocional de enlevo e uma interpretação de desempenho.[54] Podemos acrescentar interpretações que restringem a adoração a experiências de culto e, inversamente, interpretações de adoração que são tão abrangentes que não deixa lugar para a adoração coletiva.

2. Os obstáculos para a excelência da adoração coletiva são de vários tipos. Por conveniência, eles podem ser divididos em dois deles. Por um lado, a adoração coletiva pode ser prejudicada por membros da igreja que nunca oram em casa, que vêm à igreja esperando algum tipo de entretenimento, que anteriormente estão marcando seu cartão de ponto em vez de participar da adoração; que amam a mera tradição (ou a mera inovação) mais do que a verdade; que estão tão ocupados que sua mente se mostra desordenada com a pressão da urgência, os quais nutrem amargura secreta e ressentimentos nos recessos escuros de sua mente.

Por outro lado, a adoração coletiva pode ser pobre principalmente por causa daqueles que a estão liderando. Existem dois componentes sobrepostos, mas distinguíveis. O primeiro é aquilo que é realmente dito e feito. Essa é uma área extensa que exige consideração detalhada, que será feita em capítulos posteriores. Mas o segundo componente, embora menos facilmente mensurável, não é menos importante. Alguns que lideram publicamente as reuniões coletivas do povo de Deus, só as executam; outros são absorvidos na adoração de Deus. Alguns somente cantam; outros se envolvem num grande espetáculo; mas há aqueles adoram a Deus transparentemente.

Vale a pena fazer uma pausa para analisar esta palavra: "transparentemente". Ao afirmar que pessoas "adoram a Deus transparentemente", estou indicando que, até certo ponto, podemos observar como nos servem aqueles que lideram a adoração coletiva: sua conduta é "transparente". O caminho a que conduzem deve, em primeiro lugar, ser marcado pela fidelidade à Palavra de Deus: isso certamente pode ser observado, em particular, em relação àqueles que conhecem bem sua Bíblia. Mas o modo como eles lideram pode ser medido, não apenas em termos de conteúdo formal, mas também pelas atitudes que vêm do coração, que inevitavelmente se manifestam nas conversas, linguagem corporal, foco e estilo. Alguns oram empregando clichês evangélicos; uns utilizam frase pomposas; outros oram a Deus demonstrando profundo conhecimento pessoal e conduzem a

---

[54] *The Church of Christ* [A Igreja de Cristo], 227-9.

congregação consigo.[55] Alguns pregam sem entusiasmo; outros falam como se transmitissem os oráculos de Deus.

O que está em jogo é a autenticidade. Cedo ou tarde os cristãos se cansam de reuniões públicas inautênticas, independentemente de quão bem (ou mal) arranjadas, dirigidas, realizadas. Desejamos nos encontrar, coletivamente, com o Deus vivo e majestoso e oferecer-lhe o louvor que lhe é devido.

3. A questão da autenticidade no culto coletivo se cruza com algumas questões urgentes do evangelismo contemporâneo. *Primeiro*, uma das paixões que moldam as reuniões coletivas de muitas igrejas (sobretudo na tradição da "busca da sensibilidade") é a preocupação com o evangelismo, a preocupação em derrubar barreiras que impedem grupos de pessoas particulares de vir e ouvir o evangelho. O princípio da "unidade homogênea", ao mesmo tempo associado a grupos particulares, foi estendido agora para gerações: a geração jovem ativa não pode ser efetivamente evangelizada com a geração dos cinquentões, e assim por diante.

Mas em algum ponto, ao longo do tempo, devemos avaliar o lugar que estamos reservando em nossa vida corporativa para derrubar as barreiras que o mundo tem erigido – barreiras entre judeus e gentios, negros e brancos, geração jovem atual e os que já passaram dos cinquenta anos. Como nossa vida corporativa reflete a nova humanidade que o Novo Testamento prevê? Haveria necessidade de buscar cristãos de origens muito diferentes que possam se unir para recitar um credo, ler as Escrituras e cantar juntos canções compartilhadas, cruzando raça, gênero e geração, em uma linhagem compartilhada, para que retornem uns vinte séculos e se encontrarem finalmente fundamentados na Palavra? Isso não significa que tudo tenha de ser antiquado e aborrecido. *Implica* que aqueles que pertencem à tradição reformada (por exemplo) fazem bem em perguntar agora e depois o que aconteceria se João Calvino fosse um membro da geração "X".[56]

Segundo, uma das mais convincentes testemunhas da verdade do evangelho é uma igreja autêntica em sua adoração – e aqui eu uso a palavra "adoração" no sentido mais abrangente, mas certamente incluindo adoração coletiva. Uma congregação tão preocupada em não afrontar quem quer que seja, que consegue entreter e divertir, mas nunca adorar a Deus, tanto de forma pessoal quanto coletivamente, traz pouca credibilidade para uma

---

[55] Refiro-me, naturalmente, não a um estilo particular, mas a uma autenticidade ungida pelo Espírito que em, grande parte, transcende as questões de estilo.

[56] Essa linha de pensamento vem de Scot Sherman, "If John Calvin Were an 'Xer'... Worship in the Reformed Tradition" [E se João Calvino pertencesse à geração 'X'... Adoração da tradição reformada] *Re:generation*, 3/1, Winter 1997: 22-5.

geração pós-moderna, que rejeita o pensamento linear e ainda tem fome de integridade nos relacionamentos.

Por estarmos preocupados com a verdade do evangelho, devemos ensinar e explicar; porque não estamos simplesmente educando as pessoas, mas procurando comunicar o evangelho glorioso de Cristo, a autenticidade do nosso próprio relacionamento com ele, fundamentado na fé pessoal e na consciência não só dos pecados perdoados e da vida eterna, mas também na pura glória e majestade do nosso Criador e Redentor, isso envolve um enorme peso.

4. Nem todos os cultos públicos podem integrar proveitosamente tudo o que o Novo Testamento exemplifica a respeito de reuniões coletivas. Nem todas as reuniões se farão em torno da Ceia do Senhor ou permitirão as variadas vozes de 1Coríntios 14 e assim por diante. Mas isso significa que, a fim de preservar a abrangência da vida da Igreja do Novo Testamento, precisamos planejar diferentes tipos de reuniões.

5. Em toda tradição de adoração coletiva, há muitas maneiras pelas quais um líder pode diminuir bastante a adoração autêntica, biblicamente fiel e piedosa. As tradições mais litúrgicas podem depender tanto de formas estabelecidas que, em vez de conduzir a congregação na adoração reflexiva do Deus vivo, torna mecânico e sem vida todo o exercício, ainda que as formas sejam expressões apreciadas e bem conhecidas, historicamente embasadas e teologicamente ricas (considere um pastor que, no meio da cerimônia da Ceia do Senhor, interrompa sua mensagem para pedir ao diácono que feche uma janela).

As tradições menos litúrgicas podem correr a clichês confortáveis, mas, em grande parte, enfadonhos: a liberdade e a criatividade, que é a força da tradição da "igreja livre", é desperdiçada onde um planejamento cuidadoso, a oração e a meditação não entraram na preparação de uma reunião pública. Na verdade, esse planejamento pode ser tomado emprestado de muitas tradições. Recentemente, assisti a um culto de Natal em uma igreja Batista Reformada onde não havia apenas as tradicionais leituras das passagens bíblicas de Natal e canções natalinas, mas a leitura coletiva, desde um boletim elaborado ao Credo Niceno, à oração de confissão da *Liturgia de Estrasburgo* de Martin Bucer, e uma oração de ação de graças da *Liturgia Middleburg* dos puritanos ingleses.

6. As pequenas ironias aparecem quando os ensaios deste livro são lidos em conjunto. Às vezes, as igrejas que têm a mais forte herança denominacional de liturgias e livros de oração, conscientes dos perigos da mera rotina e recém-avivadas quanto às exigências da teologia bíblica, tornam-se

a vanguarda que nos adverte contra o mero tradicionalismo. Sabendo como a terminologia do Antigo Testamento tem sido com frequência distorcida quando aplicada à igreja, muitos ficam nervosos em relação ao uso do termo "santuário" quando se referem à maior sala da igreja e jamais falarão sobre um "culto de adoração".

Por outro lado, as igrejas das tradições mais independentes, conscientes dos perigos do subjetivismo aberto e das reuniões empresariais espetacularmente indisciplinadas e recém-avivadas das glórias do culto público, como reflexo de vidas inteiras dedicadas ao Deus vivo, incorporam uma solenidade crescente, respostas litúrgicas, leituras coletivas e ações similares. Eles não hesitam em usar termos como "santuário" e "culto" – não porque associem tais termos com estruturas do pensamento do Antigo Testamento ou com o sacramentalismo, mas (com ou sem razão) por respeito à tradição.[57]

Contudo, talvez, a ironia mais intrigante seja o quanto o melhor dos encontros corporativos de *ambas* as tradições, terminologias à parte, se assemelham uns aos outros no que é realmente dito e feito. Hoje em dia, a forma real de um "culto" de domingo de manhã varia mais *dentro* das denominações (do grupo que busca a sensibilidade, ao grupo carismático até o grupo mais reformado) do que *entre* as denominações, ao se comparar grupos semelhantes. Para aqueles (como os escritores deste volume) comprometidos com o "culto sob a Palavra", pequenas diferenças de terminologia e estratégia aparecem aqui e ali, enquanto as prioridades fundamentais são notavelmente semelhantes, como é também a forma de suas reuniões de domingo de manhã.

7. Não muito tempo atrás, depois de eu ter falado sobre o assunto da adoração bíblica em uma grande igreja metropolitana, um dos anciãos me escreveu perguntando como eu tentaria ensinar meus principais pontos para as crianças (do quarto ao sexto ano, aproximadamente, ou de dez a doze anos). Ele estava se referindo, em particular, às coisas que eu havia dito sobre Romanos 12:1,2. Respondi dizendo que as crianças daquela idade não absorvem ideias abstratas muito facilmente, a menos que essas ideias sejam vivenciadas e identificadas.

---

[57] Um repórter pressionou mais e perguntou o que aconteceria se pudéssemos, de alguma forma, colocar todas as nossas histórias e tradições de lado e começar do zero. E em seguida, tentou rotular e falar de nossa vida coletiva, julgando apenas pela terminologia e teologia do Novo Testamento. Compreendo seu raciocínio – mas isso é precisamente o que não podemos fazer. Todos nós falamos, pensamos e interagimos dentro de um contexto histórico, um contexto que precisa ser reformado pela Palavra, mas que não pode ser ignorado. Além disso, gostaria de saber se o meu interlocutor poderia construir toda a sua teologia sem o benefício da percepção histórica, boa e má.

O lar cristão, ou os pais cristãos que obviamente se deleitem na adoração coletiva, em evangelismo reflexivo, em decisões modestas e abnegadas dentro de casa, em se sacrificar pelos pobres e necessitados e pelos perdidos – e que explicam para a criança que essas decisões e ações são parte de gratidão e adoração ao Deus soberano que nos amou tanto que deu seu próprio Filho para pagar o preço de nosso pecado – causarão muito mais impacto sobre a noção de adoração genuína da criança, do que todos os ensinamentos nas salas de aula em todo o mundo.

Em algum lugar, em algum momento, é importante não apenas explicar que a adoração genuína não é nada mais do que amar Deus com coração e alma, mente e força, e amar nossos vizinhos como a nós mesmos, mas também mostrar o que uma declaração como essa representa nas decisões concretas da vida. Quão diferente será o pensamento da criança que vivencia essa experiência, do que outra criança que é criada num lar em que o secularismo governa toda a semana, mas as pessoas vão à igreja no domingo para "adorar" por meia hora antes do sermão.

> Ó, vinde, adoremos e prostremo-nos; ajoelhemos diante do SENHOR que nos criou. Porque ele é o nosso Deus, e nós povo do seu pasto e ovelhas da sua mão. Se hoje ouvirdes a sua voz, não endureçais os vossos corações (Salmos 95:6-8, ARC).

Capítulo 2

# Seguindo os passos de Cranmer

Mark Ashton com C. J. Davis

Quatrocentos e cinquenta anos atrás, o trabalho de um homem percorreu um longo caminho para trazer de volta uma nação inteira para uma fé cristã centrada na Bíblia. A Reforma inglesa do século 16 e a origem da Igreja Anglicana são uma história muito mais complexa do que isso, mas a influência exercida pelo arcebispo Thomas Cranmer e seu *Livro de oração comum* sobre a história do cristianismo mundial têm se mostrado enorme.

Essa influência teria agora finalmente se extinguido? Existiria alguma coisa ainda a aprender com a tradição anglicana aqueles que querem colocar a Bíblia no centro de seus cultos na igreja? Em grande parte das denominações, a situação hoje é sombria. Malcolm Muggeridge comentou certa vez: "As palavras não podem transmitir a confusão doutrinária, a inépcia e as agudas artimanhas do [ministro] responsável, com seus *Trinta e nove artigos*[58] nas quais nem ele sequer acredita, com suas exortações, orações murmuradas e confusões de uma fé cristã mal-ajambrada, misturada com conceitos de melhores moradias, menos horas de trabalho e as Nações Unidas".[59] A má qualidade da média do culto anglicano levou muita gente à conclusão de que a igreja se tornou uma das experiências mais aborrecidas no país.

O evangelho continua a salvar homens e mulheres, como sempre o fez. O que deu ao livro de oração de Cranmer a capacidade de mudar vidas e conduzir as pessoas ao Deus vivo, ainda exerce o mesmo poder hoje. Seu

---

[58] Os trinta e nove artigos são um conjunto de formulações doutrinárias definidas pela Convocação em 1953 em uma tentativa da Igreja Anglicana para definir sua posição dogmática em relação às controvérsias do século 16. Houve muitos estágios iniciais (*Ten Articles* [Dez artigos], 1536; *Bishops' Book* [Livro dos bispos], 1537; *Six Articles* [Seis artigos], 1539; *King's Book* [Livro do rei], 1543; e *Forty-Two Articles* [Quarenta e dois artigos, 1553]).

[59] Citado em Bernard Levin, *The Pendulum Years* [Os anos pendulares]. Londres: Pan Books, 1970, p. 91.

objetivo com o *Livro de oração comum* foi que "o povo, ao ouvir diária e continuamente a leitura das Sagradas Escrituras na igreja pudesse aumentar mais e mais seu conhecimento de Deus e se tornar mais envolvido com o amor de sua verdadeira religião [isto é, de Deus]".[60] Ele colocou a Bíblia no centro de cultos da igreja a fim de transformar vidas. É tarefa para estes últimos dias que os anglicanos sigam os passos de Cranmer por meio da criação de cultos na igreja que possam chegar aos nossos contemporâneos de forma tão eficaz como os cultos do passado o fizeram.

Este capítulo discutirá como isso pode ser feito. Esperamos que ele possa instigar àqueles que não são anglicanos a conhecer como a Bíblia é aplicada dentro dessa denominação, bem como incentivar aqueles que já são anglicanos a seguir de modo autêntico os passos de Cranmer.

## FINALIDADE DO LIVRO DE ORAÇÃO COMUM

O trabalho de Cranmer, consagrado no *Livro de oração comum*, desempenhou um papel central na definição do anglicanismo até o século 20, mantendo a Bíblia no centro da vida da nação. O veredito de John Wesley sobre o *Livro de oração* foi: "Não conheço nenhuma liturgia do mundo, antiga ou moderna, que apresente mais sólida piedade em relação às Escrituras do que a do *Livro de oração comum* da Igreja Anglicana". Mas nunca foi o desejo de Cranmer congelar a liturgia anglicana por séculos para acabar perdendo sua relevância cultural e reintroduzir a obscuridade dos cultos da igreja, aspecto que ele trabalhou tão duramente para remover.

Também ele não teria acolhido muitas das influências que levaram à revisão litúrgica no século 20. Foi a ascensão do anglo-catolicismo no século 19 que levou à publicação de um livro de oração com mais opções católicas em 1928. O Parlamento recusou-se a legitimá-lo, mas os bispos o publicaram. A publicação desse *Livro de oração* de 1928 (com influências litúrgicas de partes menos protestantes da *Comunhão Anglicana* e de uma hierarquia de igrejas que estava redefinindo a abrangência anglicana histórica em termos de relativismo teológico), resultou na criação de uma *Comissão Litúrgica* determinada a produzir um livro de oração teologicamente mais amplo do que o *Livro de oração comum*.

Era sua política declarada, em relação a questões polêmicas, usar "formas de palavras que permitissem diferentes interpretações". O resultado foi a ambiguidade "estudada" do *Alternative Service Book* [Livro de

---

[60] *The Book of Common Prayer* [O livro de oração comum], "Preface: Concerning the Service of the Church" [Prefácio: relativo aos cultos da igreja].

culto alternativo] (1980), que havia removido as amarras doutrinárias de Cranmer. Essa mudança doutrinária não foi admitida na época, mas desde então tem-se reconhecido que o *Alternative Service Book* não era apenas uma tentativa de colocar os cultos da igreja em inglês moderno. O arcebispo de York, em um discurso do *Sínodo Geral* em novembro de 1985, disse:

> Penso que é justo queixar-se de que não foi dada suficiente e explícita atenção à doutrina na última fase de revisão; e, em particular, nós realmente não enfrentamos abertamente a grande mudança na ênfase doutrinária nos novos cultos".[61]

Veremos logo adiante exatamente como esse processo se afastou de suas origens na Igreja Anglicana.

Não há mais um *Livro de oração comum* para a *Comunhão Anglicana*. Há uma abundância de liturgias novas, mas nenhum consenso doutrinário em seu cerne. Isso criou uma crise de identidade para o anglicanismo. Nossa tarefa deve ser a criação de cultos que não sejam apenas verdadeiramente anglicanos (no sentido histórico), mas também contemporâneos. Se seguíssemos fielmente Cranmer, deveríamos identificar os princípios sobre os quais ele trabalhou. Veríamos que eles refletem o ensinamento do Novo Testamento sobre os encontros dos cristãos.

## ENSINOS DO NOVO TESTAMENTO

Este livro já tratou do que é e do que não é o verdadeiro culto cristão. Don Carson deixou claro no capítulo 1 que um culto na igreja é direcionado tanto para Deus quanto para o homem.

Adoração e ação andam de mãos dadas no culto a Deus. O texto de Hebreus 13:15,16 provê uma definição de adoração cristã:

---

[61] *Proceedings of the General Synod of the Church of England* [Procedimentos do Sínodo Geral da Igreja Anglicana], v. 16, nº 3, p. 1045. A mudança na ênfase doutrinária continua com cada fase de revisão litúrgica. O relatório de 1998 da Comissão Litúrgica proposto para o Serviço Funerário, por exemplo, declarou: "O trabalho atual da Comissão Litúrgica começa muito mais distante da Reforma e está inserido em um contexto pastoral e teológico mais amplo, no qual a discussão sobre a oração e os mortos podem ser vistos sob uma perspectiva diferente" (GS 1298, 5, §16). Em outras palavras, o trabalho da *Comissão Litúrgica* está inserido num contexto teológico em que a oração pelos mortos é aceitável, um contexto muito diferente da perspectiva bíblica da Reforma.

Por isso, ofereçamos continuamente a Deus um sacrifício de louvor, que é fruto de lábios que confessam o seu nome. Não se esqueçam de fazer o bem e de repartir com os outros o que vocês têm, pois de tais sacrifícios Deus se agrada.

Por um lado, há "um sacrifício de louvor" (adoração) e, por outro, está o fazer o bem e compartilhar com os outros (ação).

Cometemos um erro se pensarmos que o culto da igreja está confinado ao primeiro elemento aqui descrito (adoração). Para ser considerado um verdadeiro culto cristão de adoração, ele deve incluir o segundo elemento (ação) também. E assim, portanto, ele faz – e é por isso que o evangelismo, o ministério envolvendo uns com os outros e a coleta de donativos em dinheiro, são partes essenciais dos cultos de adoração da igreja. Na verdade, o evangelismo pode estar muito bem implícito no "fruto dos lábios que confessam o seu nome", caso em que a adoração e a ação estão ainda mais intimamente interligadas e há ainda menos distinção a ser feita entre o que acontece no culto e o que acontece no restante da vida dos que assistem ao culto.

Edificação, evangelismo e adoração não se opõem entre si. Edificar uns aos outros (para que construamos e encorajemos a fé uns dos outros) é uma maneira essencial de adorarmos a Deus em nossas reuniões. Devemos ter cuidado com "a suposição comum de que os cultos da igreja devem ser projetados principalmente para facilitar e encorajar uma comunhão privativa com Deus, seja por exercícios espirituais ou por meio de rituais".[62]

O tratamento mais extenso da reunião cristã no Novo Testamento está em 1Coríntios 11-14. Torna-se claro, a partir desses capítulos, que a principal preocupação de Paulo era como os cristãos de Corinto estavam tratando uns aos outros e aos forasteiros quando se reuniam e não como eles estavam tratando Deus porque o modo como se tratavam era exatamente como tratavam Deus!

Ao nos concentrarmos em nos manter tão absorvidos com a presença de Deus faz com que deixemos de notar que, talvez, aqueles que estão ao nosso redor durante um culto na igreja não sejam tão espirituais quanto possam parecer. Esse foi exatamente o próprio fato contra o qual Paulo advertiu os coríntios. Quanto mais verdadeiramente eles se concentrassem em Deus, mais conscientes se tornariam de que realmente seriam membros uns dos outros.

---

[62] David G. Peterson, "Worship in the New Testament" [Adoração no Novo Testamento], in *Worship: Adoration and Action* [Culto: adoração e ação], ed. D. A. Carson. Carlisle: Paternoster, 1984, p. 79.

No meio desses capítulos, encontra-se a famosa passagem sobre o amor em 1Coríntios 13. Paulo colocou-a ali como um contraste deliberado em relação ao modo como os coríntios se tratavam quando reunidos. O texto é aplicado em termos práticos aos encontros cristãos no capítulo seguinte (1Coríntios 14:1: "Sigam o caminho do amor..."). Em outras palavras, o que significa fazer do amor nosso objetivo em um culto na igreja? É fazer tudo para que haja edificação (v. 12,26). A Igreja é edificada como um conjunto de indivíduos que são instruídos e encorajados (v. 19,26) e a presença de alguém que não pertença ao grupo é levada a sério. Portanto, a ênfase de Paulo no capítulo é sobre inteligibilidade, ordem, clareza e senso de coletividade.

O culto da igreja oferece uma antecipação especial da experiência do céu. Em Hebreus 12:18-29, o modo como os cristãos experimentam a presença de Deus é contrastado com o que os israelitas experimentaram no monte Sinai. Significativamente, é uma experiência coletiva. Então, quando nos reunimos, podemos conhecer Deus, nos relacionarmos com ele e adorá-lo da maneira que não podemos fazer quando estamos sozinhos. Mas esse encontro coletivo especial com Deus não deve nos fazer esquecer uns dos outros.

As dimensões verticais e horizontais de um culto religioso não estão em desacordo entre si. Os cristãos podem se reunir para os cultos com a ansiosa expectativa de serem tratados especialmente por Deus nesse contexto. Mas trata-se de contexto coletivo – e a Palavra de Deus nos direcionará para o céu e também *uns para os outros* ao nos encontrarmos: "Habite ricamente em vocês a palavra de Cristo; ensinem e aconselhem-se *uns aos outros* com toda a sabedoria e cantem salmos, hinos e cânticos espirituais com gratidão a Deus em seus corações" (Colossenses 3:16; ênfase adicionada).

No entanto, uma grande lacuna abriu-se claramente nos 2 mil anos entre o ensino do Novo Testamento e o que costumamos fazer hoje na igreja a cada domingo. Como podemos ler o texto de Mateus 23:1-10 e ainda pensar que títulos, roupas e cadeiras especiais têm algum significado no encontro cristão?

O impulso humano ao culto, que é comum a todas as culturas da história humana, conseguiu, em grande parte, conformar o culto anglicano com o padrão das religiões não cristãs. Parte do que acontece nas igrejas anglicanas em um domingo está mais perto de uma compreensão pagã da adoração do que do cristianismo. E uma razão para isso é porque passamos muito tempo elogiando a maravilhosa linguagem do *Livro de oração comum* e dando pouca atenção à verdadeira fonte de seu poder espiritual.

## REALIZAÇÃO DE CRANMER

Para descobrir onde está esse poder, devemos considerar o que o *Livro de oração* de Cranmer realmente realizou. Roger Beckwith o resume assim:

> Quando comparado com o estado de liturgia no início do reinado de Henrique VIII, os Livros de Oração de Cranmer mostram as seguintes mudanças significativas: a língua foi alterada do latim para o inglês; uma coleção de livros de culto foi reduzida a um volume [...] as rubricas foram podadas [...] o lecionário foi reformado; a pregação foi ressuscitada; foi dada à congregação uma parte considerável no culto; o cetro foi devolvido para os leigos [...] uma nova e impressionante estrutura foi preparada para o serviço da comunhão; os oito ofícios diários foram combinados em apenas dois; o conteúdo bíblico da maioria dos cultos tem sido enriquecido; e as doutrinas e práticas tradicionais que Cranmer julgou estarem em conflito com a teologia bíblica (notadamente o sacrifício da missa, a transubstanciação, a reserva, o confessionário, a petição pelos mortos e a invocação dos santos) foram reformados ou totalmente removidos.[63]

Os objetivos de Cranmer eram "atingir a inteligibilidade, a edificação e a corporatividade". Ele as alcançou "produzindo [...] uma liturgia muito simples na língua materna, na qual as Escrituras são lidas e expostas de maneira ordenada, o ensino bíblico é incorporado a todo o culto, aquilo que é enganoso ou sem sentido é excluído, as palavras são audíveis, as ações visíveis e a participação congregacional na fala, no canto e na recepção do sacramento (em ambos os tipos) é encorajada".[64]

Diante da complexidade e da obscuridade da liturgia da igreja ocidental medieval, Cranmer estava determinado a criar uma liturgia que fosse acessível aos membros comuns da igreja. Isso tinha que ser em uma língua que eles pudessem entender. "Considerando que Paulo teria usado uma linguagem ao falar para as pessoas na igreja que elas pudessem entender e ter proveito em ouvi-la", escreveu ele, "o culto na Igreja Anglicana nestes muitos anos tem sido apresentado em latim para o povo, língua que eles não entendem; de modo que só ouviram com os seus ouvidos, enquanto

---

[63] *The Study of Liturgy* [O estudo da liturgia], ed. C. Jones, G. Wainwright, E. Yarnold. Londres: SPCK, 1978, p. 73-4.

[64] Ibid.

seu coração, espírito e mente não foram edificados". Além disso, a liturgia teve de trazê-los para a Bíblia de forma ordenada.

Sobre o lecionário, ele escreveu: "Nesses muitos anos que se passaram, a ordem piedosa e decente dos antigos Padres foi tão alterada, quebrada e negligenciada, fundamentada em histórias e lendas incertas [...] que, geralmente, quando a leitura de qualquer livro da Bíblia começa, depois que três ou quatro capítulos, todos os demais acabam não sendo lidos".[65]

É possível observar três princípios operando por meio do trabalho de Cranmer. Ele procurou e conseguiu uma rara combinação: ser bíblico, acessível e equilibrado. Todos os três princípios são orientados pela Bíblia, mas o primeiro refere-se especificamente ao conteúdo de Cranmer, o segundo à sua comunicação e o terceiro à sua atitude.

## Bíblico

Cranmer procurou assegurar que os textos de seus cultos não apenas evitassem o conflito com a Bíblia, mas que expressassem positivamente as ideias dela, muitas vezes na própria linguagem bíblica. Ser bíblico não é apenas uma questão de incluir leituras e extratos da Bíblia (como faz a obra da Comissão Litúrgica), mas de refletir fielmente a mensagem da Bíblia, que interpreta e agrupa.

Assim, por exemplo, a Oração da manhã e da noite deve começar com a leitura de um ou mais versículos da Bíblia, seguido de: "Amados irmãos, a Escritura nos leva a reconhecer e a confessar nossos múltiplos pecados e iniquidades". Se contrastarmos isso com o equivalente do *Livro de culto alternativo* – "Nós nos unimos como a família de Deus na presença de nosso Pai para oferecer-lhe louvor e ação de graças" –, notamos uma mudança significativa na ênfase da insistência bíblica sobre a iniciativa divina (graça: a Palavra de Deus chamando-nos ao arrependimento) para a iniciativa humana (nossa união para oferecer algo a Deus).

David Peterson escreveu:

> A estrutura dos serviços de comunhão em 1552 deu à Igreja Anglicana uma expressão litúrgica da grande doutrina da

---

[65] Todas as citações sobre os procedimentos foram extraídas do *The Book of Common Prayer* [Livro de oração comum], "Preface: Concerning the Service of the Church" [Prefácio: com respeito ao culto da igreja].

justificação pela fé somente. Como tal, é única entre as liturgias orientais ou ocidentais e encabeça uma nova família litúrgica.[66]

Cranmer foi dirigido por imperativos e princípios bíblicos. Onde eles estivessem envolvidos, ele era completamente inflexível. Quando confrontados com opositores da Reforma, como o bispo Gardiner, que afirmou ainda poder encontrar a missa no *Livro de oração* em 1549, Cranmer retrabalhou o material.[67] O resultado foi o *Livro de oração* de 1552, no qual cada detalhe que Gardiner usara como brecha para o uso da missa foi alterado.

Por exemplo, em vez de uma oração pelos elementos (o pão e o vinho) no culto da Comunhão, substituir-se por uma oração pelos destinatários. A referência de 1549 para fazer um "memorial" (o que poderia ser interpretado como a oferta de um sacrifício memorial do corpo e do sangue de Cristo, a essência da missa) foi omitida em 1552 (o *Livro de culto alternativo* começou a reverter ambos os exemplos).

A estrutura dos cultos de Cranmer reflete sua teologia bíblica. Por exemplo, a importância de colocar a confissão logo no início do culto não é para que nos sintamos mais pecaminosos e nos purifiquemos novamente depois, mas porque precisamos ser lembrados de que somos pessoas evangélicas.

O convite ao povo de Deus para se alegrar quando se reúne (tão frequente nos Salmos e em muitos hinos cristãos) não é em razão de estarmos animados para nos encontrarmos uns com os outros. É porque estamos nos unindo como pessoas perdoadas: a graça de Deus lidou com nossos pecados e nos trouxe de volta para um relacionamento com ele.

Assim, é o evangelho que nos une, confessando nossos pecados e regozijando-nos no perdão de Deus. Um culto da igreja que tem início desse modo está começando teologicamente no lugar certo.

Outro exemplo é a estrutura da comunhão de Cranmer. Pelo fato de as palavras de Jesus "Este é o meu corpo [...] este é o meu sangue" (Lucas 22:19,20) terem sido palavras de ministração quando pronunciados e não de consagração, Cranmer coloca a distribuição do pão e do vinho imediatamente após a oração de ação de graças (sem "fracionamento", "elevação" ou "adoração" no meio).

---

[66] David G. Peterson, *The Moore Theological Correspondence Course: Prayer Book* [O curso de correspondência teológica de Moore: livro de oração]. Kingsford: St Matthias Press, 1992, p. 78.

[67] Ele foi ajudado pelo convicto protestante John Hooper, sendo que Hooper e Cranmer levaram em conta as opiniões de Martin Bucer em sua *Censura* (um crítico convidado).

Sua estrutura enfatizou nossa grata aceitação pelo que Deus fez por nós e resistiu, neste ponto do culto, ao sentido de momento especialmente "sagrado", que facilmente pode se tornar uma brecha para a magia e superstição (previsivelmente, o *Livro de cultos alternativos* voltou a reverter para um padrão pré-Cranmer).

O *Livro da oração comum* está repleto de disposições sensatas, de senso comum, como essas, para comunicar verdades bíblicas. Cranmer não era um "purista da nomenclatura", mas ele não usa a palavra adoração para se referir aos cultos da igreja. A mesa da Comunhão deveria ser chamada de "mesa" e nunca de "altar". Os anglicanos perderam mais do que imaginamos ao permitir que um altar de pedra tomasse o lugar de uma mesa móvel de madeira. Cranmer viu que tal detalhe tinha importantes implicações teológicas: nós nos reunimos em torno de uma mesa para a Ceia do Senhor ou a Santa Comunhão (onde comemoramos a morte de Cristo), mas um "altar" sugere uma reencenação do sacrifício feito uma vez por todas no Calvário. Mesmo uma mudança tão pequena de terminologia diminui o trabalho de Cristo e engana as pessoas quanto à forma como os seres humanos se relacionam com Deus.

### Acessível

Cranmer também estava preocupado em tornar os cultos da igreja *acessíveis* a todas as pessoas. O conteúdo bíblico não traria edificação a menos que fosse claramente compreendido. Ele conseguiu isso basicamente colocando os cultos em língua inglesa. É difícil imaginar o que tal mudança teria representado para a maioria das pessoas, que nunca antes haviam plenamente compreendido o que estava sendo apresentado na igreja.

Cranmer também teve o cuidado de escrever orações que expressassem verdades bíblicas em linguagem e formas de pensamento apropriadas a seu próprio tempo e cultura. Na verdade, ele fez tão bem o trabalho que suas "Coleções" foram transmitidas eficazmente para muitos outros tempos e culturas. A *Coleção para o segundo domingo do advento* é um bom exemplo:

> Senhor bendito, que fizeste com que todas as Escrituras Sagradas fossem escritas para nosso aprendizado: concede-nos que as escutemos com sabedoria, que possamos lê-las, marcá-las, aprendê-las e dizê-las interiormente, para que, com paciência e consolo de tua santa Palavra, possamos abraçá-las e guardar sempre a bendita esperança da vida eterna que nos deste em nosso Salvador Jesus Cristo. Amém.

O objetivo de Cranmer, ao escrever em uma linguagem claramente compreendida pelo povo, sugere que ele teria ficado horrorizado ao pensar nas pessoas que ainda usavam a linguagem do século 16 para realizar os cultos quatro séculos mais tarde (o que, por exemplo, a palavra "sábio", na *Coleção* mencionada há pouco, significa hoje para alguém que não tem interesse na história da língua inglesa?).

A acessibilidade também foi favorecida pelo seu trabalho de simplificação. Em um único livro, Cranmer substituiu uma série de livros pré-Reforma tão complicados que era preciso ter o auxílio de um livro à parte como instruções para os sacerdotes (livro de regras chamado *The Pie*).

A congregação não esperava entender tudo o que estava acontecendo no culto. Cranmer, então, produziu um livro único para toda a congregação com instruções claras (rubricas), a fim de explicar o que estava acontecendo em qualquer parte do culto (em contraste, note a rápida proliferação de textos litúrgicos hoje).

Outro aspecto que demonstrava o desejo de Cranmer para que os cultos fossem acessíveis, foi sua ênfase na corporatividade. As partes significativas dos cultos medievais aconteciam no presbitério, tendo os membros da congregação apenas como observadores, em vez de participantes, de acordo com a teologia católica medieval.

Em contraste, os cultos de Cranmer tinham uma enorme quantidade de orações e envolvimento congregacional bem maior. Ainda hoje, a informalidade e a liberdade modernas mal se comparam às posturas de Cranmer neste ponto. Sua liturgia tem uma ênfase muito mais coletiva do que, hoje, alguns cultos informais (em que muitos indivíduos podem fazer sua própria contribuição, mas as pessoas fazem menos em conjunto).

### Equilibrado

O compromisso de Cranmer não era apenas com o conteúdo bíblico e uma comunicação clara, mas também com uma atitude bíblica que está encapsulada na dimensão da Bíblia, suas nuances e seus silêncios. É difícil pensar em um único termo para definir esse aspecto do trabalho de Cranmer.

Havia uma maturidade e moderação em Cranmer que o impediu de ser um extremista ou fanático. Havia nele uma imparcialidade e um senso comum que deram humildade e perspectiva ao seu trabalho. Ele sabia onde ser flexível e onde ser inflexível. Ele era simpático à fraqueza e à falibilidade humanas. Ele podia reconhecer as demandas autênticas de pontos de vista rivais e estava preocupado em não ir além da Palavra de Deus ou em criar argumentos para torná-la mais clara do que ela já era em algumas questões.

Essa especial moderação e sensibilidade equilibrada teriam sido encorajadas pelo seu mentor alemão, Martin Bucer, que escrevera em 1549: "Fuja de fórmulas, dê suporte aos fracos. Enquanto toda a fé for colocada em Cristo, tudo estará seguro. Nem todos têm a capacidade de ver a mesma coisa ao mesmo tempo".[68]

Por falta de uma palavra melhor, estamos usando "equilíbrio" para ressaltar essa atitude cranmeriana, mas a palavra é usada num sentido muito mais amplo do que um simples compromisso entre as reivindicações do novo e do tradicional.

Embora o equilíbrio não fosse o mais importante dos princípios de Cranmer, provavelmente foi o aspecto mais distintivo do anglicanismo que ele ajudou a fundar. Isso criou uma atitude que J. I. Packer descreveu como "uma indisposição anglicana para formatar a igreja de um modo que, inutilmente, rompesse com o passado ou desnecessariamente marginalizasse os cristãos que fazem parte dela no presente".[69]

Então Cranmer efetuou sua revolução em um ritmo controlado, a fim de incluir o máximo possível e excluir o mínimo possível. O desenvolvimento de seus diferentes livros de oração mostrou que ele aceitou a mudança como devendo ser gradual. Ele se esforçou para extrair dos Padres e, na verdade, da Igreja Medieval, tudo o que era edificante à luz dos pensamentos bíblicos da Reforma.

Ele não mudou tão rapidamente quanto muitos gostariam que ele o fizesse. Ele defendeu essa política, alegando que Paulo insistia na ordem a ser observada nas igrejas e queria que todos estivessem de acordo, inclusive os cristãos fracos. Cranmer estava preocupado em distinguir entre verdades primárias e secundárias e manter um senso de proporção, bem como exercitar o "pressuposto de caridade" sempre que fosse apropriado.

Em relação às "cerimônias" (rituais como procissões, condução da cruz etc.), ele escreveu sobre remover aquelas que "por terem cegado o povo e obscurecido a glória de Deus, merecem ser cortadas, limpas e rejeitadas"; embora conservando outras

---

[68] Martin Bucer, *Scripta Anglicana fere omnia* [Quase tudo escrito em inglês]. Basiliae: Pernae officina, 1577, p. 686.

[69] J. I. Packer, *A Kind of Noah's Ark: The Anglican Commitment to Comprehensiveness* [Um tipo de arca de Noé: o compromisso anglicano com a abrangência], Latimer Study 10. Oxford: Latimer House, 1981, p. 20.

que, embora tenham sido concebidas pelo homem, vale a pena ainda conservá-las, para manter uma ordem decente na igreja (para o que foram concebidas inicialmente), bem como porque pertencem à edificação, em que todas as coisas realizadas na igreja (como o apóstolo ensina) devem ser referências.[70]

Cranmer viu que, em um tempo de reforma, alguns eram obrigados a fazer da introdução de coisas novas sua autoridade, em vez da Bíblia. Mas o próprio Cranmer tinha uma humildade bíblica e reconhecia não ser a primeira pessoa, desde os apóstolos, a ter sabedoria.

A atitude equilibrada de Cranmer forneceu um contexto natural para o desenvolvimento do "princípio Hooker": de que nas questões em que a Bíblia permanece em silêncio (por exemplo, num padrão preciso para um culto), a igreja é livre para regular sua vida em favor da boa ordem.[71] Nos aspectos em que a Bíblia nos dá liberdade, Cranmer se esforçou para ser flexível em sua aplicação dos princípios bíblicos para alcançar os melhores resultados.

Portanto, o valor da obra de Cranmer para nós hoje não reside apenas na sua fidelidade à doutrina bíblica, mas no exemplo que ela mostrou sobre como trabalhar a doutrina bíblica na prática litúrgica. Há muitos aspectos do que Cranmer criou que não são obrigatórios para os anglicanos de hoje. Mas eles são, no entanto, muito úteis para nós e fazem parte da herança anglicana.

## LEGADO DE CRANMER

Assim, o legado de Cranmer é uma sólida teologia bíblica, combinada com um pragmatismo teológico moderado e de senso comum, expresso em uma tradição litúrgica que frequentemente tem se desviado dos ideais de seu fundador, particularmente nos últimos anos, mas que ainda é relevante. O poder espiritual do *Livro da oração comum* residia no fato de que expressava os ensinamentos da Bíblia de uma maneira acessível àqueles a quem se destinava.

Não se trata da liturgia em si, distintamente anglicana (se Cranmer e o *Livro da oração comum* forem autorizados a ter seu verdadeiro lugar na origem do anglicanismo); mas da liturgia baseada na Bíblia e destinada a

---

[70] *The Book of Common Prayer* [O livro de oração comum], "Preface: Of Ceremonies" [Prefácio: das cerimônias].

[71] Richard Hooker (ca. 1554-1600) defendeu a *Regulamentação Elisabetana* de 1559 na prosa inglesa em seu magistral *Tratado sobre as leis da política eclesiástica* (1594 e 1597).

expressar uma doutrina bíblica de adoração. A liturgia de Cranmer, na sua forma original, já não é mais viável (porque sua linguagem do século 16 agora contradiz o próprio princípio de acessibilidade).

Todavia, a doutrina expressa no *Livro da oração comum* (juntamente dos *Trinta e nove artigos* e o *ordinário*)[72] determina o que é e o que não é anglicano hoje. O Cânon A5 da Igreja Anglicana afirma claramente:

> A doutrina da Igreja Anglicana baseia-se nas Sagradas Escrituras e em tais ensinamentos dos antigos Padres e Concílios da igreja que estão de acordo com as Escrituras. Em particular, tal doutrina encontra-se nos *Trinta e nove artigos* de religião, no Livro da oração comum e no *Ordinário*.[73]

A direção clara desse cânon pode ser contrastada com o tom da moderna revisão litúrgica:

> Parte da tarefa da liturgia é criar ressonâncias com a experiência das pessoas e se identificar com elas onde estiverem. É por isso que, às vezes, precisamos de uma mistura de imagens antigas e modernas, bem como daqueles vibrantes no texto. A tarefa seguinte da liturgia é levar as pessoas para uma jornada rumo a Deus – uma jornada tanto para os cristãos como para aqueles que ainda não são convertidos. Assim, a nova liturgia é dinâmica, movendo as pessoas rumo ao próprio Deus e, portanto, uma poderosa ferramenta para a missão e a espiritualidade.[74]

A perspectiva de tal revisão litúrgica centrada no homem é óbvia: a direção parte agora de nós para Deus (em contraste com a direção divino-humana do evangelho e dos serviços de Cranmer). Não há referência alguma aqui

---

[72] O *Ordinário* é a ordenação de serviços para os ofícios de diácono e sacerdote (presbítero), escrito por Cranmer e vinculado ao seu próprio livro, *Livro de oração comum*. Esses serviços têm seu próprio prefácio e, portanto, tecnicamente se tratam de livros diferentes, apesar de estarem ligados em um volume com o *Livro da oração comum*.

[73] Os cânones da Igreja Anglicana são as leis eclesiásticas promulgadas por essa igreja para regulamentar sua própria vida. Eles têm uma longa história que remonta ao início do século 17 e agora têm sido revistos por um Comitê Permanente de Revisão da Lei Canônica, que se esforça para não os deixar desatualizados.

[74] Prefácio à *Revisão da liturgia da Igreja Anglicana*, Boletim 3 (junho de 1998), escrito pelo Bispo de Guildford, presidente do Grupo de Publicações Litúrgicas, e pelo Bispo de Salisbury, presidente da Comissão Litúrgica.

(nem em qualquer outro lugar nesse panfleto em particular) para expressar as verdades da Bíblia através da liturgia.

Não é possível afirmar que a liturgia oferece agora qualquer tipo de unidade para a Igreja Anglicana. Tentar encontrar alguma forma moderna de unidade na prática da oração da Igreja Anglicana é como perseguir uma ilusão virtual ou tentar pregar uma geleia na parede. A doutrina da Igreja Anglicana não é mais protegida por sua liturgia, mesmo porque essa liturgia já não expressa uma doutrina uniforme.

A clareza e a simplicidade de Cranmer foram abandonadas, assim como a obscuridade e a ambiguidade foram trazidas intencionalmente à liturgia anglicana (para chegar a um acordo entre os revisores), resultando numa verdadeira desunião (em relação ao que se crê) que está camuflada pela aparente unidade (sobre a forma de palavras que são usadas na igreja).

## NOSSA RESPONSABILIDADE

Os anglicanos receberam um precioso legado de Cranmer. Para não ser desperdiçado, é preciso que haja uma ação resoluta e urgente, pois muito dele já se perdeu.

Há alguns que estão lutando com os processos de revisão litúrgica, procurando conter a maré que tem avançado fortemente ao longo do século 20 e causado erosão na base bíblica dos cultos da Igreja Anglicana, enquanto outros estão trabalhando para criar boas práticas nas igrejas locais. Estes últimos sustentam que a Comissão Litúrgica não pode ditar uma fórmula padrão para os cultos anglicanos.

A Comissão Litúrgica não cumpre com o Cânon A5 (ver texto anterior). Ela não aceita a Bíblia como autoridade para determinar o que deve ou não deve ser incluído nos cultos anglicanos. Assim, se o Sínodo Geral da Igreja Anglicana julgar oportuno agir desta forma com relação aos cânones, as igrejas locais têm o direito de procurar permanecer alinhados com esses cânones, mesmo que isso signifique usar formas de culto que não foram autorizadas pelo Sínodo.

Na verdade, a Lei Canônica da Igreja Anglicana permite aos seus ministros uma liberdade considerável no desenvolvimento de padrões de culto. O Cânon B5:1 diz: "O ministro pode, a seu critério, criar e usar variações que não sejam de importância substancial em qualquer forma de culto autorizado pelo Cânon B1, de acordo com circunstâncias particulares".

O Cânon B5:3 define o que constitui uma variação "de substancial importância": "Todas as variações nas formas de culto e todas as formas de culto usadas sob este Cânon serão reverentes e apropriadas e não contrárias nem indicativas de qualquer desvio da doutrina da Igreja Anglicana em qualquer assunto essencial". Uma variação "de substancial importância" é uma variação que afeta a doutrina. As variações não são proibidas pelo Cânon quando não forem *culturalmente* anglicanas (desde que sejam "reverentes e apropriadas"), mas somente quando não tratarem de aspectos *doutrinariamente* anglicanos.

Assim, os cânones permitem a liberdade de variedade dentro dos cultos autorizados da Igreja Anglicana, a fim de criar programas que sejam mais adequados às congregações para as quais se destinam, que irão ensinar esse grupo de pessoas de modo mais efetivo e que poderão edificá-los na sua fé. Quando foi escrito, o *Livro da Oração Comum* representou uma tentativa de tornar culturalmente relevante e acessível a verdade uniforme da fé cristã. O anglicanismo moderno corre o risco de reverter isso, tentando expressar uma multiplicidade de "verdades" numa cultura uniforme.

Felizmente, pelo menos em teoria, a pedra angular doutrinária do anglicanismo continua a ser o *Livro da Oração Comum*, o *Ordinário* e os *Trinta e nove artigos*.[75] E eles, por sua vez, nos remetem à Bíblia. Assim, nossa primeira tarefa na elaboração de formas de culto religioso para as igrejas anglicanas hoje deve ser posicionar a Bíblia no coração do culto (porque dessa forma estaremos colocando Cristo no centro).

Também precisamos levar a sério a distante cultura do tempo de Cranmer como era em relação à do primeiro século. Ela está menos familiarizada com o cristianismo; é mais diversificada; é tecnologicamente mais sofisticada (de modo que podemos facilmente produzir novos formatos de culto a cada semana); é, de certa forma, mais participativa, imediata e democrática. (Por exemplo, muitas pessoas se sentem menos à vontade com uma liturgia fixa – assim como se sentiriam com a leitura de uma das homilias[76], em vez de ouvir a exposição de um sermão.) Não é uma cultura em que o canto coletivo seja algo comum, exceto em igrejas e estádios desportivos.

---

[75] Veja Cânon A5, citado anteriormente (p. 72) e explicado pelo nº 73.

[76] As homilias eram o padrão de sermões publicados uma primeira parte em 1547 e, depois, uma segunda em 1563. Cranmer parece ter escrito a maior parte do primeiro livro, e o bispo John Jewel (1522-1571), o segundo. As homilias foram publicadas "para evitar os monstruosos enganos que, até agora, por meio de falsas doutrinas têm se infiltrado na Igreja de Deus" e porque os "ministros nomeados" nos primeiros dias da Reforma não tinham necessariamente "o dom de pregar adequadamente para instruir o povo". As homilias são relevantes hoje, em particular, porque vários dos *Trinta e nove artigos* se referem a elas para uma explicação mais completa de várias doutrinas, mostrando que um de seus propósitos era colocar carne sobre os ossos dos *Artigos*.

Assim, precisamos fazer da edificação e do evangelismo os principais objetivos das reuniões, despertando as congregações para as oportunidades evangelísticas dos cultos e usando liturgia e festivais para atender a esses objetivos. Queremos maximizar a inteligibilidade e desenvolver a corporatividade do culto.

Como Cranmer, aprenderemos com o passado e não valorizaremos o novo só porque é novo. Mas estaremos preparados para mudanças constantes, pois, no evangelho, Deus nos convoca para fazer mudanças (tanto como indivíduos quanto como igreja). Queremos um centro claro, mas com bordas aconchegantes para a congregação, tornando mais fácil para os que estão fora encontrarem o caminho para dentro. Queremos evitar fazer distinções que Deus não faz.

Se quisermos seguir os passos de Cranmer, devemos ser tão determinados quanto ele para colocar a Bíblia no centro dos cultos de nossa igreja; devemos estar tão empenhados quanto ele em tornar o cristianismo acessível às pessoas comuns; e necessitamos ter o mesmo senso comum que ele tinha ao julgar entre verdades primárias e verdades secundárias, sabendo quando ser flexível e quando não ser.

## NA PRÁTICA

Se os cultos de nossa igreja corresponderem a esses critérios, os anglicanos terão uma tarefa formidável pela frente, e precisamos considerar sua implementação. É importante dizer que quanto mais prática a discussão se tornar, menos respeito deve ser a ela concedido. Há uma enorme diversidade na Igreja Anglicana e, portanto, há muitas variantes que afetarão a aplicação dos princípios de Cranmer.

O tamanho e a prosperidade de uma congregação afetarão seus recursos, assim como sua maturidade espiritual, ética geral, confiabilidade e habilidades variáveis dos membros. A história da congregação, sua configuração (urbana, suburbana ou rural) e o tempo disponível para seus líderes, tudo isso desempenhará seu papel.

A discussão prática que se segue não é sobre a realização de um modelo litúrgico uniforme, mas sobre as aplicações variadas dos mesmos princípios. Não há preocupação em se atingir um padrão particular, mas sim, em manter uma direção exclusiva.

Se hoje formos seguir Cranmer conscienciosamente, se nos atermos a um padrão de culto definido ou usarmos material litúrgico de forma mais flexível a cada domingo, então teremos de ponderar, orar e planejar nossos cultos a cada semana.

Uma liturgia estabelecida pode fornecer uma sólida estrutura de doutrina bíblica. Também pode proporcionar familiaridade suficiente com os procedimentos, para permitir um equilíbrio confortável entre o velho e o novo, assim como para ajudar com esse senso de decência e ordem que Paulo julgou ser necessário para as reuniões dos coríntios (1Coríntios 14:40).

Mas ele não deve sufocar a criatividade e a inovação. Nem deve ser a desculpa para evitar novas ideias. A Igreja Anglicana tem sofrido muito pelo modo como uma liturgia estabelecida incentivou o clero a conduzir os cultos sem reflexão adequada e sem preparação (particularmente agora que a forma mais comum dessa liturgia já não está firmemente fundamentada na doutrina bíblica). Bons serviços exigem planejamento e isso requer tempo.

## PLANEJAMENTO DO CULTO

É útil ter uma reunião para planejar e revisar os cultos, a fim de aprender com os erros e desenvolver boas práticas. Obviamente, algumas igrejas não têm essa oportunidade, mas onde o responsável pelo ensino da Bíblia e a pessoa encarregada pela música podem planejar e orar juntos, isso elevará a qualidade dos cultos.

Se tal reunião puder ser semanal e incluir mais um ou dois encontros com esboços do culto, fazendo sua divulgação com antecedência, será melhor ainda. É particularmente importante avaliar o sermão e considerar como o restante do culto se relaciona com ele. Sermões não devem ser divorciados do contexto em que são proferidos. Todo pregador se beneficia de ouvir mais uma vez seus sermões revisados e cada culto se beneficia com o pregador desempenhando um papel na sua preparação.

Uma preparação cuidadosa não precisa excluir a espontaneidade. Uma oração informal, um testemunho improvisado, o "fluir" do canto e outras formas de participação congregacional não programada, podem ser apropriadas de acordo com a cultura da congregação.

Foi para regulamentar, em vez de excluir tais atividades, que Paulo escreveu 1Coríntios 14. O grupo de planejamento poderá querer verificar como essa participação se encaixa no temperamento coletivo de sua congregação e como se dará com o amigo visitante.

O pregador poderá sugerir qual será a melhor resposta congregacional a seu próximo sermão: um momento de silêncio, um período de oração informal, um tempo para o arrependimento, grupos de discussão, perguntas ao pregador, um encontro posterior para aqueles que precisam de uma oportunidade para responder ao evangelho, ou um tempo de aconselhamento ou oração. Em seguida, o líder do culto deverá ter a liberdade de mudar o que foi planejado quando chegar a hora, dentro de quaisquer diretrizes pré-arranjadas que sejam apropriadas.

Com o planejamento, a oração é um importante objetivo desse encontro. Se acreditarmos que estamos envolvidos no planejamento de algo que Deus ordenou (a reunião de cristãos) segundo seus propósitos (conquistar e edificar mais discípulos) e que essa é sua obra (na qual somos simplesmente cooperadores), nós faremos da oração uma prioridade como planejamos. É uma maneira de reconhecer a importância dos cultos da igreja e de nossa dependência de Deus como aquele que sozinho pode edificar sua Igreja.

Cada ocasião em que os cristãos se reúnem em nome de Cristo é uma oportunidade preciosa para deixá-la passar sem se importar com ela. Para aqueles que se encontram na condição de ter um ministério isolado, sem colegas para orar ou planejar, é prioritário encontrar alguém que possa participar dessa tarefa.

Os melhores cultos são normalmente resultado do esforço de uma equipe, demonstrando a corporatividade da vida cristã. Porém, um erro que muitas vezes cometemos é buscar outros apenas para ajudar na execução do culto, em vez de participar do seu planejamento e preparo. Um pastor isolado terá melhor ajuda se ouvir outra pessoa avaliar seu último sermão no culto, do que ter alguém que faça intercessões por ele na próxima semana. É a diferença entre pedir a alguém que faça algo por nós e essa pessoa fazer algo conosco.

Alguns ministros nunca conseguem formar equipes porque não permitem que ninguém ao lado deles se torne um genuíno parceiro, compartilhando tanto o encorajamento quanto a crítica. Será muito mais fácil impedir que os cultos sejam doutrinariamente desinteressantes ou aborrecidos se outros nos ajudarem.

Mas quais são as diretrizes para o planejamento de um culto? Para que algum culto hoje se encaixe na herança anglicana que recebemos de Thomas Cranmer, ele terá que passar por três testes: É bíblico? É acessível? É equilibrado?[77]

---

[77] O termo "equilibrado" está sendo usado para transmitir essa característica do trabalho de Cranmer, discutida anteriormente nas páginas 70-71. Não é apenas um equilíbrio entre o novo e o velho, mas toda uma atitude de moderação, amplitude, humildade e sensibilidade.

## É bíblico?

Não colocaremos Jesus Cristo no centro dos cultos da igreja se não tivermos a Palavra como o centro. Foi a Palavra de Deus que trouxe a Igreja de Deus à existência, e é o ministério da Palavra de Deus a fonte e o centro da vida da igreja. Em sua manifestação local, define-se igreja como um grupo de pessoas que se reúne em torno do ministério da Palavra em um lugar específico. Nossas reuniões semanais são para que nos conheçamos sob o ministério da Palavra de Deus. Muitas vezes, subestimamos o quanto todos precisamos do encorajamento da reunião semanal em torno da Palavra, para continuar acreditando em Deus por mais uma semana.

Portanto, o culto não deve conter somente extratos da Bíblia. Deve ser orientado pela Bíblia. As grandes doutrinas bíblicas devem dar-lhe forma. Cranmer colocou a confissão no início para nos lembrar de que somos pessoas evangélicas, reunidas pela graça de Deus (lembre-se do início da Oração da manhã: "Amados irmãos, a Escritura nos leva a reconhecer e a confessar nossos múltiplos pecados e perversidade...").

Começamos pelo chamado de Deus para nós em sua Palavra e respondemos a ele em seus termos, confessando nossos pecados, depois nos regozijamos em seu perdão. A leitura de versículos e passagens da Bíblia, o canto de salmos, as orações baseadas nas Escrituras (por exemplo, a oração regular pelos governos: 1Timóteo 2:1,2), uma confissão de fé bíblica sistemática, com base no Credo, a provisão da Bíblia para aqueles que não podem pregar e a exigência de pregação daqueles que podem – tudo isso mantinha a Palavra de Deus no centro dos cultos de Cranmer.

Em nossos dias devemos fazer o mesmo, mas utilizando meios adequados. Se não for mais apropriado cantar salmos, precisamos encontrar outras maneiras de incorporá-los em nossos cultos. Os salmos são o principal meio bíblico para expressar emoção humana (expressões de tristeza e alegria, confiança e desespero, raiva e alegria, abundam no *Saltério*).

Ao mesmo tempo em que os salmos desapareceram de nossos cultos, outras expressões de emoção humana surgiram, algumas das quais são muito menos saudáveis do que os salmos e quase todas elas são menos bíblicas. Mas os salmos ainda podem ser usados como estruturas para a oração, como leituras antifônicas para a meditação.[78]

---

[78] Por exemplo, *Psalms for Today* [Salmos para hoje] e *Songs from the Psalms* [Canções dos Salmos], ambos editados por David Iliff, Michael Perry e David Peacock. (Londres: Hodder and Stoughton, 1990), contêm muito material útil, baseados nos salmos, para cantar.

Se um culto passar nesse teste bíblico, então ele deve edificar. Nós nos encontramos para nos edificar uns aos outros como indivíduos e, juntos, como igreja. Por mais distantes que caminhemos individualmente na vida cristã, precisamos da ajuda de reuniões regular sob a Palavra de Deus, porque nossa fé é sustentada por sua Palavra.

Os cultos da igreja não existem exclusivamente para a declaração precisa das doutrinas cristãs. Eles são para edificação. Entretanto, a edificação vem por meio da doutrina – pelo ensinamento fiel da Palavra de Deus. Portanto, a boa doutrina deve ser salvaguardada nos cultos.

Devemos questionar todos os aspectos do culto: isso irá edificar aqueles que virão? Poderá ajudá-los a continuar acreditando que existe um Deus que os ama? Irá encorajá-los a ter vidas santas e a servir outras pessoas na próxima semana? Há algo que tende a desencorajar e desmantelar a fé? As grandes verdades bíblicas – reafirmadas, explicadas, discutidas, aplicadas, suplicadas, cantadas, meditadas, respondidas – são elas que edificam a congregação em fé e a cada um de nós como membros individuais do Corpo.

O evangelismo é parte da edificação do Corpo. De fato, não há distinção nítida a ser feita entre edificação e evangelismo nos cultos. As mesmas verdades bíblicas que fortalecem a fé do cristão desafiam a falta de fé dos não cristãos.

O culto da igreja deve ser um dos meios mais eficazes de evangelismo. Deve ser uma ocasião para a qual os cristãos possam facilmente convidar seus amigos, e onde eles não se sentirão constrangidos e serão capazes de aceitar a fé cristã. O que fazemos não será necessariamente familiar para eles: quão comum é ver uma atividade cantada em uma comunidade nos dias de hoje? Mas deve ficar claro para o visitante que estamos levando tudo a sério. Não deve haver dúvida de que levamos a Palavra de Deus a sério e que eles também devem levar.

David Peterson escreveu: "Aqueles que estão preocupados com o culto de Deus estão preocupados em levar as pessoas a Cristo."[79] Essa é uma verdade que precisa governar toda a vida do cristão e também moldar a maneira como planejamos nossos cultos na igreja. Eles devem ser "facilmente compreendidos pelos visitantes."

Cranmer revisou o Lecionário para ter certeza de que cada igreja local pudesse sistematicamente ser guiada por meio da Bíblia. Desejamos alcançar o mesmo objetivo, mas podemos querer usar diferentes meios.

---

[79] Peterson, "Worship in the New Testament" [Adoração no Novo Testamento], p. 65.

Os lecionários modernos, formados pela teologia liberal, que julga a Palavra de Deus e certas partes dela como inadequadas para os ouvidos modernos, não são satisfatórios.

Um pastor pode pensar que a responsabilidade de decidir quais passagens sua congregação deve ouvir seja somente dele, acreditando que é um aspecto muito importante para ser delegado a qualquer outra pessoa. Mas ele precisará tomar cuidado com suas ideias pessoais.

O objetivo de trabalhar sistematicamente o uso de todos os principais livros bíblicos, passagem por passagem, a cada domingo, num período de dez anos, possibilitará um equilíbrio entre a liberdade e o sistema formal, para que as necessidades reais da igreja possam ser avaliadas diante da responsabilidade de ensinar todos os preceitos de Deus em longo prazo.

Poucas igrejas hoje em dia se beneficiam do ensino regularmente apresentado pelo mesmo pastor, do mesmo livro da Bíblia, cuidadosa e fielmente explicado, semana após semana. Aquelas que o fazem frequentemente são as mais saudáveis.

As primeiras perguntas a se fazer a respeito de um culto da igreja são: é bíblico? Tem a Bíblia como seu centro? É moldado pelas verdades bíblicas? Cumpre os dois objetivos do Novo Testamento para o encontro cristão de edificação e evangelismo? Depois, a seguinte pergunta deve ser feita: é acessível?

### É acessível?

A grande conquista de Cranmer foi trazer a verdade bíblica para perto de pessoas comuns. Nossos cultos devem fazer o mesmo. Devemos levar a sério a diferença entre o que acontece na igreja e o que ocorre em qualquer outro lugar. Cranmer estava determinado a remover a obscuridade dos serviços da igreja e a colocar simplicidade e clareza em seu lugar. Portanto, a linguagem e o comportamento que ignoram o visitante devem ser evitados.

Por outro lado, existem termos cristãos que não podem ser evitados (por exemplo, fé, graça, santidade, glória, pecado); eles só podem ser explicados. Da mesma forma, orar, cantar hinos, recitar juntos um credo, ouvir um sermão – não são experiências cotidianas para os não frequentadores de igrejas. Esses elementos fazem parte de nossos cultos, mas precisamos introduzi-los de forma a permitir que aqueles que não estão familiarizados, possam se acostumar. Pode ser apropriado, por exemplo, permitir à congregação um momento para ler um credo ou uma oração de confissão e um tempo de reflexão para si mesma, antes de convidar os visitantes a repeti-los.

*O constrangimento é um grande inimigo da edificação e do evangelismo.* Será que essa saudação, esse hino, essa oração, essa aclamação, essa dramatização, esse testemunho, esse tempo de ministério informal, essa coleta, essas observações, podem fazer com que alguém se sinta constrangido? Alguém vai se sentir desconfortável se fizermos as coisas dessa maneira?

O conforto não é uma meta que buscamos por si mesma – a Palavra de Deus tem um modo de criar desequilíbrio no coração humano para nos conduzir à reavaliação e ao arrependimento –, mas, se quisermos maximizar a eficácia do culto de edificação e evangelização, devemos minimizar o embaraço desnecessário. E isso será uma questão de discernimento e sensibilidade com o grupo de pessoas a quem o culto é destinado.

Hoje, na maioria das congregações, é apropriado separar um tempo para se cumprimentar informalmente no início do culto. Mas, em algumas, essa informalidade poderá causar certo desconforto. Adotar o cumprimento poderá fazer mais mal do que bem e o constrangimento será muito grande.

Certamente, todos nós somos diferentes e nos sentimos constrangidos por diferentes motivos. Nenhum culto irá atender a todos os gostos e respeitar a todas as sensibilidades. Mas uma atitude sensível por parte dos responsáveis pelo culto será bem-vinda, assim como adotar uma postura de seriedade e tentar fazer bem as coisas. Mesmo que algum detalhe num culto não seja adequado ao gosto de alguém em particular, o melhor sempre deve ser feito para que o indivíduo se sinta o menos desconfortável possível.

Não podemos atender a todos os gostos dos presentes em nossas congregações, nem devemos fazê-lo. Poderia ser um mau sinal alguém sair no final de um culto da igreja comentando: "Todos os aspectos do culto foram exatamente como eu queria que fossem". Cada culto da igreja deve ser uma mistura de gostos, desafiando todos nós a fazermos maiores esforços para atender às preferências dos demais presentes. Devemos alargar nossas "zonas de conforto", mas sem chegar ao ponto de fazer uma mistura que se torne muito ameaçadora.

Mas se não pudermos satisfazer a todos os gostos, podemos tentar fazer tudo da melhor maneira possível. Isso honrará a Deus, enfatizará a importância de nosso encontro conjunto como uma comunhão cristã e minimizará o constrangimento. Queremos honrar Deus, fazendo por ele o melhor que pudermos. Não estamos tentando impressionar as pessoas com nossos próprios padrões, mas comunicar-lhes o que pensamos sobre Deus.

Se nossos cultos devem ser acessíveis, mesmo que um estranho não esteja de acordo com a fé cristã, ele ou ela deve ser capaz de ver que é importante para nós, que levamos o culto a sério e que estamos falando da fé em termos inteligíveis. A congregação deve ser encorajada a *esperar* que não cristãos estejam presentes. Isto incluirá professos que estão em seu meio, contudo não são ainda convertidos. Mas também abrirá a congregação para a possibilidade de levar amigos e familiares não cristãos à igreja.

Os não cristãos não devem se sentir como intrusos espionados numa reunião de seita esotérica. Eles precisam sentir que têm todo o direito de estar lá, que são bem-vindos mesmo que ainda não tenham se decidido por Jesus Cristo.

Em certos momentos do culto pode ser necessário dizer algo como: "Nem todos os presentes estão ainda prontos para recitar o Credo. Se você preferir, por favor, apenas pense nessas declarações de crença, enquanto nós as recitamos em voz alta". Ou o pregador pode querer indicar que a aplicação de um determinado aspecto será diferente de acordo com o estado espiritual do ouvinte.

"É acessível?" Trata-se de uma questão fundamental para decidir sobre a adequação de diferentes partes do culto. A sabedoria é necessária para julgar esses assuntos corretamente. Mais uma vez, o valor de uma segunda (e uma terceira e uma quarta) opinião pode não ser exagero. Sem algum tipo de "grupo de planejamento de cultos", estes tendem a se tornar vítimas dos gostos pessoais e dos preconceitos culturais de um indivíduo. E, como consequência, sua capacidade de edificação e de evangelização será severamente limitada.

### É equilibrado?

A pergunta "é bíblico?" nos conduz à Escritura. A pergunta "é acessível?" aponta para o povo. A terceira característica observada no trabalho de Cranmer era seu sensível pragmatismo. Isso nos conduz à pergunta: "Esse culto é equilibrado?"

Isso nos fará refletir acerca de nossos cultos: esse culto está sendo sensível às pessoas que irão participar dele? Como podemos fazer as coisas de modo ainda melhor? Como podemos aprender com o passado? Introduzimos alguma mudança recentemente? Fizemos muitas mudanças há pouco tempo? Existe um equilíbrio em relação à música nesse culto (talvez entre hinos bem conhecidos e cânticos mais modernos)? Existe um equilíbrio de ânimo emocional no culto (para falar tanto com o ouvinte despreocupado quanto como o que se sente deprimido)? Existe conteúdo aqui que vai estimular o mais crítico, bem como a possibilidade de incentivar os que são mais simples? Será que esse culto ajudará a quebrantar tanto o coração duro quanto curar o coração partido? Falará tanto ao coração dos não conversos quanto ao dos convertidos?

Naturalmente, o pragmatismo teológico de Cranmer representava muito mais do que apenas uma forma equilibrada de culto. Isso o levou a distinguir entre questões primárias e secundárias. Queremos ter a certeza de que os nossos cultos expressem claramente as verdades fundamentais do cristianismo: a deidade de Cristo, a salvação somente pela graça, a centralidade da cruz, a autoridade da Bíblia e assim por diante (e devemos sempre assegurar que a exortação moral não substitua a doutrina da graça no centro de nossos cultos).

Mas não queremos que nossos cultos se concentrem nas distinções denominacionais ou nas questões que dividem os cristãos uns dos outros. Contanto que o centro esteja desobstruído, as bordas podem ser difusas. Não é nossa tarefa executar a obra de Deus separando as ovelhas dos bodes.

Uma abordagem equilibrada nos encorajará a avaliar o que fazemos e o que dizemos. A forma como nos comportamos no interior de uma igreja transmite mensagens teológicas. Se uma parte do edifício é tratada com excessivo respeito, precisamos verificar se essa atitude é realmente coerente com nossa teologia. Se todos os assentos forem posicionados numa certa direção, precisamos refletir sobre o que estão representando no que diz respeito à natureza de um culto na igreja.

A posição do corpo, o tom da voz, a roupa, a forma de caminhar e os símbolos, tudo isso prega – e se não tivermos cuidado, eles podem contradizer o que expressamos com nossos lábios. A atitude de Cranmer em relação aos móveis e rituais das igrejas era de promover uma mudança moderada.

Nós também podemos querer trabalhar gradualmente, voltados a um maior grau de coerência teológica. Mas essa é uma área sensível: uma congregação deve primeiro ser ensinada sobre a razão de uma mudança ser teologicamente desejável. Só então estarão prontos para essa mudança. Mudança sem justificativa teológica, cedo ou tarde poderá dividir uma congregação.

É bíblico? É acessível? É equilibrado? Vamos agora considerar como esses três testes de Cranmer podem se aplicar a uma série de questões.

### Variação dos cultos

Algumas igrejas oferecem uma variedade de cultos no domingo: 8h, *Livro da oração comum*, Sagrada comunhão; 10h, Culto da família; 11h30, *Adoração comum*, Oração matinal; 18h, Oração da noite; 20h, Louvor da noite.

Cada culto é dirigido a um público em particular (como uma determinada faixa etária ou grupo étnico); e deve procurar se enquadrar na cultura com a qual esse grupo específico está mais familiarizado (formal/informal etc.). Outras igrejas vão na direção oposta, preferindo concentrar seus recursos em apenas um ou dois cultos no dia.

As igrejas mais tradicionais estão optando pela acessibilidade: oferecendo cultos que sejam apropriados e não constranjam diferentes tipos de pessoas, visando ao interesse da evangelização (ou talvez, em alguns casos, para evitar a crítica de membros que querem um culto que corresponda ao seu gosto particular).

As igrejas mais atuais estão optando pelo conteúdo bíblico: à medida que o evangelho derruba as barreiras entre os seres humanos e as reúne em Cristo, a igreja, como comunidade evangélica, deve unir diferentes tipos e etnias e ensiná-los a sacrificar seus próprios gostos e preferências pessoais em favor dos outros. Essa política implica trabalho árduo e significa que, ao contrário do coral "*Matins* [Oração matinal]" ou o informal "*Evening Prayer* [Oração vespertina]", o culto será sempre algo relacionado a um compromisso cultural.

Porém, a diminuição do número de cultos permitirá que haja mais tempo de preparação, o que talvez traga mais qualidade. Isso certamente apresentará a igreja como uma comunidade evangélica com maior fidelidade, embora possa não ter a atratividade para o visitante que o culto culturalmente homogêneo poderia mostrar (desde que a cultura apresentada seja a sua cultura).

### Estrutura

Já chamamos a atenção para algumas das maneiras pelas quais a estrutura dos cultos de Cranmer reflete a verdade bíblica. São esses os valores das liturgias estabelecidas (antigas e modernas) que proporcionam uma estrutura cuidadosamente considerada para o culto. Devemos assegurar que a estrutura seja *teologicamente sólida*: ela deve começar com a Palavra de Deus dirigida a nós; devemos então responder a Deus nos termos dele (confissão e arrependimento); e todo o seu contexto deve ser centrado em Deus e não no ser humano, proclamando graça e não obras, dizendo-nos sobre Deus mais do que nos encorajando a pensar em nós mesmos.

Mas também deve ter uma estrutura *acessível*. Por exemplo, quando houver uma mistura de gostos musicais, é mais sábio começar com aquele que tenha o maior apelo (talvez um hino bem conhecido) e deixar estilos musicais mais específico para as partes intermediárias do culto. Para terminar, o ideal é um hino ou cântico familiar à maior parte da congregação, tanto quanto seja possível. Hinos tradicionais no início e no fim do culto podem funcionar como "adoçantes" para aqueles que não acham os cânticos modernos muito agradáveis. Mas se forem cuidadosamente escolhidos, provavelmente também não excluirão a pessoa que prefere o canto mais moderno.

A estrutura do culto irá garantir o equilíbrio. Trabalhando dentro de uma estrutura básica, mas omitindo ou incluindo diferentes partes da estrutura em semanas específicas, podemos garantir certo frescor, sem correr o risco de negligenciar um elemento (como o Credo ou os Dez Mandamentos) repetidamente. Será a tarefa do líder do culto "unir" o culto discreto, mas teologicamente profundo, de modo que haja uma lógica espiritual na forma em que uma parte segue a outra. Por exemplo: "Quando somos lembrados do perdão de Deus, os cristãos querem louvar a Deus, o que faremos agora cantando..."

### Música

A música nos cultos deve ser balizada pelos três testes de Cranmer (bíblica, acessível e equilibrada). Pelo fato de fazermos tudo com seriedade em nossos cultos, não devemos jamais usar com leviandade as palavras que cantamos. No *Barbeiro de Sevilha*, Fígaro canta: "Se uma coisa é tola demais para ser dita, ela sempre pode ser cantada".[80] Como sabemos, algumas canções cristãs merecem essa definição. Mas John Wesley escreveu (em 1761): "Acima de tudo, cante espiritualmente; tenha sempre em vista Deus em cada palavra que você canta".[81]

Portanto, o planejamento dos cultos deve incluir o exame antecipado das músicas a serem cantadas. Pode ser necessário fazer ajustes nas suas letras. Lembre-se, o propósito primordial de todo o culto não é a declaração precisa da doutrina; é a edificação e o evangelismo. Mas se é a Palavra de Deus que faz a igreja, que a edifica e que acrescenta seu número de membros, então devemos ser tão fiéis e precisos o quanto pudermos em comunicar essa Palavra, mesmo quando cantamos.

Às vezes, será necessária uma introdução cuidadosa para definir um cântico dentro de um quadro teológico correto. Havia um cântico infantil, na qual o segundo verso começava: "Você pode ficar muito triste e eu posso

---

[80] "Hoje, o que não vale a pena ser dito é cantado." (Pierre Augustin Caron de Beaumarchais, *Le Barbier de Seville*, Act I, Scene ii).

[81] *The Works of the Rev. John Wesley, A.M.* [Os trabalhos do Rev. John Wesley, A.M.]. Nova York: Carlton and Phillips, 1853, 7:580.

ficar muito triste; mas não é assim que deve ser". A menos que fosse colocado no contexto de nossa esperança celestial, esse verso estaria aberto a uma interpretação incorreta e poderia ser extremamente doloroso para aqueles irmãos com o espírito perturbado, por exemplo, em luto recente. Outro exemplo é o hino "Jesus, nós celebramos sua vitória", que diz em seu segundo verso: "E em sua presença desaparecem nossos problemas" – uma frase que exige boa definição para não se tornar extremamente enganosa.

A maioria dos grandes hinos "clássicos" tem uma história de adaptação e alteração ao longo dos anos, com notas de rodapé nos hinários para os devidos esclarecimentos. Os escritores originais precisam ouvir a reflexão de igreja sobre as palavras que escrevem. Sugerir a um autor uma alteração para uma de suas músicas é uma prática útil.

Se a música em um culto da igreja não for avaliada por esses três testes, tenderá a ser embaraçosamente ruim ou a contaminar por completo a reunião. É perigoso tanto subestimar quanto superestimar o papel que a música desempenha em nossas reuniões, mas não é surpresa que essa seja uma área da igreja sob intenso e frequente ataque espiritual.

É necessário sabedoria para encorajar uma congregação a se unir em torno da música que ela usa. Um dos efeitos da música é que as pessoas se tornam profundamente envolvidas com suas preferências pessoais, a ponto de acharem difícil reconhecer que o *estilo* da música é uma questão sem nenhuma importância teológica intrínseca.

Treinar a congregação para reconhecer a diferença entre o que é teológico e o que é cultural e entre o que a Bíblia fala claramente e o que ela não expressa, é uma parte importante do treinamento da congregação para se tornar equilibrada em sua compreensão bíblica. Sabiamente, costuma-se considerar as discussões sobre palavras e livros basicamente disputas de poder numa igreja local. O egoísmo gosta de se vestir com roupas culturais. O gosto musical parece muito mais piedoso do que o interesse próprio; no entanto, muitas vezes, tudo isso tem mais a ver com a preferência por um estilo de música do que com outros aspectos!

Estamos todos cientes das batalhas travadas nessa área. Hinos antigos conquistaram preferência sobre cânticos modernos em uma pesquisa da BBC sobre os favoritos da igreja. Para a ocasião, Peter Baker compôs uma paródia para um hino bem conhecido:

> Querido Senhor e Pai da humanidade,
> Perdoa nossos caminhos insensatos;
> Para a maioria de nós, quando perguntamos à nossa mente,

Admitimos que ainda encontramos mais prazer
Em hinos de dias antigos,
Em hinos de dias antigos.
Para começar, as letras simples
De muitas canções modernas,
São triviais para tocar o coração;
Não têm poesia, nem arte;
E continuam assim por muito tempo,
E continuam assim por muito tempo.
Oh, ter um descanso do entretenimento,
E de louvores sincopados!
O que aconteceu com a tranquilidade?
O silêncio da eternidade
É difícil de ouvir esses dias,
É difícil de ouvir esses dias.
Envia teu profundo silêncio, subjugando tudo,
Aqueles aplausos felizes que afogam
O suave sussurro do teu chamado;
Triunfalismo não é tudo,
Porque às vezes nos sentimos deprimidos,
Porque às vezes nos sentimos deprimidos.
Deixa cair teu orvalho da quietude
Até que todos os nossos estrondos cessem;
Tira de nossa alma a tensão e o estresse
De sempre termos de ser abençoados:
Dá-nos um pouco de paz,
Dá-nos um pouco de paz.
Sussurre através das batidas do louvor da guitarra
Teu frescor e teu bálsamo;
Faze com que o tambor se torne mudo, traze de volta a lira,
Chega de terremoto, vento e fogo,
Vamos ouvir um pouco o que acalma,
Vamos ouvir um pouco o que acalma.[82]

---

[82] Peter Baker, citado em *News of Hymnody* [Notícias sobre hinologia], ed. 59 de Grove Books (Cambridge: Ridley Hall, julho de 1996). Usado com permissão.

E, claro, as críticas também podem ser feitas com respeito a hinos antigos. "Seus olhos lançaram um raio acelerado" poderia sugerir uma cena do filme *Guerra nas estrelas*, mas é improvável que seja útil para uma visita que vier hoje à igreja. Continuar a cantar o que amamos apenas porque amamos não é uma prática que esteja de acordo com os testes de Cranmer.

A pessoa que comanda a música no culto desempenha um papel muito poderoso no contexto da igreja, muitas vezes em pé de igualdade com o poder exercido pela pessoa que controla as finanças e maior do qualquer outro membro da igreja.[83] É bom reconhecer isso e orar para que se possa encontrar uma pessoa madura, piedosa e humilde, com coração de servo, que quer usar música a serviço do evangelho e não para seus objetivos pessoais. Esperemos nunca ter de enfrentar o que aconteceu na igreja paroquial de Hayes em 18 de março de 1749: "O clérigo anunciou o salmo 100 e os cantores imediatamente se opuseram a ele, cantando o salmo 15 e com isso criaram uma grande perturbação".[84]

## Orações

Há mais orações nos cultos da igreja do que é geralmente imaginado. Por exemplo, muitos cânticos e hinos são realmente orações e também a confissão é uma oração. Muitas vezes, um líder do culto dirá: "Vamos orar..." quando a congregação já está orando. Isso sempre fere uma nota discordante, pois sugere uma falta de consciência do que está acontecendo no culto.

As coleções de Cranmer estão entre algumas das melhores orações já escritas. Mas, infelizmente, se fôssemos fiéis a Cranmer, não poderíamos simplesmente repeti-las hoje. Temos a responsabilidade de escrever orações modernas que sejam tão cheias de ensinamentos da Bíblia e tão cuidadosamente construídas como eram as suas.

As orações de Cranmer costumavam começar com a verdade bíblica sobre Deus ("Deus Todo-poderoso, para quem todos os corações estão abertos, todos os desejos conhecidos e de quem nenhum segredo está escondido...") antes de colocar diante dele nossos pedidos ("Limpa os pensamentos de nosso coração pela inspiração do teu Espírito Santo para que possamos te amar com perfeição e dignamente magnificar teu santo nome"). Nossas orações fariam bem em seguir esse padrão.

---

[83] Um administrador da igreja é um dos dois líderes leigos apontados na Igreja Anglicana dentre os membros.

[84] Registro de membros de Hayes.

É bíblico, também, fazer com que nossas orações sejam coletivas. Isso é parcialmente alcançado por orações de texto, apresentadas no boletim do culto. Em muitas congregações, há também alguns que possuem um dom especial para serem líderes de intercessão. Muitas vezes serão aqueles que mais se preocupam com seu preparo. Quando tal pessoa conduz a congregação na súplica a Deus para que cumpra suas promessas a seu povo, todos nós aprendemos melhor a orar de acordo com a vontade de Deus.

Precisamos aprender a distinguir entre coisas pelas quais a Bíblia nos ensina que devemos orar e aquelas que Deus não garantiu que nos daria. Isso não significa que não devemos orar por estas últimas, mas precisamos aprender a nos concentrar em orações baseadas na natureza de Deus e em suas promessas. Às vezes, tais orações vêm espontaneamente, porém, mais frequentemente, elas exigem preparo.

Nos cultos também existe espaço para a oração espontânea. Mas, raramente, ela é tão útil para toda a congregação quanto uma prece bem conduzida, bem construída, cuidadosamente preparada e biblicamente fundamentada. Pode haver problemas de audibilidade com a oração espontânea. É mais propensa a ser introvertida e repetitiva; e não é possível assegurar que ela seja bíblica, acessível e equilibrada. No entanto, essas considerações podem ser de menor importância se a oração espontânea permitir que a congregação responda imediatamente à liderança de Deus por meio do seu Espírito e da sua Palavra.

### Dramatização e testemunho

A dramatização é uma ferramenta poderosa para ser empregado em um culto da igreja, contudo poderosa demais para ser usada sem uma reflexão cuidadosa. Pode ser mais marcante na memória da congregação do que qualquer outra parte do culto. A dramatização deve estar cuidadosamente ligada à passagem bíblica e ao sermão. Será mais eficaz para ilustrar do que para explicar a Palavra. Precisa ser controlado pelo pregador e, às vezes, o pregador terá que decidir por sua exclusão se perceber que vai negar ou diluir sua mensagem bíblica.

Com a dramatização, também pode haver um elevado "fator retraimento", se não bem executada. Se, para a congregação, ela causar mais embaraço do que edificação, precisará ser deixada de fora, mesmo no último momento. Isso exigirá humildade e piedade por parte dos atores e produtores. Eles precisarão do mesmo espírito de servo que os músicos devem ter, colocando o bem da congregação e a glória de Deus acima de seu próprio ego, que precisa de expressão própria e aclamação.

Os aspectos referentes ao coral e aos de música solo precisam passar pelo mesmo teste. Devemos ser muito gratos ao organista ou ao líder do coral que tiver a coragem e a piedade de omitir no último minuto uma peça ensaiada, quando estiver claro que ela não ajudará o culto.

Testemunhos e entrevistas também têm um papel a desempenhar. Eles envolvem pessoas novas e podem ter um apelo mais amplo para a congregação quando estiver claro que partiram de uma pessoa "comum" e não de um "profissional". Na verdade, às vezes, é a inexperiência e a falta de fluência que contribuem para a atratividade de um testemunho. Por exemplo, alguém com dificuldade de se expressar relata o que Deus tem feito por intermédio dele e todos têm consciência de quanto custou a essa pessoa se levantar e lidar com isso.

Quando um indivíduo está muito nervoso para apresentar seu próprio testemunho e não conta com o apoio de alguém, pode ser mais interessante entrevistá-lo. Perguntas bem escolhidas e oportunas ajudam a diminuir o constrangimento e fazem o testemunho prosseguir.

Oportunidades regulares para entrevista ou testemunho serão providas pela partida iminente (ou retorno recente) de um membro da congregação, que realizará um trabalho cristão em outro lugar, ou por um batismo (com os pais, no caso do batismo de um filho ou filha!). Podemos incorporar esse tipo de contribuição em nossos cultos com uma finalidade específica, dando aos membros a oportunidade de compartilhar o que Deus está fazendo na vida deles. Mas será necessário um bom julgamento para distinguir entre aqueles que querem contribuir dessa maneira para o bem dos outros e aqueles que desejam fazê-lo principalmente para satisfazer as necessidades de seu ego. Isso fará mais mal do que bem, caso prejudique a leitura e a explanação da Bíblia.

### Conduzindo o culto

O papel do líder do culto se torna mais significativo à medida que um planejamento mais cuidadoso é introduzido no próprio culto. O líder bem preparado pode fazer a diferença quanto aos visitantes se sentirem ou não. Ele pode ajudar a congregação a compreender o tema do culto. Mas o excesso de preparação pode levar ao formalismo, pois há lugar para a espontaneidade, o humor improvisado e também para as observações espontâneas.

A pessoa que lidera o culto deve procurar alcançar um equilíbrio entre captar o interesse e a atenção da congregação e comunicar a seriedade do que está sendo apresentado. Alguns líderes de culto são bons em manter a atenção, mas passam uma sensação de superficialidade. Isso pode ser caracterizado por humor e sagacidade espontâneos, mas similares a frivolidade de um programa de entrevistas de TV.

Outro estilo de liderança é minimalista (muitas vezes, trata-se do refúgio da pessoa que passou pouco ou nenhum tempo em preparação). "Não chamar a atenção para a personalidade do líder", mas perde uma valiosa oportunidade de edificar a congregação. Anunciar um hino ou número de um cântico sequer sem referência ao significado das palavras que prestes serem cantadas, geralmente indica que essa é uma parte que o líder do culto não se preocupou em preparar.

Lembre-se de Davi: "Não oferecerei ao Senhor, o meu Deus, holocaustos que não me custem nada" (2Samuel 24:24). Com muita frequência, os cultos anglicanos representam "sacrifícios de louvor e ação de graças" que custam muito pouco, em termos de tempo gasto na preparação pela pessoa que os conduz. Não admira que tenham sido tão ineficazes para a edificação e evangelismo, e tão monstruosamente aborrecedores para aqueles que vêm para (ou preferem, talvez sabiamente, não vir)!

Se a liderança do culto for mantida principalmente nas mãos de uma mesma pessoa, traz as vantagens de continuidade, familiaridade e (desde que essa pessoa seja devidamente dotada) um padrão uniformemente elevado de liderança. Se o líder do culto é também o principal professor de Bíblia na igreja, terá também outra função, uma vez que é capaz de ensinar a doutrina para a congregação.

Por outro lado, quando a liderança do culto é um ministério de equipe, os indivíduos envolvidos podem ser capazes de preparar sua própria parte (menor) do culto com mais detalhes e atenção a seus diferentes aspectos. Um ministério formado por uma equipe também exibe publicamente a natureza corporativa do ministério da igreja e oferece uma oportunidade para que novos indivíduos sejam atraídos para o papel. Sempre que possível, devemos evitar dar a impressão de que o ministério cristão é um espetáculo de um homem só.

Precisamos do exemplo de um culto intenso e teologicamente bem fundamentado que nos leve a definir o padrão; mas também precisamos deixar claro que esse papel não se restringe a alguma casta sacerdotal.

É saudável ver um novo rosto e ouvir uma nova voz cumprindo esse ministério de vez em quando. Mas deve ser feito tão bem quanto possível e isso significará treinar as pessoas para tirar o melhor delas por meio do encorajamento e da crítica. Boa liderança chama menos atenção para a personalidade do líder e concentra maior atenção na finalidade do culto.

## Avisos[85]

Essa é, muitas vezes, uma das partes mais aborrecidas de um culto. Mas, enquanto os cultos semanais são o centro da existência estruturada da igreja, outras reuniões irradiarão desse centro, e a experiência de um companheirismo entre os membros da igreja durante o restante da semana é importante.

De modo ideal, a liderança da igreja deveria verificar muito cuidadosamente se as atividades da igreja não estão demais de modo a invadir e a monopolizar o tempo de lazer dos membros da congregação, removendo, portanto, todas as relações sociais normais com o mundo não cristão. Mas haverá algumas reuniões da igreja no meio da semana que precisam ser anunciadas nos avisos aos domingos.

Portanto, não devemos nos envergonhar dos avisos ou tentar mantê-los longe, em uma parte escondida do culto, onde poderão causar menos dano. Tampouco fazer deles a oportunidade para o ministro "dar um corretivo" na congregação, trazendo culpa por possíveis pecados passados de omissão e pelos futuros, como não conseguir reservar tempo para o fim de semana na igreja. Nenhuma igreja deve produzir culpa e o aviso sobre uma reunião importante (como uma reunião de oração mensal) deve ser cuidadosamente redigido.

Mais uma vez, a preparação é a chave. Os avisos devem ser cuidadosamente preparados. Eles não serão bem entregues se forem escritos em pedaços de papel, reunidos às pressas na sala pastoral pouco antes do início do culto. A preparação cuidadosa nos permite transmitir informações importantes da maneira mais eficiente e concisa. Avisos têm uma notória tendência a ocupar mais e mais tempo. Eles precisam ser podados de todo o excesso de palavras.

Quando um boletim impresso contendo informações pode ser fornecido, isso economizará valioso tempo do culto. Ou a atenção pode ser dirigida a um quadro de anúncios, onde mais detalhes de um evento poderão estar disponíveis para os interessados. As grandes igrejas descobrirão, cedo ou tarde, o valor de um quadro de informações, onde assuntos de todos os tipos podem ser tratados de forma individual e sensível e onde folhetos publicitários e cartazes podem estar disponíveis em quantidade.

---

[85] Ou "anúncios", expressão usada na maior parte do mundo de língua inglesa.

### Tamanho da congregação

A Bíblia não nos encoraja a pensar que há um significado espiritual na quantidade de pessoas em nossas reuniões. Uma nova forma de espiritualidade tem surgido nos últimos anos, argumentando que Deus está especialmente presente com seu povo quando ele se reúne em grande número. Tem sido chamada de "uma nova doutrina da Presença Real". A antiga doutrina afirmava que Cristo se apresentava exclusivamente no culto, no momento da consagração do pão e do vinho; mas agora é quando seu povo está "reunido para o poder" e "transportado em louvor". Não há nenhuma base bíblica para qualquer um desses ensinamentos.

Mas um pequeno grupo tampouco é mais interessante quando se trata de congregação. O que é certamente verdadeiro é que diferentes tamanhos de congregação trabalham de maneiras diversas e os cultos devem ser planejados de acordo. Se a congregação for tão pequena que de fato só se resuma num grupo de células, então o culto deve trabalhar para desenvolver a vida da igreja nesse modelo – talvez usando a discussão de uma passagem da Bíblia após um sermão ou compartilhando uma oração necessária. Será difícil para esse grupo se tornar vivo se continuar a se comportar com toda a formalidade que é mais apropriada para uma congregação muitas vezes maior do que seu tamanho.

Em grupos menores, pode não ser possível pensar em ter cultos diferentes a cada semana. Pode ser uma decisão sábia estabelecer um padrão litúrgico conjunto (com uma sólida base bíblica) como esquema padrão, com apenas hinos, intercessões, avisos, leituras e sermões, variando de semana para semana. Mas deve ser possível revisar a forma dos cultos com um ou dois outros modelos, em uma base mensal (ou pelo menos trimestral).

Se essa revisão procurar a vontade de Deus para os cultos da igreja, será uma fonte de nova vida e bênção. Em muitas situações, a mudança só pode vir muito lentamente – mas vem. O Novo Testamento recomenda que tenhamos paciência e perseverança frequentes porque Deus trabalha em uma escala de tempo que é diferente da nossa. Nós geralmente superestimamos onde podemos chegar em seis meses, mas subestimamos onde, sob a providência de Deus, podemos estar em cinco anos (se mantivermos nosso propósito).

No outro extremo da escala, quando várias centenas de pessoas, ou mais, se reúnem para um culto, é difícil para elas ter uma experiência semelhante à que se tem num grupo pequeno. Outros arranjos deverão ser feitos para proporcionar a essas pessoas a oportunidade de compartilhar e ter intimidade.

Num encontro mais amplo, pode ser sábio concentrar-se naquelas coisas que só podemos fazer quando reunidos em grande número – como encorajar uns aos outros em nossa fé, enquanto cantamos e escutamos juntos a Palavra de Deus sendo exposta – em vez de coisas como oração silenciosa ou espontânea. Não se sugeriu que deixe de haver lugar para o silêncio num grande encontro. Claro que existe, assim como há também um momento para a participação espontânea. Mas é uma questão de saber como equilibrar o culto. O que funciona melhor em uma determinada reunião dependerá do tamanho dela.

Não sabemos qual era o tamanho da igreja de Corinto, mas fica bem claro, pela correspondência de Paulo com os coríntios, que o apóstolo desejava que suas reuniões fossem conduzidas de maneira apropriada para o seu tamanho. A ordem e a inteligibilidade eram suas preocupações. Há necessidade de se ter fatores limitantes sobre o que pode ser feito nos cultos da igreja, particularmente com uma congregação maior.

Se uma congregação for grande ou pequena, a experiência de ouvir a Palavra de Deus sendo ensinada será sempre semelhante. Será uma experiência participativa. Isto não quer dizer que sempre deve haver perguntas ou grupos de discussão. A pregação da Bíblia não é semelhante a uma palestra acadêmica ou a uma performance. As próprias imagens da Bíblia sugerem que a mesa de refeições é uma analogia melhor para o sermão do que a lição da escola, enquanto nos sentamos ouvindo a Palavra de Deus e nos "alimentamos" juntos.

Assim, é muito importante que, se possível, os membros da congregação tenham o texto bíblico aberto diante deles. É por isso que o espetáculo mais encorajador de ser visto ao se ouvir um sermão, não é observar aquele pregador que gesticula apaixonadamente no púlpito, mas ver os outros membros da congregação ouvindo atentamente e examinando suas Bíblias para ver "se tudo era assim mesmo" (Atos 17:11).

É por isso que o pregador deve deixar claro para sua congregação, de vez em quando, que seu papel é ensinar a Bíblia fielmente e que é sua responsabilidade verificar que ele está fazendo isso, julgando "cuidadosamente o que foi dito" (1Coríntios 14:29). É por isso que um pregador precisa estar preparado para pedir desculpas à congregação quando, ao dedicar posteriormente mais atenção a uma passagem, ele concluir que deturpou a verdade da Bíblia de alguma forma em um sermão anterior.

Há poucos ruídos mais encorajadores para um pregador do que o farfalhar das páginas da Bíblia entre os membros da congregação, quando ele anuncia seu texto. Ele deve se sentir satisfeito com isso, mais do que com os sons de aprovação em relação ao que ele está dizendo durante o sermão. Uma congregação fiel obterá uma pregação fiel de seu pastor.

Por outro lado, é muito difícil perseverar como um fiel instrutor da Palavra de Deus para uma congregação que não quer ser ensinada. Até certo ponto, as congregações têm os pregadores que merecem, porque a pregação é um processo de duas vias: as atitudes do pregador e da congregação devem unir-se em uma fome humilde pela Palavra de Deus. E porque esse é o centro de cada culto na igreja, o que não é afetado pelo fato de uma congregação ser grande ou pequena, assim não importa a duração do culto na igreja. O que importa é que Jesus Cristo esteja presente – e ele estará, se sua Palavra for ouvida e obedecida.

### Duração do culto

A duração apropriada para um culto da igreja é uma questão a ser decidida em termos do que é adequado para aquela determinada cultura. Se os cultos são muito longos, podemos tornar o evangelho inacessível aos nossos contemporâneos. Mas há culturas em que nada muito breve será levado a sério. É outra questão de acessibilidade. Mas tenha cuidado – os cultos da igreja têm uma tendência natural para se alongar. Eles não tendem naturalmente a serem breves.

Dentro do culto, a proporção de tempo atribuído ao sermão levanta uma questão bíblica. Nossa cultura pode estar voltada para o virtual, com atenção limitada, mas não podemos fugir ao nosso dever de levar a Palavra de Deus a sério. Embora todo o culto possa ser dirigido pela Bíblia, nossa atitude para com ela será claramente revelada em relação a quanto tempo passamos ouvindo-a ao ser lida e explicada. Pode ser necessário aclimatar gradualmente uma igreja para aumentar a extensão do sermão.

Acessibilidade significa que um pregador não vai igualar a extensão do sermão com a qualidade e reconhecerá que é melhor deixar os ouvintes querendo mais, em vez de ficarem exaustos e entediados. A duração do sermão variará de igreja para igreja, mas a ausência de qualquer controle sobre sua extensão geralmente causará uma péssima disciplina e uma qualidade menor da pregação. As limitações de tempo que vivemos no mundo ocidental colocam um objetivo na preparação, tanto para o culto quanto para o sermão: quanto melhor for a preparação, mais pode ser apresentado em um tempo restrito.

Se estamos certos em nos permitir ser escravizados por essa "tirania do tempo" é um ponto discutível: algumas igrejas se libertaram dela e, assim, proclamar a verdade da Bíblia, de que o Deus, que é o Senhor do tempo, merece mais do que ser espremido por nossos horários superlotados. Outros trabalham dentro da cultura, a fim de serem acessíveis para aqueles que estão presos a ela. Nossa adoração não se limita ao tempo que passamos na igreja. Ela abrange toda a nossa vida. Se houver tempo suficiente na igreja para uma edificação e evangelismo efetivos, limitar os tempos de culto faz sentido, sobretudo quando consideramos os não cristãos que podem achar a duração do culto pouco atraente.

### Prédio da igreja, mobiliário, vestimentas e movimentação

A maioria dos edifícios da Igreja Anglicana reflete a teologia católica medieval em sua arquitetura e, portanto, não são muito úteis para reforçar a mensagem do evangelho. Se a capela-mor, no leste, se tornar a reserva do clero (e possivelmente do coro), facilmente pode parecer que esta é a parte mais sagrada do edifício da igreja. Isto é particularmente perigoso, se a Comunhão tiver lugar no lado leste e se a mesa estiver decorada e tratada como um altar.

Cranmer não instituiu um programa para o reordenamento completo da arquitetura interna de igrejas medievais, mas deixou clara a teologia da Reforma, substituindo o altar medieval por uma mesa móvel instalada longitudinalmente na capela, em ângulo reto com a igreja leste. Os comunicantes então se mudavam para a capela-mor e se ajoelhavam ao redor da mesa para receber o pão e o vinho. Isso deixou claro que a Comunhão é uma refeição.

É impossível dizer até que ponto os edifícios da igreja teriam sido reordenados se Cranmer tivesse vivido mais tempo, se a Reforma magistral tivesse continuado sem ser controlada e se não houvesse reação da restauração do Protestantismo dos anos da Guerra Civil.

O mobiliário, a roupa e a movimentação da igreja, bem como sua arquitetura, são símbolos de convicções e atitudes. Se não tivermos cuidado, eles podem contradizer as doutrinas que estamos tentando ensinar. Por exemplo, hoje, a igreja anglicana argumenta hoje que nenhuma das vestimentas que usa tem significado teológico e que qualquer pessoa, de qualquer posição teológica, pode vesti-las. O intuito é para manter a pretensão de que não existem verdadeiros desentendimentos teológicos dentro da denominação.

No entanto, essas roupas que sempre foram "vestimentas de missa" ainda são usadas para a Comunhão e outros cultos sacramentais por muitos clérigos anglicanos, mas não para a Oração da manhã e da noite. É claro que elas são consideradas uma indicação do ofício sacerdotal e estão em desacordo com a doutrina do *Livro da oração comum*.

Qualquer roupa usada pelo ministro e não pela congregação comunicará um clericalismo que não se ajusta com "o sacerdócio de todos os cristãos". Em termos de acessibilidade também, roupas não são apelativas para uma população, em grande parte convencida de que a igreja é uma questão sem sentido.

Igualmente, importa onde o clero se assenta e fica. Segundo Cranmer, a movimentação do ministro para o lado norte da mesa da Comunhão foi observada como um símbolo da instrumentalidade do ministro nos meios da graça: ele coloca a mesa, lê o evangelho e declara as palavras de Cristo – não mais do que isso. Os detalhes serão diferentes hoje, mas todos os passos devem ser tomados para livrar a congregação de qualquer ideia de que o clero é espiritualmente elevado acima de outros membros da congregação. Nem posições especiais muito menos roupas especiais apontam na direção bíblica (v. Mateus 23:1-13).

Mas essas não são questões de importância primordial e o sábio líder da igreja as tratará com muita sensibilidade. Uma congregação precisa ser ensinada sobre os princípios teológicos corretos da Bíblia, antes de ser solicitada a aceitar mudanças na forma como as coisas são feitas. Mudança sem uma lógica entendida e aceita pelas Escrituras poderá criar calor, mas não trará luz alguma.

### Ano eclesiástico

Na Reforma, Cranmer reduziu grandemente o número de dias santos e festivais no ano eclesiástico. Ele manteve os dias de "letras vermelhas", que eram o mínimo dos dias medievais "*sanctorale*" e de "letras pretas" decorrentes do uso do Calendário da Igreja, para fins legais, comerciais e religiosos. Ele escreveu em seu "Prefácio" que sua antipatia por dias especiais era decorrente da constante interrupção da leitura consecutiva da Bíblia. Ao mesmo tempo, é evidente que o ano eclesiástico estava tão impresso na consciência da nação que, como a Bíblia não o proibia em princípio, ele considerou pragmaticamente útil mantê-lo como em forma de esboço.

Hoje, além do Natal e da Páscoa, o ano eclesiástico tem pouco espaço na cultura popular. Portanto, acompanhá-lo de perto pode ser prejudicialmente perturbador para a leitura consecutiva da Bíblia e o ensino. Mas o Natal e a Páscoa (e outros festivais locais importantes) podem fornecer algumas das melhores oportunidades evangelísticas do ano. Esses serviços decorrentes do festival devem ser tratados como culto para os visitantes. Na verdade, eles podem muito bem se encaixar nos cultos familiares também, caso em que apresentam o duplo desafio de serem acessíveis a pessoas de fora ao mesmo tempo em que são amigáveis para as crianças.

O mesmo se aplica a outros festivais que têm importância local. O Domingo das Mães[86], por exemplo, reúne a maior congregação do ano em alguns lugares; um Festival da Colheita pode fazê-lo em outros contextos. Nessas ocasiões, a familiaridade com o que é cantado pode ser tão importante quanto seu conteúdo doutrinário. Por exemplo, as pessoas virão às Igrejas Anglicanas no Natal, não apenas esperando, mas *querendo* cantar canções tradicionais. Se as decepcionarmos, é improvável que tenhamos aumentado sua disposição de ouvir o evangelho no culto. Mesmo em igrejas que normalmente evitam os pronomes "tu" e "vós", pode ser apropriado reinseri-los para um culto de Natal.

Outros dias especiais no ano cristão podem, naturalmente, proporcionar a oportunidade de culto sobre uma doutrina em especial (Quarta-feira de Cinzas, Sexta-feira Santa, Pentecostes, Dia da Ascensão etc.). O que é cantado e o que é dito podem ser planejados em torno de um único foco em tais cultos.

## CULTOS ESPECIAIS

### Santa Ceia

A Santa Ceia é o culto mais doutrinariamente sensível dentre todos. Já vimos até que ponto os cultos de comunhão revistos foram extraídos do *Livro da Oração Comum*. Porque o culto da Comunhão foi instituído pelo próprio Jesus, o diabo se assegurou de que ele se tornasse um campo de batalha teológico ao longo dos séculos. Portanto, o Culto de comunhão precisa ser tratado com particular sensibilidade.

Será muito fácil transmitir mensagens antibíblicas por meio dele. Por exemplo, a exigência de que o culto deva ser conduzido por um clérigo ordenado é uma cláusula denominacional, não bíblica. Do mesmo modo, não há razão bíblica para que a ministração seja considerada um momento particularmente santo ou edificante no culto e ainda assim a maioria dos cultos anglicanos da comunhão são tratados com um temor especial. Se esse temor não é realmente edificante (mas tende para a superstição), então podemos querer abreviar essa parte do culto, encontrando maneiras de ministrar mais rapidamente o pão e o vinho à congregação.

Uma leitura cuidadosa de 1Coríntios 11 (a única referência específica à instituição da Sagrada Comunhão no Novo Testamento, excetuando-se Lucas 22) nos convencerá de que não recebemos a ênfase do culto de forma

---

[86] Ou "Dia das Mães" em muitos locais de língua inglesa.

muito correta na prática contemporânea. "A Ceia do Senhor, que tem sido tão frequentemente entendida durante toda a história da Igreja como um meio de aprofundar a comunhão pessoal dos cristãos com seu Senhor, é claramente destinada a concentrar os olhos dos participantes uns nos outros, bem como em Deus", diz David Peterson.[87]

O apóstolo Paulo discutiu a Ceia do Senhor usando como pano de fundo as divisões na igreja de Corinto. Ao proclamar "a morte do Senhor até que ele venha" o significado da morte de Jesus na cruz está sendo lembrado. Se desprezarmos uns aos outros em um culto de comunhão, estamos negando a própria importância dessa morte. Para manter como bíblicos nossos cultos anglicanos de comunhão, queremos reafirmar sua [de Cristo] dimensão de homem, bem como sua dimensão divina. E porque o culto da Comunhão é inevitavelmente menos acessível ao visitante que os demais cultos, não deve ser a reunião mais importante de nossa igreja.

### Batismo

Cultos de batismo são alegres. É uma prática da Igreja Anglicana batizar em todas as idades e em todos os sentidos. Os requisitos para o batismo anglicano são de que devem ser feitos em nome da Trindade, com água e no contexto da fé. A água é um sinal de que todas as idades, desde os mais novos aos mais velhos, precisam ter seus pecados perdoados e que o perdão está disponível para todas as idades por meio da cruz de Cristo.

Quando um bebê nasce em uma família cristã com pais cristãos que têm toda a intenção de fazer dessa criança um cristão, a suposição anglicana não é que a criança seja um descrente até que ele ou ela possa escolher acreditar por si mesma, mas que ela já é crente até que (e a esperança reverente é que esse momento nunca virá) ele ou ela quiser escolher não acreditar.

Muitos cristãos que foram criados numa família cristã diriam que não conseguem se lembrar de um momento sequer em que não acreditaram. De uma licença para o batismo infantil indiscriminado. É necessário haver uma clara profissão de fé para os pais e padrinhos (e a liturgia anglicana pode ser "preenchida" nesse ponto por testemunho ou entrevista).

Os cultos de batismo de adultos são uma oportunidade particularmente boa para explicar o evangelho. Ao contrário da Comunhão, o batismo é acessível e, em uma sociedade cada vez menos cristianizada, o fenômeno da conversão adulta está se tornando mais comum e pode ter um forte impacto evangelístico.

---

[87] Peterson, "Worship in the New Testament" [Adoração no Novo Testamento], p. 82.

O modo de batismo é uma questão de escolha individual na tradição anglicana. Um número crescente de igrejas tem batistérios, permitindo a liberdade de espargir ou mergulhar (a rubrica de Cranmer era "mergulhar" a criança "na água de forma discreta e cautelosa").

Se quisermos nos manter em sintonia com o terceiro teste de Cranmer, não permitiremos que a idade ou a forma do batismo se tornem um ponto de discórdia entre os cristãos. Acreditamos que nossa prática anglicana está de acordo com a Escritura. Mas certamente não queremos forçá-la a outros cristãos que têm convicções diferentes.

### Cultos da família

O valor do culto da família – quando pessoas de todas as idades (exceto os bebês) permanecem juntas durante toda a reunião – não deve ser subestimado. Embora todos os momentos de tal culto devam ser amigáveis para as crianças (não é justo manter as crianças conosco e depois ignorá-las), elas não precisam ser consideradas criancinhas. Um sermão mais curto, simplificado e ilustrado, também pode edificar e evangelizar os adultos de forma ativa. Na verdade, pode ser até mais eficaz porque é o meio, e não a mensagem, que foi ajustado.

A verdade espiritual não é meramente entendida intelectualmente pelos seres humanos. Não são apenas os adultos bem-educados que podem se alimentar profundamente da Palavra de Deus. Mas se um culto familiar em forma de conversa pode edificar toda a família, o pregador precisará se preparar integralmente, de forma tão séria, como o faria no caso de preparar um sermão exclusivo para adultos. Mais tempo deverá ser gasto para uma comunicação em nível médio e na dolorosa tarefa de escolher qual parte terá que ser deixada de fora. Mas nunca devemos pensar que ser tratada "de uma mera conversa infantil semana". A maior simplicidade requer uma grande clareza de pensamento e isso exigirá o tipo de compreensão profunda da passagem que vem somente por meio de uma preparação intensa.

Às vezes, os adultos aprendem mais quando não acham que estão sendo o foco direto da mensagem. Eles baixam a guarda quando se sentem espectadores assistindo a um orador falar para as crianças. No entanto, é um erro encorajar a congregação a pensar nesses termos sobre um culto de família. As crianças têm mais necessidade de saber que a Bíblia está sendo levada a sério por seus pais e pelo restante dos adultos da igreja, do que estes necessitam saber que a Bíblia está sendo ensinada às crianças.

A Bíblia não é um livro de moral para ensinar aos nossos filhos como se comportarem corretamente; é um livro por meio do qual todos os cristãos vivem. Portanto, é de vital importância que os filhos da igreja vejam os adultos sendo ensinados pela Bíblia e balizando suas vidas por ela. Portanto, os pregadores devem falar direta e especificamente com os adultos de vez em quando nos cultos para a família e deixar que as crianças saibam que estão fazendo isso. Dessa forma, não pode haver dúvidas na mente de ninguém sobre quão seriamente *todos* nós consideramos a Bíblia.

A comunicação da fé de uma geração para a outra é uma importante preocupação bíblica (particularmente no Antigo Testamento). Embora a Bíblia ofereça poucas garantias para evangelizar os filhos de outras pessoas (apesar de todas as energias cristãs ao longo dos anos que foram empregadas nessa forma de evangelismo), ela nos dá bastante incentivo para evangelizar e edificar toda a família. Em nossa sociedade centrada na criança, os pais jovens geralmente sentem-se felizes se seus filhos estiverem felizes. Um culto de família bem apresentado pode ser muito eficaz do ponto de vista evangelístico, mas vai exigir mais preparação do que um culto normal.

### Culto para visitantes

O mesmo deixar na mesma linha a um culto para visitantes; o teste de acessibilidade terá de ser aplicado implacavelmente. Qualquer coisa inamistosa ao estranho deve ser ponderada com cuidado: deve haver leitura responsiva? Anúncios? Credo? Música? Durante um culto para visitantes, vale a pena observar quantos adultos não estão cantando. Por outro lado, os componentes imediatamente acessíveis, como dramatização, testemunho, apresentação de uma música especial serão excelentes opções.

O tempo de duração do culto e do sermão terão de ser cuidadosamente considerados. O conteúdo bíblico deverá ser restrito às verdades básicas do evangelho. Partes rotineiras do culto, como a Confissão e as Intercessões, podem precisar de explicação adicional. Deve haver uma oportunidade apropriada para que as pessoas respondam ao evangelho – participando de uma reunião posterior, examinando um folheto, encontrando-se com o orador, preenchendo um cartão ou apresentando-se. Caso elas demonstrem maior interesse no evangelho, deve-se disponibilizar informações adicionais – inscrevendo-se para um curso bíblico básico ou reunindo-se com um indivíduo para o estudo da Bíblia e discipulado.

## CONCLUSÃO

Os cultos para visitantes são uma boa forma de terminar um capítulo sobre os cultos de uma denominação, que já moldou a vida nacional do povo inglês, mas agora perdeu espaço. A Igreja Anglicana foi iniciada, e sempre se definiu, pela obra do Arcebispo Thomas Cranmer, consagrada no *Livro da oração comum*, nos *Trinta e nove artigos de religião* e o *Ordinal*. São documentos reformados, evangélicos, escritos sob a autoridade da Bíblia e que expressam a grande verdade bíblica da justificação somente pela graça. Mas ao longo do caminho, a Igreja Anglicana "perdeu seu enredo".

A revisão litúrgica do século 20 foi motivada por um desejo louvável de aumentar a acessibilidade dos cultos anglicanos, para que pudessem ser compreendidos e culturalmente relevantes para o povo inglês comum. Mas a Bíblia não era mais considerada como tendo autoridade e a justificação somente pela graça não era nem compreendida, muito menos aceita pela maioria dos revisores.

Consequentemente, os cultos revisados não foram bem-sucedidos em atrair o povo de volta à igreja. E a cada ano que passa, a Igreja Anglicana desempenha um papel cada vez menos significativo no país. Porém, na verdade, foi a Bíblia que concedeu ao *Livro da oração comum* seu poder espiritual. Não foi o poder inato da maravilhosa habilidade de Cranmer com a língua inglesa, nem a sabedoria e equilíbrio de sua abordagem em relação à mudança e a outras questões importantes.

Se for para voltar a desempenhar um papel na vida nacional inglesa, a Igreja Anglicana tem de recuperar sua razão espiritual para existir. Deus prometeu abençoar a pregação de Jesus Cristo. Ele não prometeu abençoar os distintivos denominacionais. Se os anglicanos continuarem a pregar o anglicanismo e não o evangelho, o anglicanismo continuará a morrer. Mas se, como anglicanos, pregarmos o evangelho, a Igreja Anglicana pode ainda ter futuro nos propósitos de Deus.

Os cultos são a vitrine da igreja. São muito importantes para serem deixados a cargo somente dos peritos da Comissão Litúrgica. Todos os membros da igreja devem entender para que servem os cultos e por que os cristãos se reúnem na igreja. E então devemos recuperar os cultos anglicanos, colocando-os na direção do evangelho.

Reforma e renovação na vida da igreja normalmente vêm de baixo, começando na base. Assim, os anglicanos não devem olhar para os Sínodos e esperar que os Cânones sejam mudados para reorientar nossos cultos em torno da Palavra de Deus. Os cânones da igreja sempre foram ajustados para se acomodarem ao que já aconteceu na igreja local. Eles existem para resolver o conflito dentro da igreja, não para regular (ou estrangular!) a vida eclesiástica.

É nossa responsabilidade ser verdadeiramente anglicanos (no sentido do Cânon A5, como citado) e criar cultos que sejam biblicamente tão relevantes e acessíveis às pessoas comuns quanto os de Cranmer. Devemos fazê-lo para a glória de Deus e para o bem de todos os que ainda não conhecem essa glória.

## APÊNDICE
## COLOCANDO OS PRINCÍPIOS EM PRÁTICA

Não estaria em consonância com o restante deste capítulo fornecer esquemas de culto "modelo". Uma das fraquezas do uso do *Livro da oração comum*, ao longo dos séculos, tem sido a forma como ele tem incentivado o clero da Igreja Anglicana para conduzir os seus cultos sem reflexão e preparo.

Portanto, este apêndice não é uma tentativa de fornecer equivalentes modernos para a Oração da manhã e da noite. No entanto, em muitas situações, não é possível redesenhar os cultos da igreja a cada semana. Os padrões litúrgicos são inevitáveis. Embora o tempo de uma liturgia no nível nacional possa ter passado, ainda há a necessidade de uma boa liturgia local.

Logo, pelo seu valor, três cultos "reais" estão incluídos aqui com um comentário paralelo sobre o material utilizado. Eles foram selecionados aleatoriamente para fornecer exemplos (e não modelos) de como os princípios deste capítulo podem ser colocados em prática.

Os critérios dominantes no planejamento de prover cultos adequados para diferentes ocasiões, direcionados pela Bíblia, são amigáveis aos visitantes e de curta duração (a decisão tomada nessa igreja em particular foi de se esforçar para manter os cultos em aproximadamente uma hora de duração, com cultos "familiares" de 45 minutos. Consulte a discussão sobre o tempo de duração do culto nas páginas 95 e 96).

Este livro foi escrito na época em que o *Livro de cultos alternativos* da Igreja Anglicana deixou de ser usado. O estado atual da revisão litúrgica anglicana permite à congregação local uma considerável liberdade para modelar padrões de culto, que atendam às suas necessidades particulares e que sejam completamente bíblicos.

Novos recursos para cultos religiosos estão sendo publicados o tempo todo, embora poucos deles expressem uma teologia reformada completa. O desafio é descobrir um bom material litúrgico nos livros disponíveis e ajustá-lo a um padrão de culto que equilibre a familiaridade com coisas novas e que seja apropriado para a congregação em questão.[88]

---

[88] Qualquer lista de recursos se torna ultrapassada rapidamente, mas alguns trabalhos úteis no planejamento de cultos (além de hinários e livros de canções) são fornecidos na página 136 no final deste apêndice.

## Primeiro exemplo de esboço de culto

10h30 – 18 de outubro de 1998
Com crianças de 3 a 10 anos[89]
*Boas-vindas*

**HINO**
Cante a Deus novas canções de adoração –
Todas as suas obras são maravilhosas;
Ele nos trouxe a salvação
Com sua mão e seu braço santo:
Ele mostrou a todas as nações
Retidão e poder salvador;
Ele demonstrou sua verdade e misericórdia
Para seu povo Israel.

Cantai a Deus louvores de adoração –
A terra viu sua vitória;
Que as nações da terra sejam alegres
Louvando-o com gratidão:
Soando através da harpa seus louvores,
Cantando melodias para ele;
Que as trombetas soem seu triunfo,
Mostre sua alegria a Deus, o rei!

Cante a Deus novas canções de adoração –
Que o mar faça barulho agora;
Tudo na terra e nas águas
Cante louvores ao Senhor;
Que os montes se regozijem,
Que os rios batam palmas,
Porque com justiça e retidão
Ele virá julgar a terra.

[de *Cantate Domino* (Salmo 98)[90]
(© Michael Baughen/Jubilate Hymns) CCL Licence 1584

---

[89] Bebês e crianças pequenas (i.e., berçário).

[90] Hope Publishing Company. Carol Stream, IL 60188. Todos os direitos reservados. Usado com permissão.

## Comentário

**Introdução** – Realizou-se um culto de comunhão normal às 10h30 com dois berçários (crianças e bebês de colo) permanecendo ao longo do culto e com o programa para crianças de 3 a 10 anos (chamadas *Aventureiros*), começando após os avisos.

A ordem de culto foi impressa na parte interna de uma folha A4 dobrada, com os avisos da semana nas duas páginas externas (as letras dos hinos e cânticos não foram impressas na ordem do culto, mas projetadas em duas telas. Uma folha separada com as letras foi oferecida àqueles que preferiram usá-la). A programação para crianças foi destacada no início da ordem de culto, porque era acolhedora àqueles que foram atraídos para a igreja pelo trabalho das famílias.

**Boas-vindas** – As boas-vindas foram dadas com referência especial a determinados grupos, como os visitantes internacionais. Um resumo do culto foi apresentado. Os membros da congregação tiveram a oportunidade de se cumprimentar e preencher quaisquer lacunas nas fileiras dos bancos, enquanto as folhas com as letras foram entregues para aqueles que indicaram que gostariam de ter uma. Após o período de saudação, o líder leu um versículo da Escritura que conduziu a congregação para as palavras do hino que seriam cantadas em seguida (Salmos 98:1).

**Hino** – Esse hino moderno (baseado no salmo 98) foi escolhido para um começo de culto animado, moderadamente familiar. Entre as desvantagens estava o fato de não ser um hino tradicional (e por isso é menos conhecido para o visitante da igreja); as palavras da primeira linha poderiam reforçar a ideia de que a adoração é igual ao canto, a menos que o significado da palavra no Novo Testamento fosse brevemente explicado, quando o hino foi introduzido; e não há nenhuma ligação óbvia entre o hino e a passagem bíblica principal do culto.

---

**CONFISSÃO**
*[Juntos]*

Deus Todo-poderoso, nosso Pai celestial, pecamos contra ti em pensamentos, palavras e ações, por negligência, por fraqueza, por nossa própria culpa deliberada.

Estamos verdadeiramente pesarosos e arrependidos de todos os nossos pecados. Por amor de teu Filho Jesus Cristo, que morreu por nós, perdoa todo o nosso passado; e concede [teu favor para] que possamos servir-te em novidade de vida, para a glória do teu nome. Amém.

### GARANTIA DO PERDÃO

### CÂNTICO

O amor de Jesus é maravilhoso,
O amor de Jesus é maravilhoso,
O amor de Jesus é maravilhoso,
Oh, maravilhoso amor!

Tão alto, que você não pode alcançá-lo,
Tão profundo, que você não pode estar abaixo dele,
Tão amplo, que você não pode abraçá-lo,
Oh, maravilhoso amor!

(H.W. Rattle © Scripture Union) CCL 1584[91]

### AVISOS

*[Coleta]*

(Os aventureiros se retiram)

### ORAÇÕES

**Confissão** – A vantagem dessa confissão é o fato de estar centrada em Deus (ao contrário de focar em como ferimos outras pessoas). No entanto, não enfatiza a ira de Deus em relação ao pecado e pode cair no perigo de muitas outras confissões anglicanas: de que as pessoas pensem que o evangelho oferece apenas um perdão temporário a cada semana. O salmo 98:8,9 poderia ter proporcionado uma boa ligação entre o primeiro hino e o ato de confissão.

**Garantia do perdão** – A garantia do perdão é uma declaração espontânea do compromisso de Deus em perdoar aqueles que se achegam a ele, confessando com humildade, com base num versículo da Bíblia (o salmo 98:1

---

[91] Reimpresso com permissão.

poderia ter sido usado novamente, ou 1Coríntios 2:2). É difícil assegurar que não tenha sido dada uma falsa segurança aos não convertidos, ao mesmo tempo em que se declarou claramente o perdão ao convertido e ao penitente.

**Cântico** – Nesse ponto do culto, as crianças menores foram convidadas a participar do acompanhamento musical, e uma variedade de pandeiros, tambores, címbalos, triângulos, chocalhos e outros instrumentos musicais semelhantes lhes foram oferecidos. Portanto, o hino foi escolhido tanto pelo ritmo animado, quanto pelas palavras que se conectavam naturalmente com a garantia de perdão (às vezes, em lugar do acompanhamento musical das crianças, a igreja toda poderia ser convidada a se juntar às ações de um hino como esse).

**Avisos e coleta** – O momento da coleta chegou com a clara informação de que ninguém tinha obrigação de participar ("As pessoas ofertam de muitas maneiras diferentes coisas também diferentes e se este não for o momento apropriado para você contribuir, por favor, apenas passe adiante a sacola da oferta quando ela chegar até você, como muitos estarão fazendo"). A coleta foi feita dessa forma (passando sacolas pela igreja), porque é uma maneira de enfatizar que nossa adoração envolve toda a nossa vida e não apenas certos atos rituais como cantar ou orar.

Para que fossem ouvidos pelas crianças e pelos líderes de trabalho com elas, os avisos foram dados nesse momento para que houvesse um foco natural no meio do culto, na vida da igreja, durante o restante da semana. Ouvir os avisos não é menos espiritual do que qualquer outra coisa que acontece em um culto. No fim dos avisos, as crianças (ou *Aventureiros*) saíram. O termo "escola dominical" foi evitado porque tem muitas conotações inúteis (particularmente ligando, com muita semelhança, a comunicação da fé com o sistema educacional superdesenvolvido do mundo ocidental).

**Orações** – Iniciar as orações de intercessão nesse momento apresentava a desvantagem de começá-las com o barulho das crianças e seus líderes deixando o recinto. Feitas depois, trouxe a vantagem de poderem ser mais longas e complexas do que se tivessem sido feitas na primeira parte do culto, com mais adaptações às crianças.

## HINO-TEMA

Tola é a sabedoria do mundo,
suas certezas desmentidas
pela sabedoria da loucura de Deus
que é o Cristo crucificado.

Cristo é minha força, minha justiça,
que destrói o orgulho mundano,
Deus, concede que eu nada saiba
a não ser o Cristo crucificado.

Ele escolheu o fraco para envergonhar o forte,
o louco para envergonhar o sábio,
ele exaltou as coisas humildes
que os filósofos desprezam.
Cristo é minha força...

A loucura da mensagem da cruz
pregamos, embora dela alguns zombem,
nós, tolos por Jesus, não podemos nos vangloriar
como salvos pelo Cristo crucificado.
Cristo é minha força...

(Hillary Jolly)[92]

## LEITURA

1Coríntios 1:17-2:5, página 1144.

## SERMÃO

*O poder de Deus*

Não podemos experimentar o poder de Deus enquanto estivermos apegados à nossa "sabedoria" humana.
Deus se tornou fraco: Cristo crucificado 1:17-25
Deus escolheu o fraco 1:26-31
Deus usou a fraqueza 2:1-5
O resultado: a fé descansando no poder de Deus 2:5

---

[92] © Jubilate Hymns Ltd. Admin. por Hope Publishing Company, Carol Stream, IL 60188. Todos os direitos reservados. Usado com permissão.

> **COMUNHÃO**
> *(Quando o pão vier para você onde está assentado, se quiser compartilhá-lo, por favor, tome um pedaço, passe a bandeja para o seu vizinho, talvez com as palavras "dado por você" e depois coma o seu pão. Quando a taça chegar até você, tome um gole e depois passe para o seu vizinho, talvez com as palavras "derramado por você". Se não quiser compartilhar da comunhão, por favor, passe os dois símbolos adiante. Durante a administração haverá alguns cantos suaves. Se você quiser, participe.)*

**Hino-tema** – Esse cântico havia sido escrito especialmente por dois membros da igreja, para apoiar a série de sermões sobre 1Coríntios. Tanto a letra quanto a melodia haviam sido criteriosamente revistas e comentadas por outros e o hino foi cantado a cada domingo, com vários versos sendo adicionados e outros removidos, conforme os sermões progrediam por meio da carta de Paulo (por exemplo, um verso alternativo para 1Coríntios 5):

> Que o fermento do pecado e da vergonha
> não aja no pão de Cristo.
> Jesus, o impecável Cordeiro de Deus
> foi por nós sacrificado.

**Leitura** – O cântico temático já havia direcionado a igreja para a passagem da carta de Paulo aos Coríntios, que deveria ser pregada. A leitura se sobrepôs à da semana anterior (que terminou em 1Coríntios 1:25), a fim de ajudar a igreja a compreender o fluxo da carta.

O encarregado da leitura encorajou os presentes a acompanharem a leitura na *Nova versão internacional* da Bíblia, cujos exemplares já estavam distribuídos nos assentos.

**Sermão** – O título do sermão tinha sido mudado em relação à sua versão original no programa da igreja. Enquanto o pregador lidava com o texto em sua preparação, ele havia decidido que o título planejado não era apropriado. O sermão tentou retomar o tema da semana anterior (ponto 1). Era uma exposição direta dos versículos, mas dirigida especificamente tanto ao público não cristão, quanto aos cristãos. Houve aproximadamente 20 minutos de duração, porque era um culto de Comunhão (e havia uma referência específica à comunhão contida no sermão).

**Comunhão** – O longo parágrafo entre colchetes e expressões em itálico foi necessário para explicar aos visitantes e aos não cristãos como a administração da comunhão aconteceria, de modo que eles não se sentissem ansiosos pela possibilidade de serem pegos de surpresa ou por estarem constrangidos. O líder deu uma calorosa saudação de boas-vindas à mesa do Senhor a todos os fiéis, enquanto advertia a igreja sobre as graves consequências de participar do pão e do vinho despreparadamente. Ele tentou fazer isso de uma maneira amigável e bem fundamentada.

Uma desvantagem desse culto foi a mudança abrupta do final do sermão para a comunhão. O líder tentou diminuir essa sensação de ruptura ao permitir um breve tempo de silêncio e usar um versículo da Bíblia para atrair a atenção da congregação para a Ceia do Senhor.

---

**ORAÇÃO DE ADMISSÃO DE HUMILDADE**
*[Todos juntos]*

Nós não temos a pretensão de vir a esta tua mesa, Senhor misericordioso, confiando em nossa própria justiça, mas em tuas abundantes e grandes misericórdias. Não somos dignos sequer de recolher as migalhas debaixo da mesa. Mas tu és o mesmo Senhor que te deleitas em mostrar misericórdia. Concede-nos, pois, Senhor, que ao comer este pão e beber este vinho, nosso corpo e alma sejam purificados pelo corpo e pelo sangue de Cristo, para que possamos morar eternamente nele e ele em nós. Amém.

**ORAÇÃO DE GRATIDÃO**
*[Todos juntos]*

Deus Todo-poderoso, nosso Pai celestial,
nós te agradecemos que em tua terna misericórdia
tenhas dado teu único Filho Jesus Cristo
para sofrer a morte na cruz para nossa redenção;
ele fez ali uma expiação completa pelos pecados do mundo todo,
oferecendo de uma vez por todas o único sacrifício de si mesmo;
ele instituiu e em seu santo evangelho nos ordenou continuar,
uma memória perpétua de sua preciosa morte até que ele volte.

Na noite em que foi traído,
tomou o pão e, tendo dado graças,
partiu-o e deu aos seus discípulos, dizendo:
"Isto é o meu corpo, que é dado em favor de vós;
façam isto em memória de mim."

Da mesma forma, depois da Ceia, ele tomou o cálice e disse:
"Este cálice é a nova aliança no meu sangue que foi derramado por vós e por muitos para perdão dos pecados;
fazei isto, sempre que o beberem, em memória de mim." Amém.

**MISTRAÇÃO**

**HINO**

É teu sangue que me purifica.
É teu sangue que me dá vida.
Foi teu sangue que pagou o preço
no sacrifício redentor;
e me lava, tornando-me mais alvo do que a neve, do que a neve,
Senhor Jesus, precioso sacrifício de Deus.

(Michael Christ © 1985 Mercy Publishing/Thankyou Music)
CCL Licence 1584[93].

**Oração de admissão de humildade** – O líder então convidou a igreja a unir-se em uma oração de admissão de humildade, ligeiramente adaptada para fortalecer a teologia. A oração serviu como um valioso lembrete da base sobre a qual recebemos o pão e o vinho na comunhão.

Entre a oração de admissão da humildade e a oração de ação de graças, o líder usou alguns dos versículos conhecidos como "Palavras de conforto" do culto anglicano de comunhão (Mateus 11:28; João 3:16; 1Timóteo 1:15; 1João 2:1).

**Oração de gratidão** – O líder convidou a congregação a juntar-se a ele para recitar esta oração (a versão moderna do *Livro de culto alternativo* dos anos 1980, versão moderna da oração de Cranmer). Foi dita em conjunto para evitar sugerir que o líder fosse considerado um "sacerdote", que transforma o pão e o vinho no corpo e no sangue de Cristo por meio de suas palavras. O objetivo era concentrar-se unicamente na expiação em vez de nas outras diversas partes do ministério de Cristo e das obras de Deus, ou sobre o que oferecemos a Deus.

**Ministração** – No fim da oração de ação de graças, o líder fez um convite para a mesa do Senhor: "Aproximem-se com fé; comamos e bebamos

---

[93] Todos os direitos reservados. Reimpresso com permissão.

em memória da morte de Jesus por nós e nos alimentemos dele em nossos corações com fé e ação de graças", durante a qual os diáconos se apresentaram e distribuíram pão e vinho por todo o templo. Um grande número de diáconos foi mobilizado para abreviar a ministração tanto quanto possível.

**Hino** – Durante a ministração, o hino foi cantado, primeiramente de modo muito suave pelos músicos, começando em poucos minutos a ministração. As palavras focalizaram a congregação no significado da comunhão e a estrofe foi repetida até que todos recebessem o pão e o vinho. Gradualmente, mais membros da congregação se juntaram aos músicos no cântico.

**ORAÇÃO**
*[Todos juntos]*
Deus Todo-poderoso, nós te oferecemos nossa alma e corpo, para ser um sacrifício vivo, por Jesus Cristo nosso Senhor. Envia-nos para o mundo, no poder do teu Espírito, para viver e trabalhar para o teu louvor e glória. Amém.

**HINO**
A Deus demos glória com grande fervor,
Seu Filho bendito por nós todos deu.
A graça concede ao mais vil pecador,
Abrindo-lhe a porta de entrada no céu.

Coro:
Exultai! Exultai! Vinde todos louvar
A Jesus Salvador; a Jesus Redentor.
A Deus demos glória, por quanto do céu,
Seu Filho bendito por nós todos deu.

Oh! Graça real! Foi assim que Jesus,
Morrendo, seu sangue por nós derramou!
Herança nos céus, com os santos em luz,
Comprou-nos Jesus, pois o preço pagou.

A crer nos convida tal prova de amor,
Nos merecimentos do Filho de Deus.
E quem, pois, confia no seu Salvador,
Vai vê-lo sentado na glória do céu.

**ORAÇÃO FINAL**
[Chá e café serão servidos em seus assentos.]

**Oração** – Essa oração foi feita em conjunto no final da ministração porque se concentrava na nossa resposta correta à Ceia do Senhor: a adoração no mundo.

**Hino** – Esse hino familiar e tradicional proveu uma boa conclusão para o culto. Tem uma melodia despertadora; ele direcionou a igreja tanto para as verdades do sermão ("amou tanto o mundo que nos deu seu Filho") quanto para a comunhão ("que deu sua vida em expiação pelo pecado"), bem como no convite para a resposta ("Venha ao Pai através de Jesus, o Filho e dê a ele a glória, grandes coisas que ele fez").

**Oração final** – A oração final foi uma bênção com o mesmo tema do sermão.

Depois de uma pausa silenciosa, durante a qual um dos líderes do culto e o pregador foram até a porta da igreja, os músicos começaram a tocar calmamente e chá e café foram trazidos em bandejas pelos diáconos para a congregação onde estavam sentados (isso permitiu uma distribuição mais rápida das bebidas e parece encorajar melhor as conversas na igreja em vez deconvidar os participantes para tomar chá e café na cozinha. É também mais eficaz para encorajar os presentes a permanecerem e a conversarem entre si).

## CONCLUSÃO

Ao mesmo tempo em que poderia claramente ter sido melhor em determinados momentos, o culto pareceu funcionar bem. Durou um pouco mais de uma hora (e o sermão teve de ser limitado a 20 minutos para se adequar ao tempo).

O culto foi conduzido por quatro pessoas diferentes (incluindo o pregador), a primeira das quais era uma mulher que fazia parte da liderança; ela deu as boas-vindas no começo e conduziu os trabalhos até a canção das crianças ("o amor de Jesus é muito maravilhoso"). Um membro do grupo, do sexo masculino, apresentou os avisos e convidou os *Aventureiros* para sair.

As orações foram conduzidas por uma jovem da congregação, que também introduziu o hino-tema e leu a passagem de 1Coríntios; o pastor pregou o sermão e conduziu a comunhão até sua ministração. A oração pós-comunhão, o hino final e a oração foram todos conduzidos por uma senhora responsável pela liderança. O fato de ter líderes diferentes para várias partes do culto permitiu uma preparação mais concentrada e cuidadosa do que teria sido, caso apenas uma pessoa tivesse feito tudo (ou a maior parte) da condução do culto.

Uma das fragilidades do culto foi a dificuldade que se encontrou em reunir todas as suas várias partes, em especial com a ênfase em ter os momentos das crianças antes dos avisos, para se concentrar depois nos adultos durante as orações e o sermão, seguidos pela comunhão. Os vínculos cuidadosos, mas breves, entre os diferentes itens, deram continuidade e "lógica espiritual" que de outra forma teriam faltado.

## Segundo exemplo de esboço de culto

17h – 8 de novembro de 1998
Culto para visitantes com Desbravadores (11-14) e instalações para crianças

*Boas-vindas*

**HINO**

Minha canção é sobre um amor desconhecido,
o amor do meu Salvador por mim;
amor por aqueles que não recebem amor,
que podem ser amados:
mas quem sou eu que, por minha causa,
meu Senhor se tornou frágil ser humano e teve de morrer?

Ele desceu do trono do céu
para dar salvação;
mas eles recusaram;
e nenhum dos amados por Cristo saberia:
este é meu amigo, meu amigo de fato,
que para suprir minhas necessidades sua vida deu.

Com grandes gritos de ira, eles destruíram
meu querido Senhor;
salvaram um assassino,
o Príncipe da vida eles mataram!
Contudo, de boa vontade ele carrega a vergonha
para que, por meio de seu nome, todos pudessem ser livres.

Aqui eu posso permanecer e cantar
sobre ele, a quem minha alma adora;
nunca houve tal amor, querido rei,
nunca houve tal tristeza como a tua!

Esse é meu amigo, em cujo doce louvor,
todos os dias eu gastaria com prazer.

(S. Crossman © in this version Jubilate Hymns)
CCL Licence 1584[94].

**CONFISSÃO**

Senhor, o único Deus,
compassivo e gracioso,
tardio em irar-se e cheio de amor:
fica conosco agora.

Juiz do culpado,
nós temos sido teimosos,
nós nos rebelamos contra ti;
perdoa a nossa maldade e nosso pecado,
e recebe-nos como teus;
através de Jesus Cristo, nosso Senhor. Amém.

(Extraído de *Bible Praying* [Orando a Bíblia],
Michael Perry, Fount #69).

**GARANTIA DO PERDÃO**
**ENCENAÇÃO** "Não toque"

**AVISOS** *[Coleta]*
*(Desbravadores saem]*

**CÂNTICO**
Quão profundo é o amor do Pai por nós,
tão vasto, além de qualquer medida,
que ele deu seu único Filho
para fazer de um miserável o seu tesouro.
Quão grande é a dor de uma perda abrasadora:
o Pai volta seu rosto para longe,
como feridas que desfiguram o escolhido
que trazem muitos filhos para a glória.

Eis o homem sobre a cruz,
meus pecados sobre seus ombros;
envergonhado, ouço minha voz de zombaria

---

[94] Admin. por Hope Publishing Company, Carol Stream, IL 60188. Todos os direitos reservados. Usado com permissão.

gritar entre os escarnecedores.
Foi meu pecado que o manteve ali
até que tudo tivesse sido cumprido;
seu alento moribundo me trouxe vida –
Deus sabe que tudo foi consumado.

Eu não me orgulharei de nada,
de nenhuma riqueza, nenhum poder, nenhuma sabedoria;
mas eu me gloriarei em Jesus Cristo,
em sua morte e ressurreição.
Por que eu deveria me beneficiar com seu sacrifício?
Não posso dar uma resposta,
mas isso eu sei, de todo o meu coração,
suas feridas pagaram meu resgate.

(Stuart Townsend © 1995 Kingsways Thankyou Music)
CCL Licence 1584[95].

**ORAÇÕES**

**Comentário**

**Direção** – Esse foi o primeiro domingo de uma semana de eventos evangelísticos. O padrão do culto não foi radicalmente diferente do normal, mas seu direcionamento foi orientado para os visitantes.

O horário do culto vespertino às 17h provou ser adequado para a realidade dessa igreja em particular, embora essa tenha sido uma descoberta providencial decorrente da necessidade de aliviar a pressão sobre o culto da manhã, incentivando mais a congregação a participar do culto da noite.

As instalações para as crianças possuíam uma sala com brinquedos (em vez de ter apenas um grupo de cuidadores). Havia um alto-falante na sala para transmitir o culto e o sermão. Esse não era um arranjo adequado para os visitantes que trouxeram seus bebês, embora fosse o suficiente para as mães que já eram membros regulares.

**Boas-vindas** – O pastor começou a dirigir o culto e conduziu para a Garantia do Perdão. As instruções para a liderança reforçaram a necessidade de "fazer tudo de forma a ser facilmente compreendido e deixar de lado os jargões".

---

[95] Todos os direitos reservados. Reproduzido aqui com permissão.

**Hino** – O hino pareceu inadequado para iniciar um culto de visitantes. Era muito subjetivo e induzia os convidados a cantar palavras de fé nas quais eles poderiam não acreditar. No entanto, tratava-se de um clássico, que tem conteúdo bem compreensível para o visitante. Apenas quatro dos seis versos foram cantados: o objetivo geral do culto para convidados era manter sua duração dentro de uma hora.

**Confissão e garantia do perdão** – Essa parte tinha os mesmos problemas de todas as confissões gerais quando os não cristãos estão presentes; e teria de ser introduzida cuidadosamente, desencorajando as pessoas a orá-la sem fé e indicando que a confissão é um grande benefício para o povo de Deus.

**Encenação** – Tratava-se de uma mímica: uma pessoa passou por uma cadeira que continha um aviso dizendo "não toque". Ela voltou, intrigada, tentou tocá-la e sua mão ficou presa a ela. Ela ficou cada vez mais presa e, realmente, estava sentada na cadeira, incapaz de se mover. Outro ator viu sua situação, apontou para a Palavra de Deus e ela foi libertada. Pareceu muito mais forte no seu desempenho do que parecia descrita no papel! O pregador se referiu a essa encenação no sermão.

**Avisos** – Um membro da equipe responsável começou a liderar a partir desse ponto e conduziu até as orações. Ele estava ciente da presença dos visitantes e, portanto, da necessidade de ser breve e não usar nomes ou expressões incompreensíveis para o não membro. Houve uma coleta no início dos anúncios. E embora tenha sido declarado (que não havia necessidade de participar da coleta), provavelmente foi um erro incluir essa parte em um culto para visitantes.

**Cântico** – Tudo começa como um bom cântico, objetivo, moderno, em seu primeiro verso, embora vá se tornando mais subjetivo em sua parte final. Outra escolha incomum num culto para visitantes. Com relação ao segundo verso, não é verdadeiro o conceito de que "o meu pecado" manteve Jesus na cruz "até que tudo tivesse sido cumprido" – era na verdade a ira, a justiça e a misericórdia de Deus "que o manteve lá" e um apropriado ajuste às palavras poderia ter sido feito aqui.

**Orações** – Apenas três orações foram feitas, cada uma de curta duração e com palavras apropriadas para visitantes. Foram incluídas orações para as necessidades do mundo e questões que estavam além das necessidades dessa igreja em particular, de modo que tivessem também uma visão externa e pudessem ser facilmente compreendidas.

**CÂNTICO**

O Senhor, meu pastor, conduz minha vida,
e me dá tudo o que eu preciso;
ele me conduz a riachos refrescantes,
em pastagens verdes eu me alimento.

O Senhor restaura minhas forças esvaídas
ele se torna minha alegria;
e no caminho reto, por causa do seu nome,
ele guia meus pés hesitantes.

Embora possa estar num vale escuro como a morte,
não temo nenhum mal;
o seu cajado de pastor protege meu caminho,
porque tu comigo estás.

Enquanto todos os meus inimigos observam
tu me ofereces um banquete real;
tu enches meu cálice, unges minha cabeça,
e me tratas como um convidado.

Tua bondade e teu amor gracioso
acompanha-me todos os dias;
tua casa, ó Senhor, será a minha casa –
teu nome, meu louvor infinito.

Ao Pai, ao Filho e ao Espírito, o louvor!
a Deus, a quem adoramos
seja o louvor, a glória, poder e amor,
desde agora e para sempre.

(Do Salmo 23)
(© nessa versão, Christopher Idle/Jubilate Hymns).[96]

**LEITURA** Gênesis 3:14-24

**SERMÃO** O Paraíso perdido

**HINO**
Eu não posso dizer por que aquele que os anjos adoram
pode amar os filhos dos homens,

---

[96] Admin. por Hope Publishing Company, Carol Stream, IL 60188. Todos os direitos reservados. Usado com permissão.

> ou por que, como pastor, ele deve buscar os perdidos
> para trazê-los de volta e eles não sabem como nem quando.
> Mas isto eu sei, que ele nasceu de Maria
> e que a manjedoura de Belém era seu único lar;
> que ele viveu e trabalhou em Nazaré;
> e foi assim que o Salvador, o Salvador do mundo veio.

**Entrevista/testemunho** – Esse foi um entre diversos testemunhos durante a semana de eventos evangelísticos. Apresentou uma jovem de vinte e poucos anos que recentemente havia se convertido. O testemunho foi preparado com bastantes detalhes e ela foi encorajada a ter um foco firme, tanto nos aspectos teológicos quanto na duração de seu testemunho.

**Cântico** – Trata-se de uma versão moderna do salmo 23, cantada para "o irmão James Air"; uma música folclórica secular, em vez de ter um pouco da religiosidade de "Crimond". Foi um erro usá-la em um culto para visitantes porque, embora melodias folclóricas possam se transformar em um novo hino/canção que pareça familiar, tende a se tornar desconcertante quando palavras ou melodias familiares são adulteradas. O salmo 23, "Crimond", é uma das poucas peças musicais sacras muito conhecidas fora da igreja. Qualquer novato ou convidado que ouviu a música na ordem de culto reconheceria que se tratava de "Crimond", mas que tanto as palavras quanto a melodia haviam sido alteradas.

**Leitura** – Essa passagem se encaixava em uma série de sermões sobre os primeiros capítulos do Gênesis em que a igreja estava envolvida. Também se enquadrava na natureza evangelística de um culto para visitantes. Ela foi lida por uma jovem, o que pode ter melhorado o equilíbrio de gênero do culto, que normalmente fica um pouco distante demais para as mulheres.

**Sermão** – O orador visitante da semana foi preparado para se inserir na série de sermões, mas ele tratou a passagem de forma que foi possível extrair daí seu apelo evangelístico. Inclusa em cada ordem de culto, havia um cartão convidando os participantes a indicar se desejavam prosseguir estudando questões apresentadas a um dos vários cursos "Descobrindo o cristianismo" que estavam prestes a começar na igreja. O pregador sugeriu que as pessoas completassem seus cartões de inscrições e os deixassem nas urnas colocadas na parte de trás da igreja, à medida que saíssem. Também sugeriu que se alguém quisesse prosseguir um pouco mais com o estudo, na mesma noite, poderia ficar por um breve período no fim do culto.

**Hino** – Nesse ponto, o pastor assumiu a liderança do culto. Esse hino foi uma boa escolha, porque conduziu o evangelho novamente para um hino tradicional, o familiar "Há um país" ("Danny Boy")[97]. O hino tem um viés agnóstico na primeira metade de cada versículo, mas é claramente objetivo sobre os fatos do evangelho na segunda metade de cada verso. Cantamos apenas o primeiro, o segundo e o terceiro versos – o que teria ocupado demasiado tempo para o fim de um culto de visitantes, se tivéssemos cantado todas as quatro estrofes.

---

Não sei dizer quão silenciosamente ele sofreu
como com sua paz ele agraciou este lugar de lágrimas,
nem como seu coração sobre a cruz foi despedaçado,
a coroa da dor por 33 anos.
Mas isso eu sei, ele cura o coração partido
e leva o nosso pecado e acalma o nosso temor persistente,
e leva a carga do que está oprimido,
pois ainda o Salvador, Salvador do mundo, está aqui.

Eu não posso dizer como ele vai conquistar as nações,
como ele reivindicará sua herança terrenal,
como satisfará as necessidades e aspirações
de Leste e Oeste, do pecador e do sábio.
Mas eu sei que toda a carne verá a sua glória,
e colherá a tudo o que semeou,
e em algum dia feliz seu sol brilhará no esplendor
quando o Salvador, Salvador do mundo se tornar conhecido.

(W. Y. Fullerton) CCL Licence 1584.

**ORAÇÃO FINAL**
**Após o encontro**
[Chá e café serão servidos em seus assentos].

---

**Oração final** – Teve como foco as verdades do evangelho para os que estavam ainda indecisos.

**Após o encontro** – A reunião foi realizada em um canto da igreja, começando imediatamente após o término do culto. As cadeiras foram colocadas

---

[97] No Brasil, esse hino é geralmente conhecido como "Há um país nas terras de além rio...", mas a letra indicada aqui não tem semelhança com a letra usada em português (N. do T.).

em semicírculo com as costas para as paredes e o pregador falou a um pequeno grupo por mais dez minutos, explicando como eles poderiam responder ao evangelho e fazendo uma oração modelo para que eles pudessem seguir.

## Conclusão

Esse culto não funcionou bem. O planejamento foi apressado e os princípios que deveriam governar um culto para visitantes foram muitas vezes ignorados. É sempre difícil detectar isso com antecedência, mas a experiência de um culto mal planejado confirma a necessidade de levar os princípios a sério e trabalhá-los cuidadosamente na prática.

---

### Terceiro exemplo de esboço de culto

**10h30 – 3 de janeiro de 1999**
**Culto da família unida com a orquestra jovem de música e as crianças**

*Boas-vindas*

**HINO**

Com alegria, como os homens de antigamente
contemplaram a estrela que os guiou,
como, com alegria, eles saudaram sua luz,
seguindo em frente, seu brilho cintilante:
Então, Senhor mui amoroso, que possamos
cada vez mais ver teu esplendor.

Como com passos alegres eles se apressaram
para se curvar diante da manjedoura,
para dobrar os joelhos diante de
Cristo, que o céu e a terra adoram:
Assim, com passos cada vez mais rápidos,
que busquemos o teu trono de graça.

Jesus Santo, todos os dias
que nos mantenhas no caminho estreito,
e quando as coisas terrenas tiverem passado,
traze, por fim, nossa alma resgatada;
onde não se precisa de estrela para guiá-la,
onde nenhuma nuvem sua glória esconde.

> Na brilhante cidade celestial
> ninguém necessitará de luz –
> Tu, tua luz, tua alegria, tua coroa,
> o teu seu sol, que nunca se põe;
> lá para sempre podemos cantar
> aleluias ao nosso rei.
>
> (W. C. Dix © in this version Jubilate Hymns) CCL Licence 1584.[98]

### Comentários

**Direção** – Esse foi um culto destinado a todas as idades, com a exceção de bebês de colo e crianças pequenas). É necessário que esse culto seja feito aproximadamente uma vez por mês, para permitir que aqueles que se empenham no trabalho com as crianças da igreja possam ter uma pausa.

O objetivo é proporcionar um culto apropriado para as crianças, embora não tão infantil, e que dure cerca de 45 minutos.

**Boas-vindas** – O pastor deu início ao culto. Ele também mencionou o "cartão de boas-vindas" que poderia ser preenchido por qualquer um que tivesse começado a frequentar a igreja regularmente, mas sem ter sido identificado e recebido pela equipe. A palavra "bem-vindo" não foi colocada na ordem do culto porque poderia parecer forçada. Iniciou-se com uma introdução habitual, anunciando que se tratava de um "culto da família unida" explicando que ele poderia ser mais ruidoso do que o habitual, o que era considerado perfeitamente aceitável. Um bom número de músicos infantis estava envolvido na programação, tocando no grupo conhecido como a Orquestra de Jovens; eles foram saudados no início, bem como os visitantes e convidados. A oferta para os departamentos infantis foi enfatizada.

**Hino** – Mostrou-se apropriado para a ocasião e estava relacionado com a passagem bíblica. Proporcionou um início familiar e adequado para o tempo do culto. Foi introduzido com uma citação de Mateus 2:1,2.

---

[98] Admin. por Hope Publishing Company, Carol Stream, IL 60188. Todos os direitos reservados. Usado com permissão.

## CÂNTICO DE CONFISSÃO
*[Todos juntos]*
Pelas coisas que eu fiz de errado,
coisas das quais me lembro muito bem,
ferindo-te e àqueles a quem amo,
sinto muito, ó Deus.

Ajuda-me, Pai, agora eu suplico,
que tires todo o pecado e a culpa,
que limpes os segredos do meu coração,
que enchas cada parte de minha vida.

## GARANTIA DE PERDÃO
### Cântico de Natal
Não foi a luz brilhante, mas a luz das estrelas
que mostrou aos pastores onde estava o bebê.
Não são os presentes, mas é a dádiva
do Senhor para nós no dia de Natal.
Ele deu Jesus, Jesus, vamos permanecer ao lado de Jesus;
Ele é a razão pela qual celebramos essa festa.
Jesus é o Salvador que estávamos esperando.

Jesus, o Salvador do mundo, é o caminho,
assim eu seguirei o Salvador do mundo.
Mesmo com toda a urgência e preocupação
presentes a cada dia em nossa vida atarefada,
Senhor, que possamos brilhar e que possamos iluminar
como lâmpadas que apontam sempre para ti.
Jesus, Jesus, dá o teu coração a Jesus,
ele é a razão pela qual celebramos essa festa
Jesus é a pessoa a quem adoramos e louvamos.

(Anita Davidson)

## AVISOS
*[Coleta]*

## ORAÇÕES
### Cântico de Natal
Nós somos três reis do Oriente,
trazemos presentes e viemos de longe –

> por campos e rios, montes e vales –
> seguindo aquela estrela.
>
> Oh, estrela maravilhosa, estrela da noite,
> estrela de real beleza:
> guiando na direção do oeste,
> e sempre em frente,
> guia-nos à luz perfeita!
>
> Nasceu o rei na planície de Belém –
> ouro eu trago para coroá-lo novamente:
> rei para sempre, que nunca deixará de estar
> sobre todos nós para reinar.
>
> Oh, maravilhosa estrela...
>
> Incenso para oferecer eu tenho –
> o incenso fala da divindade que está perto;
> oração e louvor estão sendo oferecidos:
> adore-o – o Deus, o Altíssimo!
>
> Oh, maravilhosa estrela...
>
> A mirra é minha – seu perfume amargo
> representa uma vida de melancolia:
> tristeza, suspiro, sangue, morte,
> selado na tumba fria de pedra.
>
> Oh, maravilhosa estrela...

**Cântico de confissão** – Há alguns anos, esse cântico havia sido escrito por um membro da congregação para atender à necessidade de confissão, ele foi feito de uma maneira elaborada, mas o conteúdo é simples. Foi cantada com a congregação sentada. A melodia era muito fácil mesmo para aqueles que não a conheciam anteriormente.

**Cântico de Natal** – Essa foi uma nova canção escrita por um membro da congregação. É de grande valor cantar canções escritas por membros, porque incentiva a todos da igreja a pensar que eles possuem talentos que podem ser usados em benefício dos outros.

**Avisos** – Nesse ponto, a esposa de um membro da equipe assumiu a liderança do culto. As notificações começaram com cartões de aniversário sendo entregues a crianças cujos aniversários tinham ocorrido naquela semana (alguns dos aniversários realmente caíram naquele domingo e foi cantada para eles uma canção especial de aniversário):

> Um feliz aniversário para você,
> um feliz aniversário para você,
> que a cada dia do ano
> você possa conhecer Jesus mais de perto.
> Um feliz aniversário para você,
> um feliz aniversário para você,
> e que seja o melhor que você já teve.

**Orações** – Foram dirigidas por um assistente da igreja. Houve apenas três orações curtas e simples.

**Cântico de Natal** – Preparou novamente a passagem para o sermão. Sua familiaridade compensou a obscuridade de algumas de suas palavras. Foi cantada inteiramente por toda a congregação (sem solos para os três reis). O fato de não existir uma base bíblica para a existência dos três visitantes, todos eles reis, foi explicado no sermão, mas é um ponto de pouca relevância espiritual.

---

**LEITURA** Mateus 2:1-12
(Texto impresso, extraído da *Good News Bible*)

**Cântico de Natal**

A virgem Maria deu à luz um menino,
a virgem Maria deu à luz um menino,
a virgem Maria deu à luz um menino,
e foi dito que seu nome é Jesus.

Ele veio da glória,
veio de um reino glorioso;
(Sim!) ele veio da glória,
Ele veio de um reino glorioso:

Oh, sim, crente fiel!
Oh, sim, crente fiel!

Ele veio da glória
ele veio de um reino glorioso

> Os anjos cantaram quando o bebê nasceu,
> os anjos cantaram quando o bebê nasceu,
> os anjos cantaram quando o bebê nasceu,
> e cantaram que o seu nome é Jesus.
>
> Ele veio da glória...
>
> Os pastores vieram ao lugar onde o bebê nasceu,
> Os pastores vieram ao lugar onde o bebê nasceu,
> Os pastores vieram ao lugar onde o bebê nasceu,
> e eles disseram que o seu nome é Jesus. Ele veio da glória...
>
> (West Indian © collected Boosey & Hawkes) CCL Licence 1584.

**Leitura** – Por se tratar de um culto da família unida, a passagem foi lida na versão *Good News Bible* e impressa na ordem do culto. Nenhuma referência foi feita às Bíblias da versão NVI que se encontravam nos assentos.

**Cântico de Natal** – Esse foi um cântico apropriadamente familiar que pôde ser facilmente cantado e tinha um ritmo convidativo às crianças mais jovens para que se juntassem à orquestra, usando tamborins, címbalos, castanholas, tambores, triângulos e assim por diante (teria sido possível acrescentar ou substituir um versículo – "Os sábios vieram aonde o bebê nasceu" – para combinar com o tema do culto). As crianças então ficaram na frente para acompanhar o sermão.

> **SERMÃO** *A estrela no Oriente*
> **Cântico de Natal**
>
> O anjo proclamou o primeiro Natal
> foi para os pastores que estavam nos campos de Belém;
> nos campos onde estavam guardando suas ovelhas
> Em uma noite de inverno, de um frio intenso:
> Natal, Natal, Natal,
> Eis que é nascido o rei de Israel!
>
> Então, homens sábios de um país distante
> olharam para cima e viram uma estrela guia;
> eles viajaram de noite e de dia
> para chegar ao lugar onde Jesus estava:
>
> Natal, Natal...

> Em Belém, entraram,
> ajoelhados o adoraram;
> na presença dele ofereceram
> seu ouro e mirra e incenso:
>
> Natal, Natal...
>
> Então vamos todos a uma só voz
> cantar louvores ao nosso Senhor celestial;
> porque Cristo a nossa salvação proveu
> e com seu sangue nossa vida comprou:
>
> Natal, Natal...
>
> (© nesta versão, letra e música/Jubilate Hymns) CCL Licence 1584.[99]
>
> **ORAÇÃO FINAL**
> [Café e chá serão servidos em seus assentos].

**Sermão** – A pregação foi feita por um membro do grupo (um estudante estagiário), que falou durante 12 minutos, explicando a história dos magos de forma apropriada tanto para as crianças pequenas, que foram reunidas perto dele, quanto para o restante da congregação. Ele usou imagens coloridas em uma placa de velcro para manter a atenção dos jovens (com outros recursos visuais, como uma grande estrela de prata pendurada nas vigas da igreja). O sermão enfocou particularmente o contraste entre a reação do rei Herodes e "todos os demais em Jerusalém" (v. 3) e a dos visitantes do Oriente. Ele interpretou uma passagem pós-Natal familiar, mas evitou ser previsível.

**Cântico de Natal** – Mais uma vez a familiaridade desse cântico de Natal superou a obscuridade de sua linguagem (poucos membros da igreja sabem o que "nowell" significa!). A palavra foi introduzida pelo pregador.[100]

**Oração final** – Esta foi conduzida pela esposa de um dos membros da liderança, a mesma que havia apresentado os avisos. Foi uma oração simples, facilmente acompanhada pelas crianças.

---

[99] Admin. por Hope Publishing Company, Carol Stream, IL 60188. Todos os direitos reservados. Usado com permissão.

[100] "Nowell" deriva do francês "noel", que por sua vez, tem raízes na palavra latina "natalis", que significa "dia do nascimento" ou "relacionado com nascimento" (N. do T.).

## CONCLUSÃO

Esse culto ocorreu em um momento bastante calmo na vida da igreja, depois que a congregação já havia assistido a uma série de cultos da família unida em sequência (e o trabalho das crianças tinha passado por uma pausa durante o período do Natal). No entanto, funcionou bem com duração de 45 minutos. Apresentou uma agradável mistura de familiaridade e frescor, mantendo e um ritmo rápido e animado o tempo todo. Ter liderado um programa com andamento intenso, sem ser superficial, colaborou para o bom funcionamento do culto.

### RECURSOS PARA PLANEJAMENTO DE CULTOS

*The Book of Common Prayer* [Livro de oração comum].

*An English Prayer Book* [Um livro inglês de oração], ed. Church Society. Oxford: Oxford University Press, 1994.

John Mason, *A Service for Today's Church* [Um culto para a igreja de hoje]. Mosman: St. Clement's Anglican Church, 1997.

Michael Perry, *Bible Praying* [Orações bíblicas]. Londres: Harper Collins Religious, 1992.

Michael Perry, ed., *Church Family Worship* [Adoração da família na igreja]. Londres: Hodder and Stoughton, 1986.

*A Service of the Word and Affirmations of Faith* [Um culto da Palavra e afirmações de fé]. Londres: Church House Publishing, 1994.

*Patterns for Worship* [Modelos para adoração]. Londres: Church House Publishing, 1995.

Capítulo 3

# Culto na Igreja Livre[101]
## O desafio da liberdade
R. Kent Hughes

Ao contrário do anglicano Mark Ashton e do presbiteriano Tim Keller, cheguei às minhas convicções reformadas e à teologia do culto à parte de uma tradição denominacional definida.

Minhas memórias religiosas mais antigas remontam a 1949, quando minha avó, que pertencia à denominação batista do sul, Rose Hughes, me levou para uma tenda enorme na esquina das ruas Washington e Hill, em Los Angeles, para ouvir um jovem evangelista chamado Billy Graham. A vasta multidão, os olhos azuis do jovem evangelista irradiando à luz dos holofotes e o vaqueiro Stuart Hamblin cantando "Just a Closer Walk With Thee [*Ao teu lado quero andar,* na versão mais conhecida em português]" estão gravados em minha memória.

Durante os anos seguintes, minha família se deslocava até os subúrbios para adorar na Igreja Presbiteriana da Avenida Vermont. Quando eu estava ali, calado e sentado ao lado de minha mãe, com outros adoradores reverentes, no escuro ambiente escocês daquela velha igreja, foi que comecei a perceber a transcendência de Deus e a me sentir atraído para Cristo.

Somente quando me tornei adolescente, em meados da década de 1950, é que me encontrei com Cristo – e isso ocorreu por intermédio do ministério dos Quakers[102] que haviam restaurado seu comprometimento evangélico com os reavivamentos wesleyanos do final do século 19. Numa retrospectiva, agora observo que sua adoração coletiva era uma mistura eclética das tradições de metodistas, nazarenos e batistas – decididamente uma Igreja Livre. Sem levar em conta aqueles cerca de 30 segundos de silêncio

---

[101] O autor define como Igreja Livre uma igreja que não esteja necessariamente ligada formalmente a nenhuma denominação (N. do T.).

[102] Grupo de tradição evangélica, também conhecido como "Sociedade Religiosa dos Amigos" (N. do T.).

(um vestígio das antigas reuniões silenciosas), os cultos em nada se pareciam com os realizados em nossa igreja batista e outras vizinhas da Igreja Livre. As manhãs de domingo eram uma combinação morna de canções evangélicas e de cânticos congregacionais, talvez um hino, uma apresentação do coral, e um sermão.

Francamente, a "adoração" nunca foi uma preocupação para mim; era o evangelismo que eu considerava importante. Assim, além de assistir regularmente aos cultos, todas as minhas energias passaram a ser dedicadas ao trabalho com jovens e em meu envolvimento com o clube Jovens para Cristo, no qual, após a formatura do colegial, trabalhei como diretor. Procurei em minhas lembranças daqueles anos, e não me lembro de ter tido um único pensamento voltado para a adoração coletiva. Eu certamente nunca dei qualquer atenção a esse propósito das reuniões do nosso Dia do Senhor, o qual eu considerava apenas como um dia destinado à pregação.

Não se tratava de que eu, como jovem, não pensasse teologicamente. Ao contrário, quando era adolescente, meu coração havia estado tão arrebatado pela carta aos Romanos e pela verdade da soberania de Deus, que "as doutrinas da graça" se tornaram a espinha dorsal de minha teologia – como permanecem até hoje. Meu novo calvinismo aumentou meu amor por Deus e sua Palavra e alimentou meu fervor evangelístico. Mas, e quanto à adoração coletiva? Eu simplesmente não fazia nenhuma conexão a esse respeito.

Meus anos de seminário e como pastor de jovens coincidiam, de modo geral, com a década de 1960, das roupas desbotadas, das calças boca-de-sino, dos sons estridentes das guitarras, e (para os cristãos) a década de carregar a Bíblia debaixo do braço. Meus alunos carregavam imensas Bíblias da versão NASV, cobertas com peles macias como as de coelho! Positivamente, por um lado, novos ventos sopraram sobre a igreja, de modo que tudo foi questionado e submetido aos dolorosos testes de autenticidade e relevância. Grande parte do efeito foi salutar, enquanto velhas canções evangélicas foram abandonadas e o ensino bíblico sem adornos substituiu o discurso homilético. E em alguns lugares, a música e a adoração coletiva se concentravam mais em Deus.

Por outro lado, a irreverência tornou-se generalizada. As orações congregacionais muitas vezes não passavam de um fluxo de palavras sem sentido, apresentadas num tom de *cannabis* "reacionário". A música em estilo de mantra foi empregada para hipnotizar os adoradores, enquanto os pregadores foram substituídos por "comunicadores" que ofereciam barbitúricos entrelaçados com uma série de historietas relacionais.

Foi em meio a tudo isso que, como pastor de jovens, minha teologia começou a fazer algumas perguntas relevantes para este capítulo: o que as Escrituras têm a dizer sobre a adoração coletiva? O que nosso soberano e santo Deus pensa acerca de nossos cultos coletivos? Como Jesus Cristo (nosso Criador, Sustentador e Redentor) é glorificado por isso? Esta reunião está sendo centralizada na Palavra? Como, então, a Palavra é lida, pregada e cantada? O que esta canção está dizendo? As letras são bíblicas? A música dá bom suporte às letras? Trata-se de um entretenimento ou de uma adoração autêntica?

Essas questões elementares assumiram especial urgência para mim na década de 1970, quando minha esposa e eu fomos chamados a estabelecer uma igreja. Tudo era novo. Não havia tradições, além das experiências que nossa variada congregação já trazia consigo. E fizemos as experiências! Minhas convicções reformadas eram o único padrão de referência.

Durante os anos das décadas de 1980 e 1990, minha filosofia e prática de adoração passaram por um contínuo aperfeiçoamento no ambiente agradável da Igreja da Faculdade. Isso produziu algumas convicções firmes e trouxe grandes preocupações acerca do culto coletivo na tradição da Igreja Livre de hoje. Mas antes de expressar tudo isso, quero apresentar um breve perfil da igreja que tenho pastoreado nas duas últimas décadas.

A Igreja da Faculdade foi fundada por Jonathan Blanchard, um abolicionista e primeiro presidente do Wheaton College. Ele era amigo e discípulo da famosa família Beecher da Nova Inglaterra, assim, tratava-se de uma igreja congregacional – Igreja Universitária de Cristo. Naturalmente, a Igreja da Faculdade está orgulhosamente inserida na tradição da Igreja Livre. Na verdade, seu logotipo é um perfil do Mayflower, que celebra suas raízes puritanas. Na década de 1930, depois de muitas igrejas congregacionais terem se tornado unitarianas, a igreja rompeu sua associação com a denominação e atualmente não possui nenhuma filiação a não ser com a Associação Nacional de Evangélicos. Livre de fato!

Embora a Igreja da Faculdade sempre fosse independente do Wheaton College, sua proximidade com o campus proporcionou-lhe um ministério significativo para os alunos e professores ao longo dos anos. Mas hoje a maior parte da congregação está na casa dos trinta e poucos anos de idade, e a igreja vive repleta de bebês.

Em um domingo recente havia 100 crianças de três anos no berçário. A igreja está na fase de uma primavera prolongada. Cerca de 117 missionários foram comissionados pela igreja na última década e quase metade do orçamento da igreja vai para as missões. Onze equipes de missão de curto prazo foram enviadas pela igreja no começo do século 21. O evangelismo e as missões são bem atuantes na Igreja da Faculdade.

No domingo de manhã, o culto na Igreja da Faculdade é centrado na Bíblia e segue a forma tradicional. A congregação é conhecida por sua música e pela declaração calorosa do Credo Apostólico. A música, as orações, a leitura bíblica e os testemunhos são projetados para aumentar a participação e a edificação da congregação sob o tema unificador da exposição da manhã. A reunião da noite é mais casual e menos estruturada, sendo a música mais eclética nesse culto vespertino como tema unificador das Escrituras.

Apresento esse retrato positivo para dar embasamento ao que afirmo. Temo que muitos, na tradição da Igreja Livre, possam estar abrindo mão do próprio fundamento de um ministério eficaz, à medida que, sem critério, buscam padrões de adoração coletiva que atendam ao gosto e a sensibilidade das pessoas.

## ADORAÇÃO É MAIS DO QUE O DOMINGO

Nos últimos anos, a teologia bíblica exerceu um efeito profundo sobre a minha forma de pensar, com sua ênfase voltada para a ordem da revelação bíblica com respeito à história da redenção. Os escritos de William Dumbrell e Graeme Goldsworthy têm sido particularmente úteis a esse respeito.[103] Há algum tempo, tenho estado implicitamente de acordo com a afirmação de Don Carson de que a adoração do Novo Testamento engloba tudo em nossa vida e que é um erro imaginá-la como uma atividade da igreja estabelecida.

A evidência bíblica é conclusiva. A vinda de Jesus cumpriu a promessa das Escrituras de uma nova aliança (Jeremias 31:31-34). E é muito relevante que todo o texto dessa profecia substancial esteja registrado em Hebreus 8:7-13, no meio de uma seção (Hebreus 7-11) a qual afirma que não há mais *sacrifício*, *sacerdócio* ou *templo*, porque tudo foi cumprido em Cristo.

A linguagem de adoração do Antigo Testamento é agora transformada no Novo Testamento para que a "adoração" seja um fenômeno mais amplo, abrangendo toda a vida. Há, como diz Carson, uma dessacralização do espaço, do tempo e do alimento – ou melhor, houve uma ressacralização de todas as coisas para o cristão. Não há mais tempos sagrados nem espaços sagrados. Sob a nova aliança, os cristãos devem adorar o tempo todo – em sua vida, individualmente, em seu contexto familiar e quando se reúnem

---

[103] Graeme Goldsworthy, *Gospel and Kingdom* [Evangelho e reino]. Sydney: Lancer, 1992, idem, *According to Plan* [De acordo com o plano]. InterVarsity, Lancer, 1991; W. J. Dumbrell, *Covenant and Creation* [Aliança e criação]. Carlisle: Paternoster, 1984.

para a adoração coletiva. A adoração coletiva, então, é a expressão particular de uma vida de adoração perpétua.

O "culto" do Novo Testamento é expresso em termos de nossa vida como "holocaustos" vivos, ofertas inteiramente queimadas: "Portanto, irmãos, rogo-lhes pelas misericórdias de Deus que se ofereçam em sacrifício vivo, santo e agradável a Deus; este é o culto racional de vocês" (Romanos 12:1). Isto é o que a adoração deve ser: viver diariamente para Cristo, os joelhos e o coração perpetuamente curvados em devoção e serviço.

O entendimento de que a adoração da nova aliança está centralizada em Cristo, que envolve, ao mesmo tempo, o templo, o sacerdócio e o sacrifício, defende a tradição da Igreja Protestante e Livre contra a tradição ortodoxa, católica e anglicana. Visto que Cristo é o templo, os "espaços sagrados" e as terras consagradas são uma ilusão. Sendo que Cristo é o sumo sacerdote segundo a ordem de Melquisedeque, o sacerdócio foi substituído e evitado.

Do mesmo modo, as vestimentas sacerdotais e as indumentárias do clero se tornaram obsoletas. Uma vez que Cristo é o Cordeiro de Deus, morto uma única vez por nossos pecados, não há justificativa para a missa ou para acessórios sacrificiais como um altar ou uma veste especial. Essas novas realidades de aliança que substituem tudo isso também devem servir como uma advertência para aqueles, de tradição Reformada, cuja devoção ao princípio regulador os induz a resgatar aspectos do culto da antiga aliança.

Quanto à vida cotidiana, o fato de que o culto cristão deve ser extensivo a todos os aspectos da vida, sugere que deve ser tomado o devido cuidado na maneira como falamos dele. Chamar nossas reuniões públicas de "adoração" pode inadvertidamente instalar uma ressacralização do tempo e do espaço. É melhor empregar termos como "adoração coletiva". Outras expressões sofisticadas podem às vezes funcionar – "cristãos adorando em conjunto", "cristãos reunidos em adoração", "adoração de cristãos reunidos" ou "igreja reunida em adoração" – mas "culto coletivo" ou "adoração conjunta" são termos que funcionam melhor para mim.

Porque a adoração é um modo de vida, você não pode adorar coletivamente no dia do Senhor – exceto pelo momento do arrependimento! – caso não esteja em adoração durante toda a semana. Os cristãos não têm um domingo "de adoração específico", apesar de, às vezes, ser assim retratado na televisão. Nem se deve pensar que a "adoração" é apenas uma parte do culto – como se cantar e louvar fossem adoração, não incluindo a pregação. E o "líder de adoração?" Que termo mais estranho! Isso quer dizer que a adoração termina quando a parte dele acaba?

Certamente é verdade que a edificação mútua deve ser a marca do culto coletivo, como argumenta David Peterson.[104] E a edificação não deve ser entendida como meramente a recepção cognitiva da verdade bíblica por meio da pregação. Sem dúvida, é verdade que a edificação mútua se dá por meio da pregação. Mas o canto congregacional, o estarmos sentados juntos, sob a Palavra enquanto ela é lida, a contemplação da Palavra de Deus cantada, nossa união na oração congregacional centralizada na Palavra, confessando nossa fé, repreendendo e exortando – tudo isso edifica.

Aqui devemos entender que a união envolvendo a adoração coletiva ajuda na edificação. Como Robert Rayburn explica:

> Quando há um número de adoradores presentes, há uma participação na adoração de forma mais intensa do que a paixão individual de qualquer um deles quando está sozinho. É do conhecimento geral que uma multidão é mais cruel do que qualquer pessoa poderia ser individualmente. Da mesma forma, o prazer de um grupo de amantes da música ouvindo em conjunto uma sinfonia é mais intenso do que o de um indivíduo sentado sozinho ouvindo a mesma música. Deus criou o homem de modo que há deleites mais profundos e inspiração mais intensa na congregação adoradora do que na devoção individual.[105]

Esse efeito intensificador da adoração coletiva aumenta a edificação. De fato, a edificação não florescerá como deve à parte da Palavra, porque ouvir a Palavra de Deus em meio do assentimento coletivo de uma congregação, intensifica o envolvimento da mente, bem como a recepção da verdade. Da mesma forma, a participação na comunidade de fé se intensifica levando a verdade a sério. E então, o exemplo da verdade vivida leva o cristão a viver a verdade radical da Palavra de Deus. O culto coletivo é essencial para a edificação.

Assim, eu passei a observar, que enquanto tudo em nossa vida é adoração, a adoração reunida com o corpo de Cristo, adoração está no coração

---

[104] David Peterson, *Engaging With God* [Envolvendo-se com Deus]. Leicester: Apollos, 1994, p. 114. Embora a edificação da igreja seja um princípio que deva governar o pensamento e o comportamento dos cristãos em todas as circunstâncias, Paulo normalmente emprega essa noção em referência às atividades da assembleia cristã. Quando os cristãos se reúnem para ministrar uns aos outros a verdade de Deus em amor, a igreja se torna manifesta, é mantida e avança no caminho de Deus.

[105] Robert G. Rayburn, *O Come, Let Us Worship* [Oh, vinde, adoremos]. Grand Rapids: Baker, 1984, p. 29-30.

de uma vida de adoração. A adoração coletiva é planejada por Deus para instruir e conduzir uma vida de adoração. A esse respeito, eu pessoalmente vejo como conduzimos o culto coletivo como uma questão de vida ou morte.

## IRONIA DA LIBERDADE

Houve um tempo em que a tradição da Igreja Livre era a parente pobre e pária da igreja estabelecida da Inglaterra. Mas hoje esse não é mais o caso, especialmente na América do Norte, onde a maioria dos protestantes (e a esmagadora maioria dos evangélicos) frequentam igrejas que conduzem o culto coletivo na tradição da Igreja Livre. Mais de 50 milhões de protestantes americanos adoram coletivamente em uma das variações da tradição desta igreja.[106] Um motivo de regozijo? Eu acho que não.

Não há dúvida de que o começo da tradição da Igreja Livre na Inglaterra do início do século 17 foi um protesto contra a exigência eclesiástica de usar o *Livro da oração comum*. A designação "livre", de fato, registra o desejo, tanto dos separatistas como dos puritanos, de serem livres para ordenar a adoração coletiva de acordo com a Palavra de Deus.[107] O nome "puritano" lembra o desejo intimamente paralelo de reformar o *Livro de oração* de acordo com a *"pura* Palavra de Deus".

Os separatistas e puritanos estavam em grande parte de acordo, exceto por suas relevantes diferenças de atitude em relação à igreja estabelecida. De fato, Horton Davies, a renomada autoridade na adoração puritana, incluiu presbiterianos, alguns anglicanos evangélicos, congregacionalistas e batistas sob a rubrica puritana.[108] Significativamente, os famosos puritanos da Universidade de Cambridge se tornaram um grupo diverso. William Perkins e Thomas Cartwright se tornaram presbiterianos; Thomas Goodwin e John Cotton, independentes; John Preston, um anglicano não conformista; e Richard Sibbes, um conformista.[109]

As críticas penetrantes feitas pelos líderes puritanos e pelos da Igreja Livre, em seus contextos históricos, eram substanciais e salutares. Os sete

---

[106] James F. White, "The Missing Jewel of the Evangelical Church" [A joia perdida da igreja evangélica], *Reformed Journal* [Jornal reformado], 34/6, June 1986: 11.

[107] A distinção entre os puritanos e os separatistas é que os puritanos permaneceram dentro da igreja do Estado na esperança de realizar a reforma, enquanto os separatistas buscaram a reforma imediata à parte da igreja estabelecida.

[108] Horton Davies, *Christian Worship – Its History and Meaning* [Adoração cristã – sua história e significado]. Nova York: Abingdon, 1959, p. 65.

[109] J. I. Packer, *A Quest for Godliness* [Uma questão de divindade]. Wheaton: Crossway, 1990, p. 280.

pontos que se seguem são, necessariamente, pinceladas amplas e carecem das qualidades e sutilezas de um retrato detalhado; no entanto, transmitem a essência da crítica.

## 1. Pregação

No centro da crítica estava a natureza da pregação. A preferência anglicana pelas homilias do *Livro de oração* foi contrabalançada pela insistência puritana na exposição intensa das Escrituras. O sermão típico puritano ou da Igreja Livre fazia parte de uma exposição em série contínua de um livro ou seção da Bíblia.

William Ames, cujo livro *Marrow of Divinity* [Medula da divindade] se tornou um indispensável texto teológico puritano, desprezou a pregação tópica. Ele insistia em que o sermão fosse extraído do texto.[110] A exposição simples era a meta dos pregadores puritanos. "Quanto mais claro melhor", escreveu William Perkins em sua *The Art of Prophecying* [A arte de profetizar]. Quanto ao uso de ostentação, ele disse, "não representamos a Cristo, mas... o nosso próprio eu".[111] Como a comunicação da Palavra era prioridade, seus sermões eram modelos de ordem, com títulos claros e esboços discerníveis que aprimoravam a memorização.[112]

A aplicação foi levada a um novo nível, pela classificação de Perkins, dos tipos de pessoas que o ministro deve manter em mente para sua aplicação e, em seguida, pelo catálogo de tipos de aplicação listados no *Westminster Directory for Public Worship* [Guia para adoração pública em Westminster].[113] Tal pregação era destinada a penetrar como setas no coração dos ouvintes. E esses sermões eram longos, prolixos, apaixonados e exaustivos – cheios de zelo e fogo proféticos.

Como os cleros da Igreja Puritana e da Igreja Livre levaram o sermão a novos níveis, tornou-se obrigação o clero ter formação acadêmica. A razão para a fundação do Colégio de Harvard, apenas alguns anos após a chegada dos puritanos aos Estados Unidos, foi o medo de deixar "um ministério iletrado para as igrejas, quando nossos atuais ministros se deitarem no pó".[114]

---

[110] Leland Ryken, *Worldly Saints* [Santos contextualizados]. Grand Rapids: Zondervan, 1986, p. 98.
[111] Citado em ibid., p. 105.
[112] Parker, Op. cit, p. 285
[113] Citado em ibid., p. 287.
[114] *New England's First Fruits* [Primeiros frutos da Nova Inglaterra], the first history of Harvard College [a história inicial do Colégio Harvard], 1640.

Não obstante os gostos de John Donne e Lancelot Andrewes, essa centralização da Palavra deu aos puritanos uma enorme ascendência espiritual sobre o clérigo anglicano típico, que extraia seu culto do *Livro de oração*.[115]

## 2. Escrituras

A principal objeção da Igreja Puritana/Livre ao lecionário no *Livro da oração Comum* foi a união de breves textos díspares, que eles desdenhosamente chamavam de "apostilar o evangelho". Em contraste, a tradição da Igreja Livre envolveu-se na leitura de capítulos completos do Antigo e do Novo Testamento.

## 3. Oração

As coleções do *Livro de oração* eram rejeitadas pelos dissidentes como "atalhos" e suas orações responsivas foram descartadas como "repetições vãs". Em contraste, as orações prolongadas espontâneas ou extraídas de um livro tornaram-se práticas na Igreja Livre.[116] Os ministros foram encorajados a se preparar bem para tais orações.[117]

## 4. Hinos

A tradição da Igreja Livre passou a enfatizar a necessidade de a congregação expressar seus louvores por meio de hinos em vez de deixá-los a cargo de um coral profissional, como era típico no meio anglicano. É uma questão digna de nota que os dez hinos mais cantados na América entre 1737 e 1960 vieram da tradição da Igreja Livre.[118]

---

[115] Ryken, *Worldly Saints* [Santos contextualizados], p. 95-96: "Sem dúvida há muitas exceções em relação à ligação de Samuel Johnson com uma era de ignorância e de formalismo, mas é indiscutível que a prática anglicana de ler os textos do *Livro de oração* em vez de pregar sermões promoveu uma alarmante ignorância entre os clérigos. As investigações de John Hooper descobriram 171 (de 311) clérigos anglicanos que não podiam recitar os Dez Mandamentos, dos quais 33 não sabiam onde. Trinta não sabiam onde a Oração do Senhor é encontrada na Bíblia, 27 não podiam nomear seu autor e dez sequer conseguiam recitá-la".

[116] Davies, op. cit, p. 67-69.

[117] Ibid., p. 68.

[118] Edith Blumhofer e Mark Noll, eds., *Singing the Lord's Song in a Strange Land: Hymnody and the History of Denominations and Religious Movements* [Cantando ao Senhor em terra estranha: hinódia e a história de denominações e movimentos religiosos]. Champaign: University of Illinois Press, proveram a base de dados usado por Stephen Marini, "The Evangelical Hymns Database [Base de dados para hinos evangélicos]", working paper [trabalho de classe], Institute for the Study of American Evangelicals [Instituto para estudo dos evangélicos americanos], Wheaton College, 2000. Os dez hinos mais frequentemente publicados nos Estados Unidos entre 1737 e 1969 foram: 1

## 5. Sacramentos

Os defensores da Igreja Livre criticaram a "Ordem da Sagrada Comunhão" do *Livro de oração* por: não empregar as palavras dominicais da instituição (1Coríntios 11:23-25); sua ênfase na participação individual como sendo contraditória ao mandato do Senhor; e sua permissão para receber indignamente a Ceia do Senhor por não exigir um exame dos participantes. O costume de ajoelhar-se na comunhão foi rejeitado por ser um indicativo da adoração dos elementos e da doutrina da transubstanciação.[119]

O batismo era visto como incrustado de adições não bíblicas: ungir a criança, batismo privado, batismo realizado por mulheres, perguntas à criança e a presença de padrinhos (e é claro que os anabatistas ingleses entenderam que as Escrituras ensinavam somente o batismo dos que criam por imersão). Tais eram as convicções dos Pais Peregrinos quando vieram para a América.

## 6. Simplicidade

A oposição radical dos separatistas a formas de culto e seu exemplo de simplificação litúrgica influenciou grandemente os puritanos e outras expressões da Igreja Livre na direção da simplicidade para a adoração coletiva. Essa simplicidade afastou-os não apenas da tradição anglicana, mas também das práticas das igrejas reformadas continentais. Esse movimento à simplicidade foi tão profundo que promoveu uma arquitetura distintiva da igreja, como é vista nas casas de reunião da Nova Inglaterra.

---

*Jesus Lover of my Soul* [Meu divino protetor], 2 *Come We (Ye) That Love the Lord/We're Marching to Zion,* [Marchando para Sião], 3 *All Hail the Power of Jesus' Name* [O nome de Jesus saudai], 4 *How Firm a Foundation* [Que firme alicerce], 5 *Alas and Did My Savior Bleed/At the Cross* [Quão cego outrora/A revelação da cruz], 6 *Am I a Soldier of the Cross* [Sou um soldado da cruz], 7 *Come Thou Fount of Every Blessing* [Manancial de toda bênção], 8 *There Is a Fountain Filled with Blood* [Há uma fonte plena de sangue], 9 *Rock of Ages Cleft for Me* [Rocha eterna], 10 –*a five-way tie–Blest Be the Tie That Binds* [Benditos laços/Se desta sagrada reunião]; *Guide Me O Thou Great Jehovah* [Guia-me, oh grande Jeová]; *Joy to the World* [Alegria para o mundo/Jesus nasceu]; *Just As I Am* [Tal qual estou]; *Love Divine All Loves Excelling* [Amor divino que excede qualquer amor]. Todos, com exceção do 9 vieram da tradição da Igreja Livre.

[119] Horton Davies, *Worship of the English Puritans* [Adoração para os puritanos ingleses], repr., Morgan, Pa.: Soli Deo Gloria Publications, p. 61,70-71.

## 7. Vestimentas

A Igreja Livre rejeitou as vestimentas especiais como sendo de tradição aarônica e inapropriadas para os ministros na Nova Aliança.[120]

### LIVRE DE FATO!

Quando essas distinções da Igreja Livre (sobre pregação, Escrituras, oração, cânticos, sacramentos, simplicidade e vestimentas) foram levadas para a América do Norte pelos seus antepassados ingleses e escoceses, os efeitos sobre a adoração coletiva foram amplamente benéficos.

Os pastores estavam livres para usar roupas iguais às de suas congregações, talvez vestindo um simples terno preto de casimira para pregar. Eles estavam livres para ordenar as reuniões do Dia do Senhor com a simplicidade bíblica. Eles estavam livres para estruturar sua adoração centralizada em Deus em torno da centralidade da Palavra de Deus, lendo publicamente passagens extensas da Bíblia, pregando sermões textuais profundos. Devotos pregadores sabiam que sua Bíblia e seu povo estavam livres para fazer orações espontâneas vindas de seu coração, com uma mediação que as orações pré-definidas raramente atingem. Eles estavam livres para administrar a comunhão e os batismos com simplicidade, de acordo com os ditames teológicos da Escritura na forma como eles os entendiam.

No que havia de melhor, o culto coletivo das igrejas informais, era radicalmente bíblico, cada vez mais bíblico e autêntico. Certamente havia ainda alguma iconoclastia lamentável, e por vezes eles foram longe demais e abusaram de suas liberdades.

Quem hoje pode ler o *Livro de oração comum* de 1662 e não apreciar sua excelência?[121] Quem, com a Bíblia na mão, poderia defender os extremos dos separatistas radicais? Mas os puritanos e seus amigos informais chegaram a uma certa consistência. Eles foram energizados pela crença inabalável de que a Palavra de Deus é o único guia para dirigir a adoração coletiva. A adoração da Igreja Livre foi padronizada na Bíblia e nada além dela.

---

[120] Ibid,. p. 26,47-48,55, mas especialmente p. 59-60, que apresentam um resumo incisivo da crítica radical puritana.

[121] Não obstante as críticas puritanas, o *Livro da oração comum* de 1662 está repleto de conteúdo das Escrituras. Foi a tentativa de Thomas Cranmer de expressar a teologia da Reforma em forma litúrgica para que as pessoas recebessem a verdade das Escrituras em sua mente e coração. Era para ser uma liturgia protestante para uma Igreja Protestante. Na verdade, poderiam quaisquer palavras serem mais "protestantes" do que aquelas prescritas para o ministro quando ele administrar o pão e o vinho? "Tomai e comei isto em memória de que Cristo morreu por ti, recebe-o em teu coração pela fé com ações de graças. Bebei isto em memória do sangue de Cristo que foi derramado por ti, e sê grato."

## QUEDA LIVRE RUMO AO PRAGMATISMO

Por mais de 150 anos, a tradição da Igreja Livre operou com base no princípio "somente das Escrituras". Os últimos dois séculos promoveram mudanças. Nos Estados Unidos, onde a tradição da Igreja Livre significou uma vez a liberdade de ordenar o culto coletivo de acordo com as Escrituras, isso permitiu a liberdade de dispor tal adoração de modo a agradar as pessoas ou do modo como entendessem que poderia dar melhor resultado.

Como James White descreveu: "A 'liberdade' da adoração da Igreja Livre tornou-se nem tanto uma liberdade para seguir a Palavra de Deus, mas a liberdade de fazer o que parecia funcionar melhor".[122] Em suma, o biblicismo da Igreja Livre transformou-se no pragmatismo da Igreja Livre. O grande proponente dessa situação foi o reavivalista do século 19, Charles G. Finney, que promoveu o sistema de revitalização com suas "novas medidas", as quais ele prometia que, se fossem seguidas, trariam uma grande colheita de almas.

O resultado desse afastamento da Bíblia na adoração coletiva foi que em muitos lugares a adoração se reduziu a "uma mensagem reavivalista com conteúdo aberto". A estrutura da adoração coletiva resumiu-se em: as partes preliminares, o sermão e o apelo. Essa organização de três partes tornou-se a ordem na maioria das congregações batistas, independentes, metodistas e algumas presbiterianas.

Os cânticos e a seleção musical passaram a ser feitos com base no efeito que produziam e não em seu conteúdo. Os cânticos do evangelho (celebrando a experiência) suplantavam frequentemente os hinos dirigidos a Deus. A leitura das Escrituras foi reduzida para não prolongar as "preliminares". As orações foram encurtadas ou até mesmo excluídas pela mesma razão.

Quanto ao sermão, a interação cuidadosa com o texto bíblico tão estimado pelos puritanos foi, em muitos casos, substituída por um discurso livre improvisado. Afinal, a Bíblia havia se tornado um recurso opcional para o sermão e não a fonte de toda a adoração corporativa.[123] Os batistas da fronteira, por exemplo, não tolerariam nenhum pregador que usasse notas.[124]

---

[122] White, op. cit., p. 15.

[123] James F. White, "Where the Reformation Went Wrong" [Onde a reforma errou]. *Christian Century* [Século cristão], 27 de outubro de 1982, p. 1074.

[124] R. McKibbens Jr., "Our Baptist Heritage in Worship" [Nossa herança batista de adoração]. *Review and Expositor*, 80, 1983: 64.

A derivação do biblicismo para o pragmatismo também foi acompanhada por um deslizamento para o antropocentrismo. O historiador batista T. R. McKibbens escreveu:

> Talvez os hinos, mais do que qualquer outro meio de adoração, refletem a mudança do teocentrismo para o antropocentrismo. Os hinários batistas publicados entre 1784 e 1807 eram notavelmente teocêntricos, dando a Deus o papel principal no drama da adoração e da salvação. Os hinos posteriores, sobretudo aqueles publicados no século 19, eram caracteristicamente antropocêntricos, com tendência a definir o drama da salvação mais em termos de resposta humana do que uma iniciativa divina.[125]

Os gêmeos congênitos do pragmatismo e do antropocentrismo influenciaram enormemente a adoração coletiva da Igreja Livre do século 20. O que McKibbens descreve sobre as práticas batistas tem sido geralmente verdadeiro em toda a tradição da Igreja Livre. A adoração coletiva tomou a forma de algo feito *para* uma audiência em oposição a algo feito *para* uma congregação. E, em muitos lugares, o culto passou a ser considerado uma espécie de entretenimento, como sugerem os termos chocantes "palco", "programa" e "número musical".[126] Não é demais dizer que alguns pregadores degradaram o sermão para uma forma de entretenimento massivo.

Hoje, o movimento "atender ao gosto da audiência", no que apresenta de pior, tem *conscientemente* cultivado o antropocentrismo e o pragmatismo. E minha preocupação é que poderia, dando-se a ele o tempo suficiente ou a mesma trajetória, resultar num evangelicalismo pós-cristão. A questão de como o culto coletivo deve ser conduzido é de extrema importância. Em decorrência disso, tenho discernido seis aspectos distintos que devem instruir e controlar a adoração coletiva da Igreja Livre, e toda a vida individual na adoração.

## ADORAÇÃO CRISTÃ: SEUS ASPECTOS DISTINTIVOS

Os seis aspectos distintivos do culto cristão precedem, e até mesmo dependem, um do outro. Uma exposição completa de qualquer aspecto distintivo afetaria necessariamente os outros. Aqui, à medida que avançamos por meio

---

[125] Ibid., p. 65.
[126] Ibid., p. 66.

das distinções essenciais do culto coletivo, seu aroma se tornará cada vez mais evidente e, segundo penso, mais atraente. Porque toda a existência para o cristão deve ser de adoração, esses aspectos distintivos precisam instruir a vida em sua totalidade. Mas aqui a ênfase está em como esses aspectos distintivos devem moldar o culto coletivo, que é, naturalmente, central para uma vida de adoração.

### Adoração é centralizada em Deus

Pode ser impreciso caracterizar qualquer forma de adoração cristã como "centralizada no ser humano", porque se for consistentemente desse modo (evitando qualquer foco em Deus), não pode ser cristã. Mas o termo é apropriado para fazer distinções sobre onde as igrejas modernas começam, ao definir a trajetória de seus cultos coletivos.

O modelo centralizado no ser humano começa com o que seus proponentes consideram ser uma pessoa comum da rua e pergunta: "Como podemos projetar nossa adoração coletiva para que seja menos ofensiva e mais convidativa para os não salvos?" A motivação (claramente nobre) é o evangelismo. Também deve ser dito que a trajetória centralizada no ser humano pode ser acompanhada por uma ênfase definida, mais ou menos, a respeito de Deus. É o "menos" que causa a maior preocupação.

Essa abordagem antropocêntrica tem algumas características infelizes. A pregação, por exemplo, é muitas vezes reduzida a uma homilia de 15 ou 20 minutos, e a exposição bíblica é descartada como "muito pesada", optando-se por uma palestra leve e mais tópica. Alguns comunicadores foram tão longe ao ponto de adotar o costume de não carregar uma Bíblia, porque eles acreditam que sua presença irá afastar os incrédulos.

E com isso, surgem as relevantes tentativas de que qualquer linguagem, oração ou música que for considerada fora de sincronia com a cultura popular é conscientemente evitada. O efeito final, para usar o termo de Marva Dawn, é "uma degradação" da igreja – produzindo um povo que é fraco em seu conhecimento tanto das Escrituras quanto dos grandes escritos e da música da igreja. Tais pessoas vivem com a infeliz ilusão de que eles surgiram de lugar nenhum, *ex nihilo*, sem herança ou raízes.

Há uma gravidade descendente intrínseca na adoração centralizada no ser humano. Entre os maiores perigos está o pragmatismo, porque onde ele se torna o maestro, o público se volta cada vez mais para o humanismo e não para Deus. E quando a humanidade é tocada primeiro, quando aquilo que a humanidade deseja se torna o fator determinante, não só a adoração será corrompida, mas também a teologia.

O culto centralizado em Deus começa com um foco na impressionante revelação de Deus, o Deus das Sagradas Escrituras que é o Criador *onipotente*, que por sua palavra tudo trouxe à existência; que é igualmente *onipresente*, estando acima de tudo, abaixo de tudo, em tudo, mas não contido no universo; que é *onisciente*, até mesmo contando os cabelos de seus filhos e conhecendo seus pensamentos antes de esses se tornarem palavras; que é transcendente e *santíssimo*, e que habita na inacessível luz de sua própria glória.

Porque a adoração engloba toda a vida, esse foco incrível deve ser perpetuamente cultivado. Quando nos reunimos para a adoração coletiva, devemos conscientemente começar com a pergunta: como devemos conduzir nossa vida e moldar nossa reunião de modo a glorificar a Deus? Essa visão e questão são da maior importância para a nossa geração, pelas seguintes razões: O culto coletivo que é instruído e moldado pela visão das Escrituras de Deus vai lançar fora toda a idolatria e promover um culto em espírito e em verdade; uma visão deslumbrante de Deus promoverá a vida santa; esse foco vertical aumentará a unidade horizontal. Como A. W. Tozer explicou memoravelmente:

> Alguma vez já lhe ocorreu que uma centena de pianos, todos afinados pelo mesmo diapasão, estarão automaticamente afinados entre si? Eles estão em consonância por estarem afinados, não uns com os outros, mas por um padrão externo ao qual cada um deve se ajustar individualmente. Assim, 100 adoradores reunidos, cada um olhando para Cristo, estarão mais próximos uns dos outros do que estariam possivelmente caso se tornassem "unidades" conscientes e desviassem os olhos de Deus para lutar por uma comunhão mais estreita.[127]

Uma visão de Deus e da adoração consoante com essa visão impedirá os corações de divagar. Muitos que cresceram no culto desolado das igrejas evangélicas têm uma necessidade não correspondida de adorar, e como adultos jovens eles buscam as tradições que têm uma forma reverente de adoração, mesmo quando a realidade há muito tempo deixou de existir.

Ao insistir que a adoração coletiva deve ser radicalmente centralizada em Deus, não estou de modo algum sugerindo um desprezo pela humanidade e pelo mundo perdido, mas insisto em que a abordagem apropriada

---

[127] A. W. Tozer, *The Pursuit of God* [A perseguição de Deus]. Wheaton: Tyndale, s.d., p. 97.

para a adoração deve primeiro ser centralizada em Deus e só depois ser sensível ao ser humano. Somente quando a questão da glória e louvor de Deus é abordada, a segunda questão, em relação à humanidade, pode ser tratada. Novamente, minha preocupação é que a segunda questão tem sido a força dominante hoje em muitos círculos e causado um efeito pernicioso. Um foco persistente no humanismo poderia resultar num evangelicalismo pós-cristão, centralizado no homem.

Certamente a igreja deve ser culturalmente sintonizada e sensível. É melhor que esse ponto esteja em sua pregação! Os pregadores devem segurar a Bíblia em uma mão e o jornal na outra. Eles devem "entender os tempos" (cf. 1Crônicas 12:32). A igreja deve ser criativa e relevante em todos os aspectos da adoração – e atrair os corações de homens e mulheres que estão perdidos. Mas na raiz de tudo isso, ela deve estar radicalmente centralizada em Deus.

A pergunta fundamental deve ser: o que Deus pensa sobre a forma como o adoramos?

### Adoração é centralizada em Jesus

O Novo Testamento não revela um Deus maior do que o do Antigo Testamento, mas o Novo Testamento apresenta uma revelação maior desse Deus. Como o apóstolo João escreveu de modo tão belo: "Ninguém jamais viu a Deus, mas o Deus Unigênito, que está junto do Pai, o tornou conhecido" (João 1:18). A frase "o tornou conhecido" traz uma única palavra grega, *exegesato*, da qual vem a nossa palavra exegese – de modo que, como diz Carson, "podemos quase dizer que Jesus é a exegese de Deus".[128] Jesus explicou (fez exegese, narrou) Deus para nós. Como a Palavra, ele é a autoexpressão final de Deus.

O hino cristológico cristão primitivo, o grande hino de Paulo sobre a encarnação, em Colossenses 1:15-20, apresenta uma revelação inacreditável de Deus em Cristo como o Criador, o Mantenedor, o Objetivo e o Reconciliador. O hino fala primeiro de Cristo como Criador: "Pois nele foram criadas todas as coisas nos céus e na terra, as visíveis e as invisíveis, sejam tronos ou soberanias, poderes ou autoridades; todas as coisas foram criadas por ele e para ele" (Colossenses 1:16).

Jesus Cristo criou o mundo espiritual invisível, pois é a isso que "tronos... soberanias... poderes... autoridades" faz referência. Ele criou o vasto

---

[128] D. A. Carson, *The Gospel According to John* [O evangelho segundo João]. Grand Rapids: Eerdmans, 1991, p. 135.

mundo visível e o universo. Ele criou os fogos de Arcturo e do vaga-lume. Ele criou as cores do espectro – aquamarine, azul elétrico, laranja, açafrão, vermelhão. Ele criou cada textura, cada ser vivo, cada planeta, cada estrela, cada partícula de poeira estelar no canto mais esquecido do universo. E ele fez isso *ex nihilo*, do nada.

A canção prossegue celebrando Cristo como *Mantenedor*: "Ele é antes de todas as coisas, e nele tudo subsiste" (Colossenses 1:17). Há uma pintura medieval que mostra Cristo nas nuvens com o mundo dos seres humanos e a natureza abaixo dele. E um fino fio de ouro liga Cristo a cada objeto pintado. O artista estava retratando essa mesma verdade em Colossenses – que Cristo é responsável por sustentar a existência de cada ser criado.

O tempo usado no grego enfatiza que ele continua no presente a manter todas as coisas juntas; assim, não fosse sua ação contínua, tudo se desintegraria. Espantoso! A caneta com a qual escrevo, o livro que você segura, seu próprio hálito que cai sobre esta página são todos mantidos por sua palavra poderosa (Hebreus 1:3). E se ele por um milésimo de segundo cessasse de exercer seu poder, tudo despareceria.

As verdades majestosas de sua criação e o poder mantenedor praticamente exigem essa verdade de que Cristo é o *Objetivo* da criação: "Todas as coisas foram criadas... para ele" (Colossenses 1:16) – uma afirmação surpreendente. Não há nada como isso em nenhum outro lugar na literatura bíblica.[129] Ele é o ponto de partida do universo e de sua consumação. Todas as coisas surgiram sob seu comando, e todas as coisas voltarão ao seu comando. Ele é o princípio e o fim – tanto o Alfa quanto o Ômega. Tudo na criação, na história e na realidade espiritual é para ele!

O hino da encarnação termina colocando Cristo como *Reconciliador*: "Ele é a cabeça do corpo, que é a igreja; é o princípio e o primogênito dentre os mortos, para que em tudo tenha a supremacia. Pois foi do agrado de Deus que nele habitasse toda a plenitude, e por meio dele reconciliasse consigo todas as coisas, tanto as que estão na terra quanto as que estão no céu, estabelecendo a paz pelo seu sangue derramado na cruz" (Colossenses 1:18-20).

Se você adora a Cristo como o *Criador* de tudo, cada ponto cósmico através de bilhões de anos-luz no espaço infinito, o Criador das texturas, formas e cores que deslumbram nossos olhos; se você adora a Cristo como o *Mantenedor* de toda a criação, que por sua palavra mantém os átomos

---

[129] Peter T. O'Brien, *Colossians, Philemon* [Colossenses, Filemom], Word Biblical Commentary 44. Waco: Word, 1982, p. 47.

de seu corpo e este universo juntos; se você o adora como o *Objetivo* de tudo, que toda a criação é para ele; se você mais ainda adora a Cristo como o *Reconciliador* de sua alma – então você adora o Deus da Bíblia. Qualquer coisa menos do que isso tem caráter reducionista e idólatra.

Temos também as palavras dos próprios lábios de Jesus de que ele mesmo é o foco das Escrituras do Antigo Testamento. Como explicou a Cleopas e seu companheiro depois da ressurreição:

> Ele lhes disse: 'Como vocês custam a entender e como demoram a crer em tudo o que os profetas falaram! Não devia o Cristo sofrer estas coisas, para entrar na sua glória?' E começando por Moisés e todos os profetas, explicou-lhes o que constava a respeito dele em todas as Escrituras" (Lucas 24:25-27 cf. v. 44-47).

A descrição de Lucas "em todas as Escrituras" indica que não foram apenas as profecias, o sistema sacrifical, o tabernáculo, mas todo o Antigo Testamento fala de Cristo.

Cristo certamente não é encontrado na tipologia pietista peculiar que vê o cordão vermelho de Raabe como o sangue de Cristo, mas sim nos grandes eventos e personagens salvíficos da história de Israel, bem como nos clássicos textos proféticos.

A história de Israel aponta para o Reino e para o Rei vindouro. As sagas épicas de Gênesis articulam o tema. O Êxodo prefigura a grande libertação feita por Cristo, uma salvação que é somente pela graça. As histórias dos juízes – de pessoas como Eúde, Gideão e Sansão – são histórias de minis-salvação que apontam para a obra final da graça por meio de Cristo. A vida dos grandes líderes, como Davi, Moisés e Josué, prefigura Cristo.

Deus operaria uma libertação soberana por meio do filho de Davi, assim como havia feito soberanamente por meio do jovem Davi. Davi prefigura a pessoa salvadora e a obra de Cristo. Então, para onde quer que você se volte nas Sagradas Escrituras, seja para os Salmos ou para os Profetas, você chegará a Cristo. Poderia haver algum tema mais grandioso, mais cintilante em toda a história do que Cristo? Que alegria procurar as Escrituras e encontrar Cristo, repetidamente (cf. João 5:39-49).

O Antigo Testamento, é claro, combina com a imensa cristocentricidade do Novo Testamento. O autor de Hebreus argumenta nos capítulos 7-10 que os cristãos não precisam mais de um sacerdócio, de um sacrifício ou de um templo porque Cristo é ao mesmo tempo seu sacerdote, seu sacrifício e seu tabernáculo.

Porque Cristo é a revelação final de Deus, porque ele é o grande epicentro do Novo Testamento, ele deve ser o foco central da adoração do Novo Testamento. Essa é a adoração que envolve a vida toda. Os cristãos devem se concentrar em Cristo cada segundo de sua vida. E quando se reúnem para a adoração coletiva, eles devem direcionar seu coração para se unirem na radical cristocentricidade.

Para ilustrar essa finalidade, E. V. Hill, pastor da Igreja Batista Missionária Mount Zion, falou sobre o ministério de uma mulher idosa em sua igreja, a quem todos chamavam de "1800", porque ninguém sabia quantos anos ela tinha. Para com os pregadores inexperientes "1800" era dura, porque dizia a eles: "Exalte-o!" (ela estava se referindo a Cristo). Depois de alguns minutos, se não achasse que isso estava sendo feito, ela novamente gritava: "Exalte-o!" E se um pregador não "o exaltasse", ele enfrentaria um dia longo e difícil. A querida senhora "1800" não era teóloga, mas seus instintos eram sublimes. A verdadeira adoração exalta a Jesus. Ela não pode falhar em "exaltá-lo!" porque ambos os Testamentos o exaltam.

Não há nada mais importante e salutar para a igreja do que o louvor centralizado em Cristo.

### Adoração é centralizada na Palavra

No século 16, a igreja escocesa, alinhada com a Reforma, começou um belo ritual para abrir e fechar seus cultos. Quando as pessoas estavam sentadas para adorar, as portas da nave se abriam e os ministros dirigentes eram conduzidos ao púlpito por um oficial da paróquia, que levava diante deles a grande Bíblia do púlpito, em posição elevada para que toda a congregação pudesse vê-la. E à medida que a Bíblia passava, as pessoas reverentemente se levantaram. Eles faziam isso, não em adoração ao livro, mas em respeito ao seu autor divino.

Assim que a Bíblia era cuidadosamente colocada no púlpito, o oficial da paróquia (o bedel em linguagem escocesa) abria-a para a lição do dia. Isso indicava que o pregador tinha autoridade somente enquanto estava atrás do livro e pregava acerca de suas riquezas. No fim do culto, o bedel subia novamente ao púlpito, fechava a Bíblia e a elevava. Ao fazê-lo, o povo novamente se levantava reverentemente, e a Palavra de Deus era levada para o seu devido lugar com os ministros novamente caminhando em procissão. Essa bela tradição evoca profundas ressonâncias em minha alma porque a adoração cristã coletiva, e de fato por toda a vida, deve ser radicalmente centralizada na Palavra, do começo ao fim.

*Antigo Testamento*. A necessidade da adoração que abrange toda a vida, centralizada na Palavra, tem raízes substanciais na forma como a Palavra de Deus foi considerada sob a antiga aliança. Um exemplo de particular definição ocorreu no início da história de Israel no fim da vida de Moisés, quando, depois que ele terminou de escrever a Lei, ordenou aos levitas que a colocassem ao lado da arca da aliança; então convocou Israel para uma reunião e cantou sua canção épica. E imediatamente declarou: "Guardem no coração todas as palavras que hoje lhes declarei solenemente, para que ordenem aos seus filhos que obedeçam fielmente a todas as palavras desta lei. Elas não são palavras inúteis. São a sua vida" (Deuteronômio 32:46,47; cf. 31:9-13; 32:1-45). O povo da aliança de Deus foi chamado para uma absorção radical no dia a dia na Palavra de Deus.

Posteriormente, o salmista apresentou essa magistral expressão nos 176 versículos do salmo 119. Nele, em 22 estrofes (uma estrofe para cada letra do alfabeto hebraico) repetidamente enfatizou a suficiência da Palavra de Deus como "cobrindo tudo de A a Z". Posteriormente, o profeta Isaías registrou a declaração divina: "A este eu estimo: ao humilde e contrito de espírito, que treme diante da minha palavra" (Isaías 66:2).

Ainda mais tarde, na história de Israel, quando Neemias supervisionou a reconstrução dos muros de Jerusalém e Esdras abriu o recém-recuperado Livro da Lei para ler, todas as pessoas permaneceram em reverente atenção desde o amanhecer até o meio-dia – cerca de seis ou sete horas. Foi um gesto explícito de que a Palavra deveria ser o ponto central na existência de Israel. De fato, era sua vida. Parece que os reformadores escoceses responderam como Israel à leitura de Esdras da Palavra, observando como eles faziam a representação da entrada da Palavra.

*Novo Testamento*. Quando chegamos ao Novo Testamento, descobrimos uma notável continuidade do Antigo Testamento centralizado na Palavra. A resposta resumida de Jesus ao tentador foi uma frase correspondente à declaração de Moisés de que as Escrituras são "sua vida". Jesus insistiu em que elas são a comida essencial da alma: "Está escrito: 'Nem só de pão viverá o homem, mas de toda palavra que procede da boca de Deus'" (Mateus 4:4, veja Lucas 4:4, Deuteronômio 8:3). As Escrituras eram *vida* para Moisés e *comida* para Jesus – o que, na verdade, significa a mesma coisa: as Escrituras são essenciais e indispensáveis à própria vida. De fato, o chamado de Jesus à vida na Palavra é uma citação de Moisés!

A pregação de Jesus expunha as Escrituras e os conceitos do Antigo Testamento. O Sermão do Monte é um excelente exemplo, assim como sua exposição de textos-chave do Antigo Testamento, para não mencionar os textos de Lucas 24 já citados, que indicam que Cristo pregou a si mesmo a partir de todas as Escrituras. O livro de Atos repetidamente demonstra que a pregação apostólica seguiu o exemplo.

Como seria de esperar, a adoração coletiva na igreja primitiva centralizou-se na Palavra de Deus. A ordem de Paulo para Timóteo foi justamente esta: "Até a minha chegada, dedique-se à leitura pública da Escritura, à exortação (*paraklesis*) e ao ensino (*didaskalia*) (1Timóteo 4:13). Justino Mártir, escrevendo em meados do segundo século, apresentou um quadro para mostrar como isso funcionava: "No dia chamado de domingo, todos os que vivem nas cidades ou no país se reúnem em um só lugar, e as memórias dos apóstolos e os escritos dos profetas são lidos, enquanto o tempo permitir; então, quando o leitor terminar, o dirigente fala, instruindo e exortando o povo a imitar essas boas coisas."[130]

Portanto, devemos notar que a adoração coletiva na igreja apostólica e na igreja subapostólica estava centralizada na Palavra do começo ao fim. Isso, obviamente, está em consonância com as instruções bibliocêntricas de Paulo a Timóteo sobre a pregação (2Timóteo 2:15; 3:14-17; 4:1-5). Assim, concluímos que a adoração centralizada na Palavra estava enraizada no Antigo Testamento e floresceu explicitamente no Novo Testamento.

*Palavra e Espírito*. Há uma outra razão substancial pela qual toda a adoração coletiva deve ser centralizada na Palavra: Palavra e Espírito não podem ser separados. Em um artigo de 1995, em homenagem ao pregador britânico R. C. Lucas, erudito do Antigo Testamento e pastor australiano, John Woodhouse apresenta um argumento convincente para a exposição bíblica baseada na inseparabilidade da Palavra e do Espírito de Deus. Ele observa que o *rûah* hebraico e o *pneuma* grego podem significar "vento" e "sopro", assim como "espírito", e que em muitos textos bíblicos "o Espírito de Deus" pode ser bem traduzido por "o sopro de Deus". Assim, "no pensamento bíblico, o Espírito de Deus está tão intimamente ligado à Palavra de Deus quanto a respiração está ligada à fala".[131]

Woodhouse mostra que a conexão entre Palavra e Espírito começa nas primeiras palavras da Bíblia: "No princípio Deus criou os céus e a terra. Era a terra sem forma e vazia; trevas cobriam a face do abismo, e o *Espírito* de

---

[130] Citado em John Stott, *Guard the Truth* [Guarda a verdade]. Downers Grove: InterVarsity Press, 1966, 121, citando *First Apology* [Primeira apologia], trans. A. W. F. Blunt, in *Cambridge Patristic Texts* [Textos patrísticos de Cambridge]. Cambridge: Cambridge University Press, 1911, 1.67.

[131] Em *When God's Voice Is Heard* [Quando a voz de Deus é ouvida], ed. David Jackman e Christopher Green. Leicester: IVP, 1995, p. 55.

Deus (*rûah*; lido como *sopro*) se movia sobre a face das águas. *Disse* Deus: 'Haja luz', e houve luz" (Gênesis 1:1-3, itálico acrescentado).

Além disso, a conexão dinâmica entre *rûah* (Espírito) e a fala ("Deus disse") muitas vezes se perde. Mas o salmista fez a conexão: "Mediante a *palavra* do S㎜ㅇ㎜ foram feitos os céus, e os corpos celestes, pelo *sopro [rûah]* de sua boca" (Salmos 33:6, grifos acrescentados).

Novamente, Espírito e Palavra estão conectados intimamente, como respiração e fala.

O profeta Isaías afirma a conexão com semelhante paralelismo poético: "Porque a boca do Senhor ordenou, e o seu Espírito [*rûah*; fôlego] mesmo as ajuntará (Isaías 34:16 ARA, ver Isaías 59:21; 61:1). O Dr. Woodhouse comenta: "A lógica é que onde está a Palavra de Deus, ali também está o Espírito (ou sopro) de Deus. Pois a palavra de alguém não pode ser separada da respiração."[132]

Essa conexão inseparável entre a Palavra e o Espírito flui diretamente para o Novo Testamento. Jesus diz: "Pois aquele que Deus enviou fala as *palavras* de Deus, porque ele dá o *Espírito* sem limitações" (João 3:34). E novamente Jesus diz: "As *palavras* que eu lhes disse são *espírito* e vida" (João 6:63, grifos acrescentados). Na verdade, existem muitas declarações no Novo Testamento em que "Espírito" e "Palavra" são praticamente intercambiáveis (por exemplo, Tiago 1:18; 1Pedro 1:23, veja João 3:5).[133]

Assim, segue-se que, se tivermos algum desejo pelo ministério do Espírito Santo em nossos cultos de adoração coletiva, esses cultos devem ser radicalmente centralizados na Palavra, porque:

- A Palavra de Deus é nossa vida.
- A Palavra de Deus é nosso alimento.
- A Palavra de Deus é peça central da adoração coletiva no Novo Testamento.
- A Palavra e o Espírito não podem ser separados.

Isso significa que nossa adoração coletiva deve ser centralizada na Palavra do começo ao fim. Não nos encontramos para "adorar e ouvir a Palavra".

---

[132] Ibid., p. 56. Para outras conexões no Novo Testamento, veja Atos 1:8; 5:30-32; 1Tessalonicenses 1:4,5; 2:13.

[133] Ibid., p. 58.

*Tudo* tem a ver com o ministério da Palavra. Isso significa que a pregação deve ser inteiramente bíblica –, *expositiva*.

Mas determinar a exposição como o evento principal não é suficiente. A Palavra de Deus deve envolver tudo. A leitura cuidadosa da Palavra deve ser central. Hinos e cânticos devem estar saturados da Palavra. As orações devem ser biblicamente instruídas, impregnadas com a realidade bíblica – muitas vezes refletindo a própria linguagem e estrutura da Escritura.

A pregação da Palavra de Deus deve ser a Palavra de Deus. Tal culto requer conformidade com princípios, oração reflexiva e trabalho árduo. Pode não haver necessidade de se fazer um desfile carregando a Escritura, enquanto o povo de Deus se põe em pé em reverência. Mas isso precisa acontecer em nosso coração. A adoração coletiva deve ser centralizada na Palavra se for para glorificar a Deus como deveria.

Isso proporciona um momento de reflexão para muitos, na tradição da Igreja Livre, que conscientemente minimizam a Palavra de Deus na adoração coletiva.

### Adoração é consagração

Há aqueles que argumentam que a adoração não pode – quase não deve! – ter lugar na igreja porque o cantar e o ouvir exigem muito pouco de nós no que diz respeito ao modo como vivemos. Eles argumentam que a adoração autêntica ocorre quando vivemos em obediência de segunda a sábado em meio a um mundo hostil.

Certamente, eles obtêm aí um ponto de vantagem. A adoração não pode ser separada do culto consagrado a Deus. A noção de que você pode ir à igreja no domingo e dobrar seus joelhos em adoração, quando na verdade você não fez isso durante a semana, não passa de ilusão. Tal "adoração" é uma impossibilidade espiritual. Certamente nenhum exercício litúrgico, realizado em um suposto "espaço sagrado", pode ser presumido como um culto à parte do culto de adoração a Deus durante a semana.

No entanto, limitar o propósito da assembleia do povo de Deus ao Dia do Senhor para a edificação é desnecessariamente restritivo e redutor. Adequadamente compreendida e administrada, a adoração coletiva fortalecerá a adoração autêntica durante todo o tempo.

A adoração coletiva funciona regularmente para intensificar nossa consagração ao serviço. Martinho Lutero disse: "No lar, em minha própria casa, não há calor ou vigor em mim, mas na igreja, quando a multidão está reunida, um fogo se acende em meu coração e ele abre caminho para a adoração".[134]

Lutero era um homem não consagrado? Certamente que não. Ele servia a Deus durante toda a semana? Sim. Mas seu coração se tornava alegremente ansioso e tomado por um intenso desejo de uma vida de comunhão por meio da adoração coletiva regular.

De fato, essa é uma das principais razões para adorar com o corpo de Cristo – porque por meio da leitura e da pregação da Palavra de Deus, por meio do louvor em conjunto com a Palavra, por meio de hinos e cânticos espirituais (a maioria dos hinos são intrinsecamente congregacionais), por meio da oração pública buscando a vontade de Deus, e participando juntos na Mesa do Senhor, o povo de Deus será encorajado e fortalecido para viver de forma consagrada.

Devemos entender que é frequentemente durante a adoração coletiva, ou como resultado de tal adoração, que muitos cristãos chegam a uma consagração mais profunda – e assim têm uma vida diária de adoração intensa. O apóstolo Paulo tinha um entendimento claro de que a consagração é essencial para a verdadeira adoração: "Portanto, irmãos, rogo-lhes pelas misericórdias de Deus que se ofereçam em sacrifício vivo, santo e agradável a Deus; este é o culto racional de vocês" (Romanos 12:1). O culto coletivo deve sempre alimentar o fogo sacrificial do culto cotidiano.

Compreender que a adoração é consagração significa que o pastor deve cuidar para que tudo na adoração, em conjunto, leve à conclusão de Isaac Watts: "O amor tão incrível, tão divino/exige a minha alma, a minha vida, o meu tudo".

### 5. Adoração é com todo o coração

*Abrangência*. O tratado de Jonathan Edwards sobre *The Religious Affections* [As afetividades religiosas] é uma brilhante exposição e aplicação de 1Pedro 1:8: "Mesmo não o tendo visto, vocês o amam; e apesar de não o verem agora, creem nele e exultam com alegria indizível e gloriosa." Edwards empregou esse texto como uma lente através da qual seria possível avaliar e autenticar o verdadeiro cristianismo. Ele sustentou que as almas verdadeiramente regeneradas são caracterizadas por tal amor, fé e alegria.

---

[134] Citado em Robert G. Rayburn, *O Come, Let Us Worship* [Oh, vinde, adoremos]. Grand Rapids: Baker, 1984, p. 29.

Ao contrário de nós, Jonathan Edwards não usou a palavra afetos para descrever um sentimento moderado, emoção ou um terno apego. Por "afeições", Edwards se referia ao coração, às inclinações e à vontade de alguém.[135] Ele escreveu: "Pois quem negará que a verdadeira religião consiste, em grande parte, de ações vigorosas e vivas da inclinação e vontade da alma ou do fervoroso exercício do coração?"[136] Em seguida, Edwards demonstrou, a partir de uma série de textos das Escrituras, que o cristianismo real afeta grandemente as afeições que tratam com os temores, a esperança, o amor, o ódio, os desejos, as alegrias, as tristezas, a gratidão, a compaixão e o zelo de uma pessoa.[137] Assim, ele apresenta as seguintes conclusões:

> Pois, embora para a verdadeira religião deva existir algo além do afeto, ainda assim, a verdadeira religião consiste tanto nas afeições que não pode haver uma religião verdadeira sem elas. Aquele que não tem afetividade religiosa acha-se em estado de morte espiritual e está totalmente destituído das influências poderosas, vivificantes e influentes do Espírito de Deus em seu coração. Como não há religião verdadeira onde não há nada além de afeto, então não há religião verdadeira onde não haja afetividade religiosa.[138]
>
> Se as grandes linhas da religião forem corretamente entendidas, elas afetarão o coração. O motivo pelo qual as pessoas não são afetadas por essas coisas infinitamente grandes, importantes, gloriosas e maravilhosas ao, muitas vezes, ouvir e ler a Palavra de Deus, é porque são, sem dúvida, cegos; se não fossem seria impossível e completamente inconsistente com a natureza humana, seu coração ser de outra maneira que não fortemente impressionado e muito comovido por tais coisas.[139]

Deste modo, seguramente, a verdadeira adoração é demonstrativa: ela se derrama de seu coração, envolve suas inclinações para agradar a Deus e direciona sua vontade para servi-lo. A verdadeira adoração não é o resultado

---

[135] Jonathan Edwards, *The Religious Affections* [As afetividades religiosas]. Edinburgh: Banner of Truth, repr. 1994, 24: "Essa faculdade é conhecida por vários nomes; às vezes, é chamada de inclinação; e, como diz respeito às ações que são determinadas e governadas por ela, é chamada de vontade; e a mente, em relação aos exercícios dessa faculdade, é frequentemente chamada de coração."

[136] Ibid., p. 27.

[137] Ibid., p. 31-35.

[138] Ibid., p. 49.

[139] Ibid., p. 50.

de um sentimento moderado ou de uma emoção. Ela envolve todo o seu ser. Em uma palavra: é abrangente! Lá se vai a ideia calvinista de adoração bem equilibrada e convenientemente interior – que insere Deus em categorias escolásticas latinas, mas se envergonha quando os outros se entusiasmam a respeito do amor de Deus.

A adoração envolve todo o ser.

*Apaixonante*. Certamente todos nós entendemos que a adoração autêntica não pode ser desapaixonada. Mas nem todos se sentem confortáveis com a afirmação de que a adoração deve ser apaixonada. No entanto, isso é totalmente verdadeiro – com a ressalva de que entendemos que a paixão é mediada pela singularidade de nossas origens culturais e personalidades concedidas por Deus.

Algumas personalidades são naturalmente passionais, enquanto outras são mais contidas. Mas, ao adorar, tanto de modo efusivo quanto reservado, os adoradores devem estar envolvidos apaixonadamente.

Devemos também permitir que haja momentos em que as nossas afeições religiosas sejam levadas a um culto extraordinariamente apaixonado. A unção que Maria, de Betânia, fez para Jesus, foi um evento único de adoração. De fato, não se repetiu porque a morte de Jesus ocorreu logo em seguida. Ele afirmou, em relação à adoração de Maria: "Derramou o perfume em meu corpo antecipadamente, preparando-me para o sepultamento" (Marcos 14:8).

O coração de Maria explodiu em uma expressão fervorosa de devoção tão apaixonada que não se encontra nada igual em qualquer outro lugar das Escrituras. O vaso foi quebrado! Ela derramou uma fortuna em forma de perfume! E os cabelos dela se projetaram ao se prostrar humildemente em adoração, para enxugar os pés de seu Salvador (João 12:3). Foi um derramamento espontâneo de seu amor, tão extravagante e tão escandaloso, aos olhos dos discípulos de Jesus (v. 4,5). Mas Jesus deu sua aprovação à paixão de Maria: "'Deixem-na em paz', disse Jesus. 'Por que a estão perturbando? Ela praticou uma boa ação para comigo' [...] 'Eu lhes asseguro que onde quer que o evangelho for anunciado, em todo o mundo, também o que ela fez será contado em sua memória'" (Marcos 14:6,9).

Devemos deixar espaço em nossa vida para tal humilde extravagância se Deus assim inclinar nosso coração. Como o rei Davi disse em outro relevante evento na história da salvação, "perante o Senhor celebrarei e me rebaixarei ainda mais, e me humilharei aos meus próprios olhos" (2Samuel 6:21,22). A adoração exige todas as nossas afeições. Ela exige devoção apaixonada. "O céu rejeita a tradição calculada (medida), exagerada ou sem emoção."[140]

---

[140] William Wordsworth, *Ecclesiastical Sonnets* [Sonetos eclesiásticos], Part 3, p. 43.

*Envolvimento*. A questão é que não há lugar para um culto em que não exista envolvimento, ou que seja de uma formalidade intelectualizada e fria. Precisamos estar envolvidos.

Os hinos e cânticos da igreja demandam envolvimento radical. As "Orientações para o louvor", escritas há mais de 230 anos, apresentam um padrão, em seu prefácio de *Selected Hymns* [Hinos seletos]:

> Acima de tudo, cante espiritualmente. Olhe para Deus em cada palavra que você cantar. Tente agradá-lo mais do que a si mesmo, ou a qualquer outra criatura. Para fazer isso, observe estritamente o sentido do que você canta e cuide para que seu coração não seja atraído pelo som, mas que seja oferecido a Deus continuamente; seja assim o seu cantar, como o Senhor aprova aqui, e ele recompensará vocês quando vier nas nuvens do céu.[141]

Da mesma forma, a leitura das Escrituras deve ser atentamente ouvida. A imagem de todo o povo de Jerusalém, em pé desde o amanhecer até meio-dia, ouvindo Esdras ler as palavras da Lei, transmite a ideia (Neemias 8).

As orações da congregação devem ser combinadas com "améns" interiores e exteriores, enquanto nosso coração se envolve com o que está dito em oração. O verdadeiro envolvimento na oração coletiva oferece à nossa alma o benefício de participar das orações dos outros e atingir outras dimensões que de outra forma não alcançaríamos, bem como de expressar pensamentos além de nossa capacidade pessoal.

E a pregação? Na mesma medida em que ela é fiel à Palavra, deve ser ouvida como a Palavra de Deus.[142]

## Adoração é reverente

Aqui devemos refletir sobre os dois montes contrastantes de Hebreus 12 (Sinai e Sião), porque juntos fornecem a visão que deve instruir toda a adoração do Novo Testamento. Resumidamente, o argumento do autor em Hebreus 12:18-29 é este: Vocês não vieram ao monte Sinai e ao fogo consumidor de Deus (v. 18-21); antes, chegaram ao monte Sião e à consumada

---

[141] John Wesley, *Select Hymns with Tunes Annext: Designed Chiefly for the Use of the People Called Methodists* [Hinos seletos com melodias anexas: preparados especialmente para o uso do povo chamado Metodista]. Bristol: William Pine, 1761, ed. 1770.

[142] Segundo a *Confissão Helvética*: "A pregação da Palavra de Deus é a própria Palavra de Deus" *(praedicatio verbi Dei est verbum Dei)*.

graça de Deus (v. 22-24). Estar na sua graça requer duas coisas de você: obediência (v. 25-27) e adoração: "Portanto, já que estamos recebendo um Reino inabalável, sejamos agradecidos e, assim, adoremos a Deus de modo aceitável, com reverência e temor, pois o nosso 'Deus é fogo consumidor!'" (v. 28,29).

Assim, pode-se observar o paradoxo: embora você esteja em pé, sobre as encostas graciosas de Sião e não no feroz Sinai, a reverência com que você deve adorar em toda a sua existência é instruída e infundida pela revelação do Sinai de que Deus é um fogo consumidor. Como é isso? Muito simples, ambos os monte revelam Deus. O Deus de Sião é o mesmo Deus do Sinai. E embora possamos nos aproximar dele por causa de sua graça ilimitada, ele permanece como um fogo santo consumidor. Note bem o tempo: "nosso Deus é [não era] um fogo consumidor'" (v. 29, veja Deuteronômio 4:24). Essa é a realidade da nova aliança.

*Monte Sinai.* O Sinai, como é memoravelmente descrito nos versículos 18-21, apresenta um pano de fundo salutar para uma vida de adoração. Vemos uma montanha em chamas com "fogo nos céus" (Deuteronômio 4:11), coberta de escuridão profunda, raios reluzindo sobre as artérias nas nuvens, com grandes brados de trombetas por meio do ribombar de trovões e o chão tremendo, enquanto a voz de Deus pronuncia os Dez Mandamentos. O Deus santo irradia ira e julgamento contra o pecado. Não se pode aproximar dele.

*Monte Sião.* Naturalmente, a outra montanha, o monte Sião do Novo Testamento, completa o quadro. Essa montanha, com a multiplicidade de seus benefícios, é eminentemente acessível. "Mas vocês vieram": para a *cidade de Deus*, o monte Sião, "à Jerusalém celestial, à cidade do Deus vivo"; aos *anjos*, "aos milhares e milhares de anjos em alegre reunião"; aos *coerdeiros*, "à igreja dos primogênitos, cujos nomes estão escritos nos céus"; a *Deus*: "chegaram a Deus, o juiz de todos os homens"; à *igreja triunfante*, "aos espíritos dos justos aperfeiçoados"; a *Jesus*, "mediador de uma nova aliança"; ao *perdão*, "ao sangue aspergido que fala melhor do que o sangue de Abel" (v. 22-24).

Que visão temos do Calvário. Aqui está Deus, o Filho, com os braços bem abertos, como se abraçasse a todos os que chegaram até ele, seu sangue caído apresentando uma palavra melhor do que o sangue condenatório de Abel. Aqui está a graça consumidora de Deus. O monte Sião, coroado pelo Gólgota, nos mostra Deus e sua graça.

Ambas as montanhas – Sinai e Sião – revelam o Deus que adoramos. Nenhuma delas pode ser separada da outra. Deus não é o Deus de uma montanha, mas de ambas. As visões de ambas devem ser mantidas em uma tensão abençoada em nosso coração. Essa enorme revelação dupla das montanhas é destinada a moldar o modo de viver nossa vida cotidiana na adoração. Devemos adorar a Deus de acordo com sua revelação, não de acordo com nossa disposição. Devemos adorar a Deus com reverência e temor, pois nosso "Deus é um fogo consumidor". Essa é uma necessidade individual, doméstica e coletiva.

Muitos líderes da igreja não conseguiram entender isso. E a loucura coletiva aqui descrita provavelmente indica um culto deficiente na vida cotidiana das pessoas. Durante as férias, um de meus associados visitou uma igreja onde, para sua surpresa, o prelúdio de adoração foi a canção-tema, em estilo ragtime, do filme de Paul Newman/Robert Redford "The Sting", intitulado (significativamente, eu acho), "O apresentador". A congregação estava se preparando para a adoração divina, enquanto as imagens cinematográficas de Paul Newman e Robert Redford vestidos no estilo dos anos 1920 pairavam em seu subconsciente! E isso foi apenas o prelúdio, pois o que se seguiu foi um culto bizarro que não mostrou sequer uma tentativa de adoração reverente. O "ponto alto" ocorreu durante os anúncios, quando o pastor (inspirado, sem dúvida, pelo prelúdio excitante) ficou fazendo "chifres" com os dedos bifurcados, fazendo caretas, por trás da cabeça da infeliz pessoa que estava fazendo os anúncios. Esta palhaçada ocorreu em uma autoproclamada "igreja que crê na Bíblia" que ostensivamente adora o Santo Deus trino da Bíblia.

Mas o que estava na mente do pastor e do povo? O que eles realmente pensam de Deus? Como alguém poderia fazer essas coisas e entender quem é Deus? Eram marionetes evangélicas inconscientes, cuja ignorância de ambos os Testamentos havia produzido tantas edições de Deus, que o culto divino havia se transformado em uma das variedades que tem o homem como centro.

Claro, o exemplo é extremo. Tal vulgaridade é rara. Ao mesmo tempo, a incessante trajetória horizontal de muitos cultos dominicais, a desatenção à Palavra de Deus, tanto na leitura e na pregação, quanto na oração casual, impensada, por meio de orações inconsistentes, banalizaram a adoração coletiva.

Certamente, os cristãos devem se conectar uns com os outros, e devem ter o melhor senso de humor deste planeta. Os cristãos devem desfrutar a vida ao máximo. Mas eles também precisam saber e entender que Deus permanece como um "fogo consumidor" e que a adoração aceitável acontece quando há reverência e admiração autêntica em todos os aspectos da vida, não menos importante na adoração coletiva.

## RESUMO

Esses seis aspectos distintivos da adoração são os princípios de controle para nos orientar como conduzir nossos cultos incorporados na Igreja da Faculdade. Isso não é teoria, mas prática.

Cada um deles, por si, quando levado ao coração, exerce uma profunda influência sobre o culto de adoração. E quando eles são propositadamente misturados em um buquê – quando a adoração é ao mesmo tempo centralizada em Deus, em Cristo e na Palavra, sendo consagrada, sincera e reverente – o efeito tudo ficar sob controle. Na verdade, nossa experiência é essas seis essências, como um bom perfume, se juntarem umas às outras em rica fragrância – um doce aroma de adoração a Deus.

A importância desses distintivos, mesmo no nível horizontal, é imensa, porque a adoração corporativa é onde a edificação ocorre com mais eficácia. Se a igreja reunida efetivamente adora a Deus, então a igreja composta de pessoas, individualmente adorará melhor Deus em todos aspectos de sua vida.

## ADORAÇÃO COLETIVA: SUA MÚSICA

Antes de tratarmos de "como fazer" o culto coletivo, deve ser dada a perspectiva adequada à música como um meio de adoração coletiva. A música somente tem relevância no culto cristão quando dele faz parte e contribui para um culto baseado na Palavra do começo ao fim. É por isso que a música tem de permanecer sob exame constante, e o ministério da música necessita ser sempre avaliado para estar centralizado na Palavra. Os exemplos históricos de Ambrósio e Lutero, cujos hinos levaram as pessoas à fé e lhes ensinaram a Bíblia, são tão importantes hoje como em qualquer outro momento da história cristã.[143]

### Música servindo à pregação

Em nosso meio, entendemos que a música deve servir à pregação. E porque todo o culto é construído em torno do sermão, todas as músicas e

---

[143] J. McKinnon, *Music in Early Christian Literature* [A música na literatura cristã primitiva]. Cambridge: Cambridge University Press, 1986, p. 132, cita *Sermo contra Auxentium de basilicis tradentis* xxxiv; PL xvi, 1017-8, que é uma aparente referência ao canto congregacional dos hinos de Ambrósio: "Eles também dizem que as pessoas são desviadas pelos encantos de meus hinos. Certamente; não o nego. Esse é um encanto poderoso, mais poderoso do que qualquer outro. O que serve mais do que a confissão da Trindade, que é proclamada diariamente pela boca de todos os povos?" Isto também lembra a crítica indireta a Lutero: "Ele tem condenado mais pessoas com seus hinos do que com sua pregação".

hinos precisam ter o objetivo de se relacionar, ou comentar, algum aspecto do texto. Isso pode significar cantar sobre o caráter de Deus como revelado no texto; pode destacar um princípio de ensino ou aplicação; ou pode sublinhar o compromisso que o texto ressalta. Às vezes o que é cantado está relacionado com um texto paralelo a uma passagem da Escritura ou pode ser uma paráfrase do próprio texto. A congregação canta e o que se ouve no canto é o que vai fluir a partir do texto bíblico central do dia.[144]

Da mesma forma, a música instrumental é muitas vezes baseada em melodias de hinos em associação com um texto bem conhecido. Muitas vezes, o caráter da passagem do sermão irá sugerir música não vocal – calma, marcial, alegre e assim por diante.

Acreditamos que a música deve servir principalmente ao texto. Don Hustad (o "Decano" da música na igreja evangélica) descreve a música para o culto como essencialmente "funcional".[145] As palavras e as ações do povo de Deus, reunido para o culto, cria a necessidade de música, proporciona o ambiente para a execução da música, e deve, finalmente, servir de juiz de como o êxito foi alcançado em sua exaltação de Cristo e sua Palavra.

### Música desenvolve a maturidade

O próprio ato de cantar a Palavra de Deus ou cantar uma verdade bíblica sobre Deus é essencialmente edificante, porque a música é mais facilmente lembrada. O imenso escopo dos cinco livros dos Salmos testificam o poder da música para edificar. Como a música envolve tão naturalmente nossas emoções, deve-se tomar muito cuidado em relação a ela para assegurar sua fidelidade bíblica. Demasiadas vezes, a igreja de hoje busca sentimentos afetivos, sem usar de muito cuidado com a disciplina da Palavra.

Assim, vemos a música em seu melhor papel como veículo para a obediência à Palavra de Deus. A adoração atinge um grau elevado quando tanto os que fazem música (compositores, diretores e todos os que cantam ou tocam instrumentos) quanto a igreja a que servem dobram os joelhos para a glória de Deus e fazem música em obediência à sua Palavra.

---

[144] Devemos observar o calendário da igreja sobre o Advento. Nesses domingos, nossa música pode estar relacionada com o "dia" e não com o sermão. Mesmo assim, no entanto, a música se relaciona com as Escrituras do Advento.

[145] Donald Hustad, *Jubilate II* (Carol Stream: Hope, 1993), capítulo 2: "Church Music: A Functional Art" [Música na igreja: uma arte funcional].

## Música é responsabilidade de todos

No Antigo Testamento a música era uma função sacerdotal; no Novo Testamento ainda permanece como uma questão sacerdotal. Jesus, nosso Sumo Sacerdote, diz: "Proclamarei o teu nome a meus irmãos; na assembleia te louvarei" (Hebreus 2:12, citando Salmos 22:22). E, claro, como um reino de sacerdotes, o povo de Deus é convidado a cantar.

O apóstolo Paulo comentou sobre essa responsabilidade musical quando instruiu a igreja em Corinto sobre o exercício público dos dons. Ele disse: "Cantarei com o espírito, mas também cantarei com o entendimento" – ao encorajar a igreja a se envolver mentalmente com as palavras que estavam sendo cantadas (cf. 1Coríntios 14:15). Algumas linhas depois, ele instruiu: "Quando vocês se reúnem, cada um de vocês tem um salmo, ou uma palavra de instrução, uma revelação, uma palavra em língua ou uma interpretação. Tudo seja feito para a edificação da igreja" (v. 26). Como povo de Deus, eles estavam usando sua voz para edificar a igreja. Continua sendo responsabilidade de todos.

Em sua carta à igreja de Éfeso, Paulo exortou seus leitores, com relação a se encherem do Espírito: "Falem entre si com salmos, hinos e cânticos espirituais. Cantem e louvem de coração o SENHOR, dando graças constantemente a Deus Pai por todas as coisas, em nome de nosso SENHOR Jesus Cristo" (5:19,20). Da mesma forma, na sua exortação à igreja de Colossos, o apóstolo demonstra sua compreensão sobre o papel de ensinar e edificar pela música: "Habite ricamente em vocês a palavra de Cristo; ensinem e aconselhem-se uns aos outros com toda a sabedoria, e cantem salmos, hinos e cânticos espirituais com gratidão a Deus em seus corações" (Colossenses 3:16).

Paulo compreendeu a inseparabilidade da Palavra e do Espírito (eles são como a fala e a respiração) e ordenou o povo de Deus a se envolver corporativamente no ministério mútuo por meio da Palavra e do Espírito enquanto cantavam. É da responsabilidade do Corpo de Cristo, sempre que se reúne.

## Escolha da música é importante

Escolher uma música de adoração que seja apropriada não é meramente questão de selecionar entre uma música cristã tradicional e contemporânea. A decisão deve ser orientada por princípios. Seja qual for o gênero de música, essa escolha precisa atender a três critérios: texto, melodia e adequação.

*Texto*. Avaliação de texto ou das letras da música deve ocorrer em primeiro lugar. Quem escolhe todas as músicas tem a responsabilidade de fazer uma pesquisa bíblica para que haja conformidade com a orientação do texto do sermão. O líder de música deve trabalhar com a Bíblia em uma mão e o hinário na outra.

As letras são bíblicas? Alusões bíblicas, e até mesmo uma abundância de citações, não oferecem essa garantia. Algumas letras fazem alusões díspares de passagens bíblicas em uma montagem confusa. A canção bem conhecida "Tu és tudo para mim" é um caso que ilustra esse ponto. Segue por partes:

> Tu és minha força quando me sinto fraco,
> Tu és o tesouro que eu procuro...
>
> Procuro por ti como uma joia preciosa,
> Senhor, se eu desistir serei um tolo...

Também pode haver letras com base nas Escrituras que não representam o significado da passagem escriturística em seu contexto. Um exemplo disso é o coro:

> Este é o dia
> (Este é o dia)
> Que o Senhor fez,
> (Que o Senhor fez.)
> Nós nos regozijaremos
> (Nós nos regozijaremos)
> E nele nos alegraremos.
> (E nele nos alegraremos).[146]

A melodia saltitante é evocativa de um grupo de fiéis exultantes num dia ensolarado, sendo muitas vezes usada para começar uma reunião matinal. Mas a citação é de Salmos 118:24, que está inserido num contexto de julgamento escatológico. Esse sentido se torna bem claro quando a frase anterior é lida: "A pedra que os construtores rejeitaram tornou-se a pedra angular. Isso vem do Senhor, e é algo maravilhoso para nós. Este é o dia em que o Senhor agiu; alegremo-nos e exultemos neste dia" (Salmos 118:22-24).

---

[146] © 1967 Scripture in Song [A Escritura em canções], uma divisão da Integrity Music, Inc./ASCAP. Todos os direitos reservados. Copyright internacional assegurado. Usado com permissão. C/o Integrity Music, Inc., 1000 Cody Road, Mobile, AL 36695.

Na verdade, em seu discurso no templo, Jesus citou o versículo 22 para confirmar uma parábola sobre o juízo:

> Jesus olhou fixamente para eles e perguntou: Então, qual é o significado do que está escrito? "A pedra que os construtores rejeitaram tornou-se a pedra angular". Todo o que cair sobre esta pedra será despedaçado, e aquele sobre quem ela cair será reduzido a pó (Lucas 20:17,18).

Sim! Este é o dia que o Senhor fez. E, sim, regozijemo-nos e alegremo-nos nele. Mas não *quando* ou *como* a popular música sugere.

Devemos estar conscientes de que novas canções populares surgem num ambiente hermenêutico, que desconecta passagens isoladas da Escritura de seu significado contextual. De forma semelhante, até mesmo uma música "baseada num texto da Escritura" (isto é, usando integralmente palavras da Escritura) pode se mostrar antibíblica, porque é cantada como uma partícula repetitiva e, portanto, transmite uma sensação que fica muito distante de seu significado bíblico. O canto de Salmos 46:10a, "Saibam que eu sou Deus" (frase repetida três vezes) inserido em uma doce melodia, sugere um encontro bucólico e tranquilo com Deus. Isso dificilmente poderá ser consistente com o seu contexto marcial (Salmos 46:8-11). É melhor não usar um hino ou uma música que decididamente irá deturpar o significado textual.

*Melodia*. Em seguida, a melodia deve dar suporte ao significado do texto. É inevitável que uma melodia sentimental ligada a um texto exortativo irá esvaziar a força do texto. Assim, os elementos essenciais para a avaliação de uma melodia são respondidos com a pergunta: sua característica combina com o texto? A melodia é capaz de se sustentar sozinha? Essas não são questões esotéricas que só podem ser respondidas pelos "especialistas". Qualquer pessoa com algum conhecimento musical, algum senso comum e uma vontade de refletir nisso pode tomar boas decisões.

Aqui devemos notar também que o andamento musical deve ser apropriado para o texto. Por exemplo, um andamento 3/4, é próprio para valsa, portanto, não é apropriado para determinadas verdades teológicas. Por exemplo, a canção gospel "Jesus está voltando" tem uma melodia em compasso de valsa, num estilo popular de jazz da década de 1940; e sendo que o Segundo Advento é, certamente, a "bendita esperança" do cristão, não combina como estilo valsa.

*Adequação*. Por fim, a tarefa de seleção dos hinos deve estar no contexto da necessidade de se conhecer a congregação. Há uma adequação cultural que não pode ser ignorada nesta questão. Um hino ou um cântico pode ser textualmente ideal, sua melodia pode ser consistente com o texto, mas ser demasiadamente formal ou muito informal para uma determinada congregação em sua configuração particular. Os líderes do culto devem estar em sintonia, tanto com a Palavra quanto com as pessoas que estão sendo servidas.

### Músicos devem ser preparados

Após a seleção vem a necessidade de preparo espiritual. O músico deve ver-se como companheiro de trabalho na Palavra e conduzir tudo com compreensão e ter um coração envolvido com ela. Aqueles que ministram nos cultos de adoração devem ser cristãos saudáveis que têm confessado seus pecados e pela graça de Deus estão vivendo sua vida de forma consistente com a música que conduzem. Um fato preocupante é que, ao longo do tempo, a congregação tende a se tornar semelhante àqueles que a conduzem.

Os músicos também são chamados a apresentar o seu melhor para Deus. Os padrões qualitativos podem ser expressos classicamente (unidade, clareza e proporção) e biblicamente (criatividade, beleza e arte). No culto cristão, em que a música é serva da Palavra de Deus, os padrões musicais são um requisito para a comunicação clara. A música da igreja precisa ser julgada por padrões universais de musicalidade: deve ser música de qualidade, bem executada, com atenção devida à entonação, ter precisão rítmica, articulação e tom. Feliz é a congregação liderada por músicos piedosos e competentes!

### Igreja é o principal instrumento

A igreja também deve estar preparada para o seu ministério de música porque ela é o principal instrumento de louvor, ela é o coral indispensável! Músicos e grupos corais desempenham uma função questionável (entretenimento?), caso a igreja não cante. Na Igreja da Faculdade, os corais entendem que a primeira, dentre suas responsabilidades no ministério, é direcionar a congregação a cantar. Isto é, acima de tudo, uma questão fundamental, e então uma disposição sincera. Sempre que introduzimos uma música nova, devemos nos certificar de que os grupos de louvor a conheçam primeiro. Isso torna os novos hinos e cânticos mais facilmente aceitáveis. O louvor de qualidade edifica o povo de Deus em sua Palavra e também chama os incrédulos a considerarem tanto a realidade quanto a substância da fé.

Temos descoberto que um estudo reflexivo a respeito de novas canções (tempo adequado, colocação, considerações pastorais) e um treinamento apropriado irão instruir uma congregação em sua capacidade de louvar. Em nosso contexto particular, começamos a instruir nossos filhos naquilo que é o essencial da adoração durante os anos do jardim de infância até a segunda série, com um programa intitulado *Wonders of Worship* [Maravilhas do louvor], em que um ano inteiro é dedicado a focar sobre o que, onde, quando, por que, e o como da adoração (Veja Apêndice B).

O ministério da música não é ministério diferente dos demais. É o primeiro, o último, e sempre um ministério da Palavra de Deus.

# APÊNDICE A
## ADORAÇÃO DA IGREJA DA FACULDADE

**Manhã de domingo**

**Planejamento** – Durante muitos anos eu me encontrava nas quintas-feiras com meu pastor executivo, o ministro de música em tempo parcial, um membro da congregação com dotação espiritual e estética para planejar cultos coletivos. Após a oração, a primeira parte do nosso encontro era utilizada para a avaliação do culto do domingo anterior. Em seguida, planejávamos os cultos seguintes e depois dávamos atenção a quaisquer pendências ainda existentes para o próximo domingo. Essa abordagem prática foi, por si só, um processo de aprendizado para mim.

Agora que temos um ministro em tempo integral para a música, esse trabalho foi colocado sobre seus ombros capazes. Sua tarefa é estudar os próximos textos, por si mesmo, para descobrir seus temas ou "linhas melódicas" (ele me consulta apenas se for necessário) e depois moldar a ordem de adoração coletiva em torno do texto bíblico. A avaliação semanal acontece primeiramente na reunião do grupo de trabalho, e depois conosco em uma breve reunião.

Além de manter um olho sobre os seis aspectos distintivos do culto, uma atenção especial é dada aos serviços de planejamento que são unificados em torno do texto bíblico do começo ao fim. Os cultos são caracterizados pela excelência criativa e pelo calor alegre. Geralmente, a congregação não tem consciência da profundidade de sua unidade enquanto adora. Nós gostamos que aconteça dessa maneira. A autoconsciência de "unidade" pode ser forçada e causar distração.

Costumamos variar a ordem da adoração coletiva de tempos em tempos. A seguir, há dois exemplos, dispostos lado a lado para efeitos de comparação:

| | |
|---|---|
| Prelúdio | Prelúdio |
| Boas-vindas | Convite do coral para adorar |
| Silêncio | Boas-vindas |
| Introito | Silêncio |
| Credo Apostólico | Invocação |
| Hino | Doxologia |
| Oração congregacional/Oração do Senhor | Credo Apostólico |

Antífona[147]
Deus em ação
Leitura bíblica
Sermão
Hino
Bênção
Poslúdio

Hino
Antífona [ou Hino de louvor]
Dízimos e ofertas
Leitura bíblica
Gloria Patri[148]
Sermão
Hino
Bênção
Poslúdio

Aqui vamos limitar nossos comentários aos aspectos principais desses cultos.

**Reunião de preparação para o culto** – Toda a equipe pastoral e os demais participantes se reúnem 30 minutos antes do primeiro culto, para repassar o programa de adoração coletiva e orar juntos. Todos os membros do grupo participam da reunião, quer tenham ou não uma função na parte inicial no culto.

Detalhes concluídos, uma menção é feita regularmente sobre nós mesmos, autenticamente envolvidos na adoração que conduzimos. Por exemplo, devemos cantar os hinos com envolvimento de nossa mente e coração, em vez de pensar em nossa próxima tarefa. Isso vale para tudo: os hinos do coral, as orações, a leitura da Escritura, até mesmo ouvir os anúncios.

Temos um ditado na Igreja da Faculdade: "Nosso povo se tornará no âmbito do macrocosmo o que somos no microcosmo". Nossa ética individual e coletiva deve ser de envolvimento e autenticidade, se esperamos que nosso povo adote a mesma postura.

Muitas vezes nos sentimos impulsionados e sustentados durante o dia, quando concluímos nossa reunião de preparação para o culto em oração. Após a oração, nos dispersamos para circular entre os membros da congregação a fim de cumprimentar o povo durante o prelúdio. Descobrimos, após o culto, como essa saudação é um costume benéfico, porque aumenta o senso de cordialidade e conecta nossa congregação antes de um período de adoração coletiva que é amplamente vertical. Após a bênção, muitas pessoas estão com pressa para chegar às aulas ou pegar as crianças, mas

---

[147] Trata-se, sobretudo, de um componente da liturgia anglicana, em que o celebrante canta um versículo antes do salmo ou cântico que depois é cantado pela congregação (N. do T.).

[148] Declaração, em forma de oração ou cântico, como ato de glorificação ao Pai (N. do T.).

elas ficam muito mais à vontade quando se reúnem para a adoração coletiva. Também somos capazes de cumprimentar pessoas que, por várias razões, vêm ao nosso encontro.

**Boas-vindas e silêncio** – Os anúncios são feitos no momento das boas-vindas, e como todo pastor sabe, eles são notórios consumidores de tempo. Isso somente poderá melhorar quando insistirmos em que os anúncios sejam escritos e cronometrados – não para serem lidos, é claro, mas para que possam ser apresentados de uma forma descontraída. Nós os planejamos em termos de segundos, não de minutos. Geralmente, todos os avisos podem ser feitos em menos de dois minutos.

Após as boas-vidas, pedimos à congregação que se curve em um momento de preparo silencioso para a adoração coletiva. O tempo é breve, talvez dez segundos, mas ajuda a "nos concentrar" (como dizem os Quakers). Minha experiência é de que muitos, na tradição da Igreja Livre, têm medo do silêncio.

Um pastor aposentado, muito querido em minha igreja (agora falecido), diria: "Pastor, não podemos ter o órgão tocando durante esses momentos de silêncio?" Ele até mesmo pedia que o órgão tocasse enquanto orava! Não, precisamos de momentos de silêncio – para ouvir e pensar. Trabalhamos cuidadosamente o silêncio em nossas reuniões, antes e depois da oração. E na comunhão, às vezes servimos o pão e o cálice em vários minutos de silêncio.

**Credo apostólico** – Você notará que a congregação confirma semanalmente o Credo Apostólico. Muitas vezes é uma resposta à pergunta tocante: "Cristão, em que você acredita?" – "Eu acredito..." Nós empregamos o Credo por três razões: afirmar semanalmente o que é essencial; enfatizar (porque somos uma igreja sem afiliações denominacionais) que estamos no fluxo da ortodoxia histórica; e para fornecer uma referência familiar aos visitantes de igrejas católicas e outras igrejas importantes que esperamos evangelizar. A resposta da congregação não é superficial, mas retumbante.

**Oração congregacional** – Concordo com o comentário de Horton Davies sobre a oração livre: "As orações livres, sob a orientação de um ministro piedoso e amoroso, que conhece bem a Bíblia e seu povo, podem ter um movimento de rapidez e relevância que raramente as demais orações atingem."[149] Ao mesmo tempo, se as orações não forem anteriormente preparadas, elas podem se tornar um fluxo de clichês e repetições que entorpecem a mente e congelam o coração.

---

[149] Horton Davies, *Christian Worship* [Adoração cristã]. Nova York: Abingdon, 1957, p. 68.

Então eu me preparo. Não escrevo completamente as minhas orações, mas faço um esboço e preparo listas cuidadosas de petições. O puritano *Livro da oração comum* é uma magnífica fonte de ideias e "introduções para a oração", assim como o livro presbiteriano do *Culto comum* e outras fontes denominacionais. Hughes Oliphant Old, *Leading in Prayer: a Workbook for Ministers* [Guiando na oração: um livro para ministros] é um excelente recurso.[150] Ele usa a *Didache*, as *Constituições apostólicas*, do *Saltério de Genebra* e várias fontes reformadas e puritanas, assim como Lutero, Calvino, Matthew Henry, Isaac Watts e Richard Baxter, como recursos indispensáveis. As longas listas de suas próprias orações baseadas nas Escrituras fornecem exemplos de como fazê-lo.

Próximo ao momento da pregação, passo a maior parte do meu tempo de preparação em oração. Meu propósito não é fazer uma linda oração, como o pregador de Boston, cuja oração os jornais relataram como "a mais eloquente já oferecida a um auditório de Boston". Tenho como objetivo ser tão cheio da Palavra e das necessidades do meu povo, de modo que todos sejamos conduzidos a Deus.

Minhas orações típicas incluem um tempo para a confissão silenciosa e concluem com todos nós orando em uníssono a Oração do Senhor. A oração congregacional tem um potencial dinâmico para a edificação, pois não só conduz coletivamente à adoração a Deus, mas também ensina as pessoas a orar.

**Deus em ação** – Essa parte do culto oferece oportunidade para as muitas variações que são um elemento de nosso padrão de adoração coletiva. *Deus em Ação nas Famílias* é o momento quando ocorrem batismos infantis e dedicações. *Deus em Ação nas Missões* propõe um enfoque missionário de três minutos. *Deus em Ação em Nossa Vida* é o tempo destinado a um depoimento de quatro minutos. As variações continuam.

**Leitura das Escrituras** – Os que fazem a leitura das Escrituras também são convidados a se preparar bem para esse ministério. "Afinal de contas", dizemos, "se a pregação for boa ou não, podemos ter certeza de que esta é a Palavra de Deus!" Para isso, minha equipe pastoral e eu, com nossos ministros estagiários, separamos periodicamente algumas horas para praticar a leitura pública da Escritura sob a supervisão e crítica de um instrutor profissional de oratória do Wheaton College. Meus colegas gostam disso – especialmente quando "o patrão" é corrigido!

---

[150] Hughes Oliphant Old, *Leading in Prayer: A Workbook for Ministers* [Guiando na oração: um livro para ministros]. Grand Rapids: Eerdmans, 1995.

Aqui deve ser feita uma menção ao livro *Reading Scripture in Public* [Lendo as Escrituras em público].[151] Como um respeitado estudioso do Antigo Testamento, ele emprega perspicácia teológica e sensibilidade pastoral no seu tratamento completo do assunto. Felizmente, cada capítulo conclui com exercícios práticos.

Damos destaque à leitura das Escrituras, pedindo que a congregação fique em pé para a leitura da Palavra de Deus. Ao concluir, o leitor diz: "Esta é a Palavra de Deus", e as pessoas respondem com um "Amém!" Depois cantam o "Glória Patri". Esse cuidado e essa ênfase têm servido para aumentar o foco de nossa gente na centralidade da Palavra de Deus (ver Apêndice C para um relato do profundo efeito da simples leitura da Palavra de Deus).

**Música** – A Igreja da Faculdade é abençoada com imensos recursos musicais que se desenvolveram ao longo dos anos, como um trabalho intencional de nossa liderança musical. Atualmente, existem seis corais: *Chancel Choir*, *Cherubs* (graus 1,2), Coro de Meninos e Meninas (graus 3–6), *Junior High* e **Senior High**, além de "*God's Children Sing*" (um currículo de música e adoração para idades de 4,5). Também temos quatro grupos instrumentais: metais, sinos, e uma orquestra com a junção de nossos músicos com instrumentos de cordas e madeiras. Nosso pastor de adoração e música constantemente relembra os músicos sua responsabilidade bíblica, de modo que todos os que lideram o façam para a glória de Deus (ver Apêndice D).

## CULTO DE ADORAÇÃO MATINAL

### Exemplo A: Culto de adoração matinal, 11 de abril de 1999

O texto de pregação daquela manhã foi 2Timóteo 2:8-13, no qual Paulo afirma que a ressurreição está no coração do evangelho que ele prega: "Lembre-se de Jesus Cristo, ressuscitado dos mortos, descendente de Davi, conforme o meu evangelho..." (v. 8). Providencialmente, essa passagem, como parte de uma série em andamento sobre as Epístolas Pastorais, caiu no domingo seguinte à Páscoa, o que nos proporcionou uma oportunidade natural e emocionante para continuar a celebração da Páscoa, ao mesmo tempo em que permitiu a exposição do texto completo da passagem.

A melodia escolhida para a doxologia foi *Lasst Uns Erfreuen* [Vós, criaturas do Senhor], que com seus "Aleluias" expressa a alegria da ressurreição.

---

[151] Thomas Edward McComiskey, *Reading Scripture in Public* [Lendo as Escrituras em público]. Grand Rapids: Baker, 1991.

Usamos essa melodia desde a Páscoa até o Pentecostes. O magnífico hino "Cristo ressuscitou" centrou-se poderosamente no tema bíblico, assim como o fez o coral de sinos em seu "Aleluia! A luta terminou". A progressão dos três hinos "O Dia da Ressurreição", "Os bons cristãos se alegram" (que poderia parecer fora de lugar se essa passagem tivesse sido pregada em outra ocasião) e "Jesus vive e então eu viverei", todos colaboraram para construir a unidade do culto. O hino final tornou-se uma intensa resposta congregacional à Palavra pregada.

---

### Culto de adoração matinal, 11 de abril de 1999

[Ao se assentar, por favor, dirija-se até o centro do banco para que outros possam se juntar a você em adoração]

**Prelúdio**

Manhã: Edvard Grieg – Arr. F. Grammann
Oh, filhos e filhas cantemos
E nós, com a santa igreja unida
Como sempre é justo e certo
Na glória do Rei da Luz.
*Jubilation Ringers, Bryan Park, regente*

**Convite do coral à adoração**

Celebrai com júbilo ao Senhor, todas as terras.
Servi ao Senhor com alegria;
e entrai diante dele com canto (*Salmos 100:1,2*).

**Boas-vindas†:** Pastor Marc Maillefer

**Silêncio**

**Invocação**  9h – Pastor David White
                10h40 – Pastor Niel Nielson

**Doxologia***

*Lasst Uns Erfreuen [Vós, criaturas de Deus Pai]*
Vós, criaturas de Deus Pai,
Todos erguei a voz, cantai:
Aleluia! Aleluia!

Dai glória ao Filho, glória ao Pai,
E ao Santo Espírito louvai!
Aleluia! Aleluia! Aleluia! Aleluia!

*Credo apostólico**

Creio em Deus pai, Todo-poderoso, criador do céu e da terra; e em Jesus Cristo, seu unigênito filho, nosso Senhor, o qual foi concebido por obra do Espírito Santo; nasceu da virgem Maria; padeceu sob o poder de Pôncio Pilatos; foi crucificado, morto e sepultado; ao terceiro dia ressurgiu dos mortos, subiu ao céu e está à direita de Deus Pai, Todo-poderoso, de onde há de vir para julgar os vivos e os mortos. Creio no Espírito Santo, na Santa igreja de Cristo; na comunhão dos santos, na remissão dos pecados; na ressurreição do corpo e na vida eterna. Amém.

**Hino 168*†**
*O Dia da ressurreição*

**Oração congregacional/Oração do Senhor**
[veja na capa interna no hinário]   Pastor Kent Hughes

**Hino 170†**
*Bons cristãos, regozijai e cantai*

**Hino de louvor**

*Cristo ressuscitou*          Lee Scott
*Chancel Choir*               Greg Wheatley, regente

O cântico agora já começou, pois, a batalha terminou e a vitória foi conquistada:
Agora o inimigo está disperso; a prisão escura da morte foi despedaçada;
Cantem alegria, alegria, alegria: cantem alegria, alegria, alegria;
E hoje levanta o que estava morto, Cristo ressuscitou, e a coroa receberá;
Aqueles que foram humilhados agora serão exaltados;
Cante pela vida, vida, vida; cante pela vida, vida, vida;
A terra e os céus se levantam, Cristo ressuscitou!
Pois o inimigo nunca mais poderá se aproximar daquele lugar,
Pois o conflito está terminado;
Há alegria suprema; há paz eterna;
Cantem alegria, alegria, alegria; cantem alegria, alegria, alegria;
A terra e os céus se levantam, Cristo ressuscitou!
Então seja corajoso, seja verdadeiro, você que é pequeno e desprezado

Pois a coroa é sua;
Cristo que existia antes de você, estende seu escudo sobre você.
Cante com força, força, força, cante com força, força, força;
A terra e os céus se levantam, Cristo ressuscitou!
Eis que a vitória está conquistada, o inimigo foi disperso, a prisão escura da morte quebrada!
Aleluia, a terra e os céus se levantam, Cristo ressuscitou!
Aleluia, a terra e os céus se levantam, Cristo ressuscitou!

**Dízimos e ofertas**\*\*

**Ofertório**†

*Aleluia! A luta terminou*  arr. F. Gramann
 Jubilation Ringers

Os poderes da morte fizeram o pior possível
Mas Jesus dispersou os seus inimigos
Que brados de louvor e alegria ecoem. Aleluia!
Na manhã do terceiro dia ele ressurgiu, glorioso em majestade para reinar
Oh, vamos deixar a alegria fluir. Aleluia!

**Leitura das Escrituras**\*

2Timóteo 2:8-13      9h – Sra. Diane Jordan
(p. 1178)            10h40 – Sr. Bill Ladd

**Gloria Patri**\*

Greatorex            Hino 575

Glória ao Pai, ao Filho e ao Espírito Santo
Assim como era no princípio, agora e sempre,
E pelos séculos dos séculos.
Amém. Amém.

**Sermão**

*A memória essencial*    Pastor Kent Hughes

**Hino 159**\*

*Jesus vive e então eu viverei*

**Bênção***
[Por favor, permaneça assentado para um momento de reflexão]

**Poslúdio**
*Todos os bons cristãos, regozijai e cantai*   H. Willan
                                                Ed Childs, órgão
[Recepção para os visitantes na sala da lareira, imediatamente após cada culto]

* Congregação em pé
– Os diáconos orientam aos fiéis a se assentarem.

** 10h40: as crianças saem para o *Wonders of Worship* [Maravilhas do louvor]: Jardim, sala 1; Graus 1–2, sala 205.

**Exemplo B: Culto de adoração matinal, 20 de junho de 1999**

A passagem bíblica da pregação daquela manhã de verão foi 2Timóteo 3:14-17, que contém um texto fundamental sobre a inspiração da Escritura: "Toda a Escritura é inspirada por Deus e útil para o ensino, para repreensão, para a correção, para a instrução na justiça" (v. 16). Nós não tivemos dificuldade com o tema!

Você irá observar que o hino de abertura não aborda o assunto. Isto ocorreu porque não pudemos encontrar nenhum hino que tratasse perfeitamente do tema e ainda combinasse bem com o momento de abertura. Uma ligação muito restrita ao tema pode, ironicamente, criar dissonância se a melodia e o andamento forem inadequados. Assim, escolhemos o majestoso hino trinitário "Santo Deus, nós louvamos o teu Nome" para concentrar nossa mente em Deus. O tema foi a principal ênfase da Oração Congregacional. Então, o hino especial "Poderoso em nos fazer sábios" do salmo 119 (fornecido em uma inserção no boletim de adoração), aumentou o foco na Palavra foi aumentado.

Em seguida, o *Chancel Choir* expandiu o tema com o cântico "Envia tua Palavra", baseado num texto de um hino japonês que *dá o tom* à oração:

Envia tua Palavra, ó Senhor, como a chuva...
Envia tua Palavra, ó Senhor, como o vento...
Envia tua Palavra, ó Senhor, como o orvalho...

Depois do sermão, a congregação cantou "Oh! Palavra de Deus encarnada", para enfatizar que a centralização na Palavra deve ser radicalmente em Cristo.

---

**Culto de adoração matinal, 20 de junho de 1999**
*O prelúdio é uma dádiva para o povo de Deus, preparado para construir uma ponte entre nossa vida diária agitada e esta hora de adoração.*

**Prelúdio**
*Concerto para oboé #1, adagio e allegro*   G. F. Handel
Nate Elwell, oboé
Ellen Elwell, piano

**Chamado do coral para a adoração**
Celebrai com júbilo ao Senhor, todas as terras.
Servi ao Senhor com alegria; e entrai diante dele com canto (*Salmos 100:1,2*).

**Boas-vindas†**
9h – Jim Johnston
10h40 – Pastor Adam Rasmussen

**Silêncio**

**Invocação**
9h – Sr. Jay Thomas
10h40 – Pastor Niel Nielson

**Doxologia***
Hino 572

**Credo apostólico***
[veja na capa interna do hinário]

## Hino 9†
*Santo Deus, nós louvamos o teu nome*

## Deus em ação na Índia
9h – Cartaz/Índia

## Hino (inserção em branco)†

## Oração congregacional/Oração do Senhor

## Oração do Senhor
[veja na capa interna do hinário]

## Hino de louvor
*Envia tua Palavra*          T. Keesecker

*Chancel Choir*
Envia a tua Palavra, ó Senhor, como a chuva, caindo sobre a terra.
Buscamos tua infinita graça, com nossas almas quem têm fome e sede, tristeza e agonia.
Todos estaríamos perdidos nas trevas sem a tua luz que nos guia.
Envia a tua palavra, ó Senhor, como o vento, soprando sobre a terra.
Nós buscamos teu poder maravilhoso, tua pureza que rejeita todos os pecados, embora eles persistam e se agarrem a nós.
Guia-nos para uma completa vitória; torna-nos livres também.
Envia tua Palavra, ó Senhor, como o orvalho, caindo suavemente sobre as colinas.
Nós buscamos teu amor infinito.
Para a vida que sofre na luta com adversidades, e isso machuca,
Oh, envia teu poder de amor que cura;
Nós desejamos teu novo mundo.

              Texto de Yasushige Imakoma, trad. por Nobuaki Hanaoka[152]

## Dízimos e ofertas

## Ofertório†
*Concerto para oboé #1, largo*     G. F. Handel

---

[152] © 1983 The United Methodist Publishing House (admin. por The Copyright Company, LLC, Nashville). Todos os direitos reservados. Copyright internacional assegurado. Usado com permissão.

**Leitura bíblica***

2Timóteo 3:14-17 (p. 1179)     Sra. Diane Jordan

**Gloria Patri***

Hino 575

**Sermão**

*Permaneça na Palavra*     Pastor Kent Hughes

**Hino 219***

*Oh, Palavra de Deus encarnada*

**Bênção***     Pastor Kent Hughes

[Recepção para os visitantes na sala da lareira, imediatamente após cada culto]

*Se desejar orar ou compartilhar alguma necessidade com os líderes da igreja, eles estarão à disposição na frente do Santuário após o culto.*

* Congregação em pé
† Os diáconos orientam aos fiéis a se assentarem.

---

**Exemplo C: Culto matinal de adoração, 7 de novembro de 1999**

Nós programamos a Comunhão a cada cinco semanas, mas não interrompemos nossas exposições sequenciais com uma mensagem especial de comunhão. Muitas vezes, o texto agendado se encaixa perfeitamente e raramente há qualquer dificuldade em fazer o seguimento de acordo com a agenda. Nesse domingo em particular, o texto de Daniel 4:1-37, que exalta a soberania de Deus na humilhação do rei Nabucodonosor, funcionou maravilhosamente.

Por realizarmos vários cultos matutinos, algumas das características regulares do culto coletivo têm de ser colocadas de lado ou resumidas. As boas-vindas são limitadas a um período máximo de 60 segundos e a oração congregacional é abreviada e incluída na oração sobre o pão. Hinos mais curtos são usados, se possível.

O hino de abertura "Vós, criaturas de Deus Pai", que enfatiza a soberania de Deus, antecipou lindamente a declaração do monarca humilde em sua estrofe final, que começa com "Todas as coisas que o seu Criador abençoou / e adorem com humildade". E a orquestra proporcionou um paralelo escatológico à declaração de Nabucodonosor ao cantar o hino de Bach "Aleluia! Oh, Louvado seja o Senhor Santíssimo", que se baseia em Apocalipse 5:12.

Após o sermão, a congregação levantou-se para cantar o hino de dois versos de George Herbert "Que todo o mundo em todos os lugares cante: Meu Deus e Rei!", apresentando assim uma resposta breve e estimulante ao texto. O sermão concluiu com um chamado para nos humilharmos diante do Deus Todo-poderoso como fez o rei babilônico, pois este sempre foi o padrão da graça salvadora – e, portanto, a postura contínua daqueles que vêm à mesa do Senhor.

A comunhão foi introduzida com as palavras de instrução de 1Coríntios 11:23,24 antes do pão e 11:25 antes do cálice.

Nós normalmente não tentamos dar suporte ao tema do sermão com os trechos de hinos cantados antes do pão e do vinho. Os trechos variam amplamente e um deles é tipicamente cantado *a cappella*. Períodos de silêncio precedem e seguem ambas as participações.

O hino final, "Ao Deus de Abraão louvai", proporcionou um retorno ao tema do sermão. Sua majestosa melodia judaica e sua ênfase trinitariana proveram uma conclusão adequada. Como Nabucodonosor elogiou o Deus de Daniel, então cantamos ao Deus de Abraão e Israel.

---

**Culto de adoração matinal, 7 de novembro de 1999**

*Que os primeiros sons musicais sejam um chamado à adoração silenciosa.*

**Prelúdio**

*Meu coração sempre fiel*    J. S. Bach
                              Orquestra da Igreja da Faculdade

**Boas-vindas**

9h – Pastor Marc Maillefer
10h45 – Pastor Jim Johnston

**Silêncio**

**Chamado do coral para a adoração†**
*Provai e vede* G. Whatley
Provai, e vede que o SENHOR é bom;
bem-aventurado o homem que nele confia (*Salmos 34:8*).

**Invocação**
9h – Pastor David White
10h45 – Pastor Jim Johnston

**Doxologia***
Hino 572

**Credo apostólico***
[Veja na capa interna do hinário]

**Hino 59***
*Vós, criaturas de Deus Pai*

**Dízimos e ofertas****

**Ofertório†**
*Aleluia! Oh adorai ao Senhor Santíssimo* J. S. Bach
*Chancel Choir* com Orquestra
Aleluia! Oh, adorai ao Senhor Santíssimo!
Aleluia! Senhor Altíssimo.
Ele é digno de receber o poder, a grandeza e a glória,
Sabedoria, força e honra, abençoa-nos agora e para sempre.
Pois ele é a verdade e o Senhor justo em toda a terra e céu.
Rei dos reis e Senhor dos senhores, nós te adoramos em teu trono.[153]

**Leitura bíblica***
*Daniel 4:1-37*      9h – Pastor Randy Gruendyke
(p.877)      10h45 – Pastor Niel Nielson

**Gloria Patri***
Hino 575

---

[153] Copyright © 1971 Concordia Publishing House. Reproduzido com permissão.

## Sermão
*O Senhor é Rei*                    Pastor Kent Hughes

## Hino 24*
*Que todo o mundo cante em todos os lugares*

## Silêncio

## A mesa do Senhor

### Meditação para o pão
*Agora*                              Carl Schalk
Agora o silêncio, agora a paz, agora as mãos vazias erguidas;
Agora ajoelhados, agora a súplica, agora os braços do Pai em boas-vindas;
Agora a audiência, agora o Poder, agora o vaso até a borda para derramar,
Agora o corpo, agora o sangue, agora a celebração alegre;
Agora o casamento, agora as canções, agora o coração perdoado feliz;
Agora a visitação do Espírito, agora a epifania do Filho,
Agora a bênção do Pai,
Agora.

                              Texto de Jaroslav Vajda[154]

### Hino antes do pão
*Ao pé da cruz de Cristo*            Hino 151, v. 2
Ao pé da cruz de Cristo, aqui e no jardim,
Eu vejo a dor cruel em que Jesus morreu por mim.
Compreendo, então, quão débil sou, quão mau e sem valor;
Compreendo, sim, quão grande é o seu sagrado amor.

### Meditação pelo cálice
*Meditação sobre SEYMOUR*            Veja Hino 238

### Hino antes do cálice
*Aleluia! Cantai para Jesus*         Hino 174, v. 3

---

[154] © 1969 Hope Publishing Company, Carol Stream, IL 60188. Todos os direitos reservados. Usado com permissão.

Aleluia! Pão do Céu, Tu és na terra nosso alimento e sustento;
Aleluia! Aqui o pecador se dirige a ti a cada dia;
Intercessor, amigos dos pecadores, Redentor da terra, intercede por mim,
Onde os cânticos de todos os livres do pecado purificados pela cruz estão no mar de cristal.

**Cante e compartilhe o hino**
*Ao Deus de Abraão louvai*          Hino 36

**Bênção***
Pastor Kent Hughes

**Bênção do coral**
*Romanos 14:19*                     E. Thompson
Sigamos, pois, as coisas que servem para a paz e
para a edificação de uns para com os outros. Amém.

**Poslúdio**
*Toccata on leoni*                  arr. G. Young
                                    H. E, Singley III, órgão

*Se você está nos visitando, gostaríamos de saudá-lo pessoalmente. Por favor, junte-se a nós na sala da lareira para uma xícara de café, logo após o culto.*

*Se desejar orar ou compartilhar alguma necessidade com os líderes da igreja, eles estarão à disposição na frente do Santuário após o culto.*

* Congregação em pé.

† Os diáconos ajudam aos fiéis a se sentarem.

** 10h40: As crianças saem para o *Wonders of Worship* [Maravilhas do louvor]: Jardim, sala 1; Graus 1 e 2, sala 205.

## CULTO DE ADORAÇÃO VESPERTINO

Temos dois objetivos principais em nosso culto vespertino: envolver as pessoas no canto congregacional e pregar um sermão expositivo. O culto tem geralmente uma estrutura simples com duas partes – os momentos de louvor seguidos pelo sermão. Os momentos de louvor podem ser temáticos, com base no texto do sermão; podem ser baseados em outro tema das Escrituras; podem ser com destaques de um compositor de hinos em particular; ou, como no caso do primeiro exemplo a seguir, canções que expressam louvor e devoção a Jesus Cristo.

A música no culto vespertino é mais eclética, assim, de vez em quando, quase todos os estilos musicais são empregados. Mas não buscamos um ideal de "misturas". Em vez disso, queremos que o nosso canto e a expressão musical sejam "nossos", não a busca de um equilíbrio proporcional ou uma mistura. A adoração vespertina, naturalmente, proporciona mais oportunidades para encorajamento mútuo, testemunhos e participação congregacional na oração. Esse cardápio vespertino regular é pontuado por cultos sazonais, conferências sobre missões, ênfases evangelísticas especiais e noites de oração.

### Exemplo D: Culto de adoração vespertino, 9 de maio de 1999

Em uma série vespertina chamada "A história da Bíblia", o sermão desse domingo colocou os profetas do Antigo Testamento no contexto da totalidade da Escritura. A música instrumental incluiu o prelúdio de piano "Scaramouche" (do compositor francês, do século 20, Darius Milhaud) e hinos populares americanos tocados no saltério dos Apalaches.

O tempo prolongado de cânticos no início do culto uniu hinos tradicionais com cânticos familiares e se movimentou do ambiente criado pelo brilhante prelúdio de dois pianos, para a intimidade do saltério. Ao longo do culto, a congregação cantou palavras e melodias que apresentavam um testemunho bem conduzido de afirmação, afeto e ação. O tempo prolongado de cânticos foi adequado para a congregação por sua variedade de humor, a familiaridade das canções, e por designar algumas estrofes dos hinos para serem cantados somente por homens ou mulheres.

Nesse culto não fizemos nenhuma tentativa de desenvolver o tema da pregação; nosso propósito era participar da visão de um Deus que é transcendente e imanente. Seguindo com o sermão, assim afirmamos que esse é o Deus que falou em vários momentos e de muitas maneiras, mas nestes últimos dias falou através de seu Filho e, por meio de sua Palavra escrita, continua a falar hoje.

## HISTÓRIA DA BÍBLIA: OS PROFETAS
(Oitavo sermão de uma série com treze)
Culto vespertino, 9 de maio de 1999

**Prelúdio**
Debbie Hollinger, Melody Pugh, piano

**Boas-vindas e oração**
Pastor Jim Johnston

**Hinos congregacionais**
* Hino 62 – *O nome de Jesus saudai*
* Página 3 – *Glorificado seja teu nome*
* Página 4 – *Quão majestoso é teu nome*
* Página 5 – *Grande é o Senhor*
* Hino 67 – *Lindo és meu Mestre*
* Hino 87 – *Eu te amo, eu te amo*

| | |
|---|---|
| **Anúncios e ofertas** | Pastor Kent Hughes |
| **Ofertório** | Carole Ehrman, saltério |
| **Sermão** | Pastor David White |
| **Hino responsivo 223** | David White |
| **Poslúdio** | H. E. Singley III |

\* As letras e as músicas desses cânticos estavam incluídas em um manual de culto vespertino.

### Exemplo E: Culto vespertino de adoração, 3 de outubro de 1999

Tal como acontece com os cultos de adoração coletiva da manhã, nós nos esforçamos para manter o mesmo biblicismo, unidade e ambiente criativo ao realizar os cultos vespertinos de adoração do Dia do Senhor, com o uso da Palavra do começo ao fim. Como mencionado há pouco, esses momentos são menos estruturados, mais casuais e espontâneos. A música é mais eclética.

Nesse contexto noturno, o texto do sermão foi Atos 4:23-31, "Quem está no comando?" Seguindo os passos de um prelúdio instrumental, a igreja foi conduzida de maneira espontânea, desacompanhada e alegre no cântico "Ele tem o mundo em suas mãos." Esse *spiritual*[155] familiar configura o caráter de uma mistura informal da música – incluindo hinos, *spirituals* e coros.

"Deus da Criação, Todo-poderoso" é cantado com uma melodia irlandesa familiar, enquanto "Filhos do Pai Celeste" é sueco. O caráter popular das canções da igreja foi escolhido do *"Simple Gifts"* (Shaker), cantado pelo "One Voice", um grupo *a cappella* de homens do Wheaton College. Liderado por um estagiário da Universidade de Princeton, Nova Jersey, "One Voice" foi o catalisador de um movimento *a cappella* no campus, muito parecido com o da Universidade de Princeton. "Não tenho tempo para morrer" (afro-americano) cantado por "One Voice" deu prosseguimento ao agradável caráter informal da noite, enquanto também reforçou um alegre compromisso com o Deus que está no controle. Cânticos de louvor e adoração completaram a noite: "Ele é capaz", de característica popular, e a poderosa doxologia de Judas envolveram nossos afetos na conclusão do culto.

---

**Culto vespertino de adoração, 3 de outubro de 1999**

**Prelúdio**
H. E. Singley III

**Canto congregacional**
*Ele tem o mundo todo em suas mãos*

| Livro de canções, p. 2 | *Deus da criação, Todo-poderoso* |
| Simple Gifts | Jared Alcantara & Friends |
| Livro de canções, p. 3 | *Ele é capaz* |

**Hino 41**
*Filhos do Pai Celeste*

**Anúncios e ofertas**

**Ofertório**
*Não tenho tempo para morrer*     Jared Alcantara & Friends
Quem está no comando? Atos 1:23-31     Pastor Niel Nielson

---

[155] Estilo de música característica da comunidade afro-americana (N. do T.).

| | |
|---|---|
| **Livro de canções, p. 4** | *Judas 24 e 25* |
| **Bênção** | Pastor Niel Nielson |
| **Poslúdio** | H. E. Singley III |

*Kevin Casey está participando do canto congregacional nesta noite tocando guitarra e banjo.*

## APÊNDICE B
## MARAVILHAS DA ADORAÇÃO

*Wonder of Worship* [Maravilhas do Louvor] oferece uma oportunidade para crianças do jardim da infância até o segundo ano de aprendizado sobre a prática da adoração. Passamos o ano inteiro focando "quem", "onde", "quando", "por quê" e "como" nós adoramos.

No primeiro mês, o tema central é "O que é adoração?", e a resposta é:

1. Centralização em Deus: uma dádiva que oferecemos a Ele, nossa única responsabilidade para o santo Rei.
2. Centralização na Bíblia: ela é verdadeira em sua totalidade; a Bíblia inteira fala sobre adoração; suas duas partes são o Antigo Testamento (O Salvador virá) e o Novo Testamento (O Salvador veio).
3. O ponto alto da semana: podemos adorar em qualquer tempo e em qualquer lugar, mas a adoração coletiva é o auge de tudo o que fazemos.
4. Trabalho ativo: usamos nossa cabeça, nossas mãos, nosso coração.

Quando focamos o aspecto racional da adoração centralizada em Deus, ou "Quem adoramos e por quê", nossas informações escriturísticas são de Isaías 6: sua visão sobre o Único que é Santo em seu trono, com suas vestes enchendo o templo, a fumaça, os portões sendo sacudidos e seis serafins alados se movendo para a frente e para trás. As crianças memorizam Isaías 6:3, "Santo, santo, santo é o Senhor dos exércitos; a terra inteira está cheia da sua glória".

Elas também amam memorizar três estrofes do hino "Santo, Santo, Santo". Elas querem cantar o hino quase todos os domingos e o cantam com exuberância, seriedade e reverência ao se lembrarem da visão de Isaías e de sua resposta. Quando aprendem o versículo "os vinte e quatro anciãos se prostram diante daquele que está assentado no trono e adoram aquele que vive para todo o sempre. Eles lançam as suas coroas diante do trono", estudamos Apocalipse 4. Novamente as crianças respondem muitas vezes com silêncio e admiração, quase atordoadas, quando consideram a dignidade do Senhor e nosso grande chamado para responder em adoração para sempre.

Em direção à época do Advento, aprendemos de João 12:41 que a visão de Isaías era do próprio Jesus. De "Buscando a Cristo" aprendemos a questão do catecismo: "Quem é o Rei sobre todas as coisas? O Senhor

Jesus Cristo é o Rei sobre todas as coisas"[156]. É comovente ver com que seriedade e veneração as crianças cantam, "Oh, vinde adorá-lo", considerando o eterno rei de Isaías 6 e Apocalipse 4 deitado em uma manjedoura em nosso favor.

---

[156] "Pursuing Christ: A Biblical Profile of Christian Maturity" [Buscando a Cristo: um perfil bíblico de maturidade cristã], uma declaração não publicada, preparada pela Igreja da Faculdade, Wheaton, em 1996.

## APÊNDICE C
## LEITURA DA PALAVRA

O evangelista britânico e professor de Bíblia, John Blanchard, descreveu como ele se preparou para a leitura pública da Palavra de Deus e os poderosos resultados que obteve:

> Há momentos em que eu sinto que a Bíblia está sendo lida com menos preparo do que os avisos – e com muito menos compreensão. Eu hesito em usar as ilustrações a seguir por causa de minha parte nelas, mas faço isso como um lembrete para mim mesmo da gravidade da questão. Um ano ou dois depois de minha conversão, fui nomeado Leitor Leigo na Igreja Anglicana, para a Igreja da Santíssima Trindade, em Guernsey. Havia outros dois leitores leigos mais antigos e as responsabilidades poderiam ser repartidas uniformemente. Como acontecia quase sempre, o vigário me pedia para ler as Lições, seguindo um Lecionário que listava as passagens indicadas para serem lidas em cada domingo do ano. Minha esposa e eu vivíamos em um pequeno apartamento no momento, mas eu posso vividamente me recordar daquela rotina aos domingos de manhã. Imediatamente após o desjejum, eu ia para o quarto, trancava a porta e começava a me preparar para ler a lição naquela manhã. Depois de uma palavra de oração, olhava para a Lição do Lecionário e a lia cuidadosamente na Versão Autorizada, que estávamos usando na igreja. Então eu a relia completamente em cada uma das outras versões que eu tinha comigo, a fim de começar a me familiarizar completamente com a toda direção e o sentido da passagem. Em seguida, voltava aos comentários. Eu não tinha muitos naqueles dias, mas eu usava os que possuía. Prestava especial atenção aos significados das palavras e às implicações doutrinárias. Quando eu terminava de estudar a passagem em detalhes, ia para a lareira, que tinha aproximadamente a mesma altura que o púlpito na igreja, e sustentava a maior cópia da Versão Autorizada que tinha comigo. Tendo feito isso, eu andava muito lentamente até o outro lado da sala e começava a falar, em voz alta: "Aqui começa o primeiro versículo do décimo capítulo do evangelho segundo São João" (ou qualquer que fosse a passagem). Então eu lia em voz alta a parte indicada. Se o fizesse como um único deslize de linguagem, uma única pronúncia errada, eu interrompia, voltava para atravessar a sala de novo e começava outra vez, até que houvesse lido a

passagem inteira de forma perfeita, talvez duas ou três vezes. Minha esposa conta que havia momentos em que saía do quarto com a camisa branca limpa, mas manchada de suor, causado pelo esforço de preparar uma lição para ser lida na igreja. Isso parece levar as coisas com muita rigidez? Em seguida, quero acrescentar: disseram-me que houve ocasiões em que, após a leitura da lição, as pessoas queriam deixar o culto e ir calmamente para casa a fim de pensar sobre as implicações daquilo que Deus lhes havia dito em sua Palavra.[157]

---

[157] John Blanchard, *Truth for Life* [Verdade para a vida]. West Sussex: H. E. Walter Ltd., 1982, p. 87-8.

## APÊNDICE D
## QUANDO A MÚSICA SE IGUALA À ADORAÇÃO

Charles King, o pastor de Adoração e Música da Igreja da Faculdade, escreve uma coluna semanal para o *Chancel Choir*, como esta que vem a seguir:

> Nós desfrutamos de um privilégio raro e glorioso... cantar louvores sobre Deus e sua Palavra na assembleia de seu povo. Mas isso é adoração? Bem, sim e não.
>
> A produção de música, mesmo a música que é supremamente centralizada na revelação bíblica de nosso Deus glorioso, não é por si só "adoração". Ou pelo menos não é, em si mesma, "adoração autêntica". Pode ser idolatria, pode ser centralizada em si mesma, pode ser culturalmente relevante, pode até ser extraordinariamente emocional. Mas quando a música é feita para a adoração? Não é nenhum segredo que aqueles que se preparam e "lideram", também recebem o maior benefício de seus trabalhos. Há três elementos de adoração nessa tarefa:
>
> *Trabalho*: nossa adoração é o trabalho que fazemos para a glória de Deus. Em um sentido bíblico muito real, os ensaios de quinta-feira são um "tempo de adoração"! Adoração é dar a Deus o que lhe é devido com toda a devoção de nosso corpo, tempo e energia.
>
> *Preparação*: nossa adoração é o que fazemos com nosso coração e nossas mãos. "Quem poderá subir o monte do Senhor? Quem poderá entrar no seu Santo Lugar? Aquele que tem as mãos limpas e o coração puro" (Salmos 24:3,4). Assim, para nós, não se trata apenas da obra musical, mas da conexão de nosso coração e de nossa vida com o que cantamos.
>
> *Liderança*: fazer música na adoração coletiva nunca é para nós mesmos, mas sempre com o objetivo de atrair os outros para uma compreensão alegre do que aprendemos e cantamos. Liderar é adoração quando se torna "o fruto de lábios que confessam o seu nome" (Hebreus 13:15).
>
> Nossa missão é uma alegria e uma obrigação especial. Que nos tornemos "sacrifícios vivos, santos e agradáveis a Deus". Cante!

## Capítulo 4

# Adoração reformada globalizada
### Timothy J. Keller

**PROBLEMA: GUERRAS DE ADORAÇÃO**

Uma das características básicas na vida da igreja nos Estados Unidos hoje é a proliferação de cultos de adoração coletivos e os muitos estilos de música. Essa condição, por sua vez, causou numerosos e graves conflitos dentro de igrejas, tanto daquelas que se consideram independentes quantos das próprias denominações tradicionais. A maioria dos livros e artigos sobre tendências recentes tende a colocar o tema em uma de duas amplas categorias.[158] Os defensores do "culto de adoração contemporâneo" (daqui por diante, CA) costumam fazer declarações bastante radicais, como, "os órgãos de tubos e os corais nunca alcançarão as pessoas de hoje". Os defensores do "culto histórico de adoração" (doravante CH) frequentemente tratam o assunto de maneira similar, sobre como a música e a cultura popular são incorrigivelmente corruptas, e como seu uso torna a adoração contemporânea completamente inaceitável.[159]

---

[158] Como um dos muitos exemplos, veja Michael S. Horton, "The Triumph of the Praise Songs [O triunfo dos cânticos de louvor]", *Christianity Today* 43/8, 1999: 28. Ele fala de "reformadores", que valorizam a tradição e buscam maior unidade entre as igrejas por meio de formas litúrgicas comuns, e de "revolucionários", que promovem a música contemporânea, incentivando uma ampla diversidade no estilo de adoração.

[159] Figuras representativas que enfatizam a continuidade histórica, a tradição, a cultura superior e a exposição teológica são: Marva Dawn, *Reaching Out Without Dumbing Down* [Alcançando, sem nivelar por baixo]. Grand Rapids: Eerdmans, 1995; e David Wells, "A Tale of Two Spiritualities [Um conto sobre duas espiritualidades]", em *Losing Our Virtue* [Perdendo nossa virtude]. Grand Rapids: Eerdmans, 1998. Veja também a *webpage* for "Church Music at a Crossroads [A música da igreja numa encruzilhada]": http://www.xlgroup.net/cmac. Exemplos daqueles que insistem na mudança para uma adoração contemporânea com ênfase na "comunicação visual, música, sensações e emoções" podem ser encontrados em Lyle Schaller, "Worshiping with New Generations [Adorando com as novas gerações]", em *21 Bridges to the 21st Century* [21 pontes para o século 21]. Nashville: Abingdon, 1994, e C. Peter Wagner, *The New Apostolic Churches* [As novas igrejas apostólicas]. Grand Rapids: Regal, 1998.

### Adoração contemporânea: conectada?

Um dos defensores da CA escreve enfaticamente que precisamos "conectar" nosso louvor a três fontes de poder: "o sistema de som, o Espírito Santo e a cultura contemporânea."[160] No entanto, diversos problemas envolvem o uso da adoração estritamente contemporânea.

Primeiramente, algumas músicas populares têm limitações severas para seu uso na adoração coletiva. Os críticos da cultura popular argumentam que grande parte delas é o resultado de interesses comerciais, produzidas em larga escala. Como tal, essas músicas são muitas vezes marcadas por sentimentalismo, falta de arte, identidade e individualismo, diferentemente da arte popular tradicional.

Segundo, quando ignoramos a tradição histórica, rompemos nossa solidariedade com os cristãos do passado. Parte da riqueza de nossa identidade como cristãos é que somos salvos no contexto de um povo histórico. A relutância em consultar a tradição não está de acordo nem com a humildade nem com a comunidade cristã. Tampouco é uma resposta reflexiva à erradicação feita pelo pós-modernismo que agora leva tantos a procurarem uma conexão com formas de outrora e povos antigos.

Finalmente, qualquer culto de adoração coletiva, que seja estritamente contemporâneo, ficará ultrapassado muito rapidamente. Além disso, ele será necessariamente destinado a um nicho de mercado muito limitado. Quando Peter Wagner diz que devemos nos "conectar" à cultura contemporânea, a que tipo de cultura contemporânea ele se refere? Cultura branca, negra, latina, urbana, suburbana, "geração pós-guerra", ou "geração X"?

Apenas dez anos atrás, os cultos contemporâneos da Igreja Willow Creek eram considerados "de vanguarda". Já, a maioria dos adultos mais jovens os acham agora ultrapassados[161], e a Willow Creek teve que começar um tipo muito diferente de culto para a geração "século 21" com o objetivo alcançar adolescentes e pessoas na casa dos 20 anos.

---

[160] Veja C. Peter Wagner, em "Another New Wineskin – the New Apostolic Reformation [Outro odre novo – a nova reforma apostólica", in *Next*. Leadership Network: jan-mar 1999, p. 3. Essa é uma boa descrição de como evitar a tradição na adoração contemporânea.

[161] A crítica ao modelo de culto da Willow Creek como "ultrapassado" e "geração século 21" pode ser encontrada em Sally Morganthaler, "Out of the Box: Authentic Worship in a Postmodern Culture [Fora da caixa: adoração autêntica na cultura pós-moderna]", *Worship Leader* [Líder de adoração], maio–junho 1998: 24 ss. Essa entrevista com o músico Fernando Ortega no *Prism* (nov-dez 1997) apresenta indicações de algumas das maiores fissuras no fundamento dos pressupostos evangélicos acerca de que tipos de cultos de adoração poderiam atrair o jovem secular. No entanto, se a igreja abandonar a música contemporânea "Boomer" por uma alternativa mais próxima ao rock, não aconteceria a mesma coisa daqui a mais 10 ou 15 anos, em relação à Willow Creek de agora? A forma de adoração histórica tem um melhor apelo de durabilidade.

Escondida (mas não tão bem!) nos argumentos dos entusiastas do CA está a suposição de que a cultura é basicamente neutra e que, portanto, não há razão para que não possamos adotar totalmente uma forma cultural específica para nossa adoração coletiva. Mas a adoração que não está fundamentada em qualquer tradição histórica particular, muitas vezes não observa a distância mínima necessária para criticar e evitar os excessos e elementos distorcidos pecaminosos da acessibilidade e franqueza de uma cultura contemporânea particular. Por exemplo, como podemos aproveitar a acessibilidade e a franqueza da cultura contemporânea ocidental, deixando de fora o seu individualismo e a psicologização de problemas morais?

### Adoração histórica: desconectada?

Os defensores do CH, por outro lado, promovem a "cultura superior", e, ao procurar se esquivar do rótulo de elitismo, argumentam que a música popular moderna é inferior à arte tradicional popular.[162] Mas também existem problemas no uso da adoração histórica e tradicional.

Primeiro, os defensores do CH não podem realmente se esquivar da acusação de elitismo cultural. Um olhar realista sobre a música cristã proveniente das culturas folclóricas de raiz da América Latina, África e Ásia (em vez de centros de música pop, produzidos comercialmente) revela muitas das características da música contemporânea de louvor e adoração – melodias simples e acessíveis, palavras repetitivas e ênfase na experiência.[163] Grande parte da música da cultura superior exige muita instrução para ser apreciada, de modo que, especialmente nos Estados Unidos, uma forte ênfase em tal música e arte provavelmente só apelaria para as elites educadas nas academias.

Em segundo lugar, qualquer proponente da adoração coletiva "histórica" terá de responder à pergunta: "De quem é a história?" Muito do que é chamado de culto "tradicional" está bastante enraizado na cultura norte-europeia. Enquanto defensores rígidos do CA podem ligar demasiadamente a adoração a uma cultura atual, defensores ferrenhos do CH podem vinculá-lo muito fortemente a uma cultura do passado. Estamos queremos realmente supor que a abordagem norte-europeia do século 16 à expressão emocional e à música (encarnada na tradição da Reforma) teria sido completamente instruída biblicamente e devesse ser preservada?

---

[162] Marva Dawn faz um excelente trabalho ao analisar preocupações de Ken Myers sobre a música pop no capítulo "Throwing the Baby Out with the Bath Water [Jogando fora o bebê junto da água do banho]" em seu livro *Reaching out* [Buscando], 183 ss.

[163] Veja Horton, "The Triumph of Praise Songs [O triunfo dos cânticos de louvor]", p. 28.

Oculta (mas não muito bem!) nos argumentos dos defensores do CH está a suposição de que certas formas históricas são mais puras, bíblicas e não contaminadas por afirmações culturais. Aqueles que argumentam contra o relativismo cultural devem também lembrar que o pecado e a queda afetam toda tradição e sociedade. Assim como é falta de humildade desprezar a tradição, é também falta de humildade (e uma cegueira aos efeitos "racionais" do pecado) elevar qualquer tradição particular ou uma cultura humana como forma de adoração. A recusa em adaptar uma tradição a novas realidades pode estar sob a condenação de Jesus ao transformarmos nossa cultura humana favorita em um ídolo, como normatização, em pé de igualdade com as Escrituras (Marcos 7:8,9).[164] Enquanto os defensores da CA parecem não reconhecer o pecado em todas as culturas, os defensores da CH não se mostram dispostos a reconhecer a quantidade de graça (comum) em todas as culturas.

### Bíblia, tradição e cultura

Neste ponto, o leitor poderá antecipar que estou prestes a apontar alguma grande "terceira via" entre os dois extremos. De fato, muitos postulam uma terceira abordagem, chamada "adoração mesclada".[165] Mas não é

---

[164] Muitas vezes, os defensores da cultura "superior" ou da "cultura pop" tentam fazer de sua defesa uma questão de princípio teológico, quando sua convicção está realmente mais relacionada a uma questão de seus próprios gostos e preferências culturais. Por exemplo, quando pressionados, os defensores da CH admitem que o *jazz* não é realmente um produto da cultura pop comercial, mas se qualifica como um meio de cultura superior que cresceu a partir de raízes folclóricas genuínas, requerendo grande habilidade e artesanato, e pode expressar uma gama mais ampla de experiências humanas do que música rock e pop. Veja, por exemplo, Calvin M. Johansson, *Music and Ministry: A Biblical Counterpoint* [Música e ministério: um contraponto bíblico]. Peabody: Hendrickson, 1984, p. 59-62, em "Folk Music and Jazz [Música folclórica e jazz]". Usando seus próprios princípios, então, não haveria nenhuma razão para os tradicionalistas não permitirem a música em forma de *jazz* na adoração, contudo eu não vejo nenhum adepto da adoração de CH incentivar liturgias com uso do *jazz*! Por que não? Acho que eles estão indo na direção de suas próprias preferências estéticas.

[165] Infelizmente, para muitas pessoas, o culto "mesclado" consiste em uma divisão simples, feita com uma colher de pau, entre 55 canções contemporâneas e hinos tradicionais. Simplesmente costurar peças de dois tipos diferentes de tradições litúrgicas é muitas vezes bastante chocante e inútil. É mais um compromisso político do que o resultado da reflexão sobre a cultura de sua comunidade e a tradição de sua igreja. Um bom exemplo de uma "terceira via" é Robert E. Webber *Blended Worship: Achieving Substance and Relevance in Worship* [Adoração mesclada: alcançando substância e relevância na adoração]. Peabody: Hendrickson, 1996. Em muitos aspectos, o meu ensaio concorda com conceito básico de Webber, mas ele mesmo tende a unir artificialmente elementos antigos e contemporâneos, em vez de entrelaçá-los numa unidade teológica. Eu não usaria o termo "culto mesclado" como uma categoria, porque costuma dar a conotação de um compromisso político já mencionado há pouco. Sobre os problemas da divisão de música 50%, veja os comentários no final do artigo, sob "Música para o louvor coletivo", na página 237.

tão simples assim. Minha principal observação é que ambos os lados são igualmente simplistas.

Os defensores do CA usam a Bíblia e a cultura contemporâneas, enquanto os adeptos de CH recorrerem à Bíblia e à tradição histórica. Mas, neste ensaio, proponho que estabeleçamos melhor nosso culto coletivo quando consultamos todos os três – a Bíblia, o contexto cultural de nossa comunidade[166] e a tradição histórica de nossa igreja.[167] O resultado desse processo mais complexo não será simplesmente uma única "terceira via equilibrada"; existem pelo menos nove tradições de adoração somente no protestantismo.[168] É por isso que este livro que você está lendo apresenta exemplos de adoração coletiva culturalmente relevantes, sendo que ao mesmo tempo aprecia profundamente e reflete sua tradição histórica.

É extremamente importante seguir essa abordagem mais complexa. A Bíblia simplesmente não nos apresenta detalhes suficientes para moldar um culto completo quando nos reunimos para adoração. Quando a Bíblia nos convida a cantar os louvores a Deus, ela não nos dá as melodias nem o ritmo. Não nos diz quão repetitivas as letras devem ser ou quão emocionalmente intensa deve ser nossa forma de cantar. Quando nos ordena a fazer orações coletivas, não nos diz se essas orações devem ser escritas, se devem ser em forma de orações em uníssono ou espontâneas.[169]

---

[166] Um bom exemplo de uma visão equilibrada de consulta à cultura com uma visão evangélica da autoridade das Escrituras é apresentado por Andrew F. Walls nos capítulos "The Gospel as Prisoner and Liberator of Culture [O evangelho como prisioneiro e libertador da cultura]" e "The Translation Principle in Christian History [O princípio da tradução na história cristã" em seu livro *The Missionary Movement in Christian History: Studies in the Transmission of the Faith* [O movimento missionário da história cristã: estudos sobre a transmissão da fé]. Edimburgo T & T Clark, 1996.

[167] Outro bom exemplo de uma visão equilibrada de consulta à cultura com uma visão evangélica da autoridade das Escrituras é apresentado por Richard Lints, *The Fabric of Theology: A Prolegomenon for Evangelical Theology* [O tecido da teologia: uma introdução à teologia evangélica]. Grand Rapids: Eerdmans, 1993, p. 83-101. Ele escreve que a humildade cristã nos faz reconhecer a realidade de nossos preconceitos e parcialidades quando vamos à Escritura. Isso significa que é antibíblico (na nossa doutrina do pecado) pensar que podemos encontrar o "caminho" bíblico sem consultar nossa tradição e outras tradições para verificar nossas próprias descobertas bíblicas. Veja também John Leith, *Introduction to the Reformed Tradition* [Introdução à tradição reformada]. Atlanta: John Knox, 1981, cap.1: "Traditioning the Faith [Tradicionalizando a fé]."

[168] James F. White, *A Brief History of Christian Worship* [Uma breve história da adoração cristã]. Nashville: Abingdon, 1993, 107, identifica as tradições de adoração protestante da seguinte forma: século 16: anabatista, (continental) reformado, anglicano, luterano; século 17: Quaker, puritana/reformada; século 18: metodista; século 19: fronteira; século 20: pentecostal.

[169] John M. Frame, *Worship in Spirit and Truth* [Adoração em Espírito e em verdade]. Phillipsburg: Presbyterian and Reformed, 1996, mostra que os elementos bíblicos básicos podem ser tomados de muitas formas. Alguns argumentaram contra o uso de corais e solistas com base no princípio regulador, que eles não são prescritos pelas Escrituras. Mas Frame pergunta: se alguns são autorizados

Portanto, para estabelecer qualquer forma concreta para nossa adoração coletiva, devemos "preencher os espaços em branco" que a Bíblia deixa em aberto. Quando o fizermos, teremos de recorrer à tradição; às necessidades, às capacidades e às sensibilidades culturais do nosso povo; e às nossas próprias preferências pessoais. Embora não possamos evitar o uso de nosso gosto pessoal, esse nunca deve ser a fonte principal (Romanos 15:1-3). Assim, se deixarmos de fazer o árduo trabalho de consultar tanto a tradição como a cultura, iremos – intencional ou involuntariamente – adaptar a música ao nosso próprio feitio.

Em resumo, creio que a solução para o problema das "guerras de adoração" não é rejeitar nem consagrar a tradição histórica, mas forjar novas formas de culto coletivo que levem a sério tanto nossa história quanto as realidades contemporâneas, tudo dentro de um quadro de teologia bíblica. Vou mostrar como fazer isso dentro de minha própria tradição reformada, primeiro olhando para os princípios básicos da teologia reformada do culto e, em seguida, aplicá-los na situação contemporânea.

## TRADIÇÃO REFORMADA DA ADORAÇÃO

A tradição histórica do culto de adoração reformado, especialmente o ramo litúrgico continental, pode, creio eu, instruir e moldar o culto coletivo em um cenário muito contemporâneo.

---

a orar em voz alta enquanto o restante da congregação medita, por que não se pode permitir que alguns cantem ou toquem em voz alta enquanto o restante da congregação permanece em meditação? (p. 129). Por que a canção seria regulamentada de maneira diferente da oração e da pregação? Alguns argumentaram contra o uso de hinos e canções não bíblicas com base no princípio regulador. Mas Frame pergunta: "Se pudermos orar ou pregar usando nossas próprias palavras (baseadas nas Escrituras), por que não podemos cantar usando nossas próprias palavras (baseadas nas Escrituras)? (p. 127). Por que o cântico seria regulamentado de maneira diferente da oração e da pregação? Alguns argumentaram contra o uso da dança no culto, mas, além de muitas referências aparentes à dança no culto no Saltério, Frame pergunta: se somos exortados a levantar as mãos (Neemias 2:8, Salmos 28:2; 1Timóteo 2:8), a bater palmas (Salmos 47:1), e nos prostrarmos com o rosto em terra (1Coríntios 14:25), não se espera que seja natural que acompanhemos as palavras com ações? (p. 131). Não podemos pregar, com certeza, sem usar nosso corpo para expressar nossos pensamentos e palavras, então como podemos arbitrariamente "estabelecer o limite" para excluir a dança? Frame aponta que a verdadeira maneira de tomar decisões sobre essas questões (como a dança) é a sabedoria e o amor – ou seja, o que vai edificar? Em outras palavras, se você achar que dançarinos em roupas colantes causam muita distração e são sensualmente provocantes para a sua congregação, basta dizer isso – não tente provar que a Bíblia proíbe. É um mau hábito da mente rotular como "proibido" aquilo que é realmente apenas imprudente.

### Variedade de culto coletivo de adoração reformado

Um escritor diz: "Pela primeira vez em mais de 400 anos, um consenso sobre o que constitui a adoração presbiteriana não pode ser encontrado em nenhum lugar"[170] – mas isso é uma simplificação excessiva. No século 16, dois reformadores suíços procuraram renovar o culto coletivo ao longo das referências bíblicas. Ulrico Zuínglio criou um culto que era centralizado quase completamente no ensinamento e oração do pregador. Tinha pouca ou nenhuma liturgia, música ou participação congregacional. João Calvino, entretanto, projetou um culto com formas litúrgicas mais fixas, com mais música e mais participação congregacional. Como é bem conhecido, Calvino também desejou que cada serviço combinasse a Ceia do Senhor com a Palavra pregada.

Essas abordagens eram suficientemente distintas para levar o historiador litúrgico James F. White a descrevê-las como duas "tradições" diferentes de adoração dentro da comunidade reformada.[171] A abordagem de Zuínglio era a base da semente para o culto dos puritanos, expressa na *Confissão e padrões de Westminster,* bem como o da posterior "Igreja Livre".[172] A adoração reformada continental, de acordo com Calvino, era, admitidamente mais fundamentada na tradição cristã primitiva.[173]

É importante lembrar que "desde o início, havia duas concepções litúrgicas diferentes dentro da ala reformada da Reforma".[174] Isso pode explicar, em parte, porque as igrejas evangélicas reformadas têm estado divididas pelas "guerras de adoração", assim como o restante das igrejas dos Estados

---

[170] Terry L. Johnson, *Leading in Worship* [Conduzindo a adoração]. Oak Ridge: Covenant Foundation, 1996, p. 1.

[171] James F. White, *A Brief History* [Uma breve história], p. 107.

[172] Essa é a visão de Peter Lewis, "'Igreja Livre' na Inglaterra" em *Worship: Adoration and Action* [Adoração: ação e prática], ed. D. A. Carson. Grand Rapids: Baker, 1993, que aponta que a oração espontânea, a falta de ênfase na variedade artística e de qualidade, e o sermão como clímax da adoração foram todos transmitidos dos puritanos para as igrejas informais. Lewis é mais positivo sobre a tradição puritana do que Guillermo W. Mendez, que vê escondidos na tradição muitos pressupostos culturais europeus, por exemplo: "Temor, admiração e reflexão tranquila são as únicas respostas humanas possíveis à majestade de Deus. Isso significa que todas as respostas humanas não silenciosas sejam menos espirituais... e a manipulação cognitiva das Escrituras seja mais agradável a Deus do que louvor... [A] impressão deixada é que o conhecimento devorou a experiência. Veja "Adoração nas igrejas Independente/Igreja Livre/Tradição congregacional: Uma visão dos dois terços do mundo", em *Worship: Adoration and Action* [Adoração: ação e prática], p. 172.

[173] Hughes Oliphant Old, *The Patristic Roots of Reformed Worship* [As raízes patrísticas na adoração reformada]. Zurich: Theologischer Verlag, 1976.

[174] Klass Runia, "Reformed Liturgy in the Dutch Tradition [Liturgia reformada na tradição holandesa]", em *Worship: Adoration and Action* [Adoração: ação e prática], p. 100.

Unidos.[175] Nunca houve consenso geral. Os reformados defensores do CH, por vezes, falam como se o uso do princípio regulador – um padrão estritamente bíblico para as formas de adoração coletivas – fosse resolver as "guerras" e nos trazer de volta para um culto único e simples. Mas Zuínglio e Calvino,[176] ambos trabalhando com os mesmos compromissos bíblicos, chegaram a conclusões tão diferentes que deram origem a duas tradições de adoração coletiva distintas.[177] Por outro lado, os defensores reformados do CA muitas vezes não tomam conhecimento suficiente de como a tradição reformada pode e deve influenciar o culto coletivo hoje.

Tendo identificado duas tradições de adoração dentro da tradição reformada, agora quero concentrar-me no que podemos aprender com Calvino, em vez de Zuínglio. Por quê? Primeiro, acredito que podemos aprender com o processo que Calvino usou para moldar sua adoração para a comunidade reunida. Como eu disse há pouco, nossas atuais "guerras de adoração" são, em grande parte, devidas à nossa relutância em consultar a Bíblia, a cultura e a tradição juntas. Acho que Calvino fez isso muito mais eficazmente do que qualquer outro reformador. Seu processo para forjar a adoração coletiva é, portanto, altamente instrutivo para nós. Segundo, acredito que o produto de Calvino – a tradição de adoração que ele nos deu – tem traços que são muito relevantes para o povo contemporâneo "pós-moderno".[178]

A tradição de adoração coletiva de Calvino faz eco com muitas das preocupações das pessoas pós-modernas. Elas têm uma fome por voltar às raízes antigas e a uma história comum. Calvino enfatiza isso por meio da liturgia de uma maneira que nem é feita pela adoração tradicional da Igreja Livre nem pela adoração contemporânea. Elas têm uma fome de

---

[175] Dois exemplos articulados de dois lados da Reforma em oposição entre si sobre adoração são Terry L. Johnson, *Leading in Worship* [Dirigindo na adoração] (defensor do CH), e John M. Frame (defensor do CA), *Contemporary Worship Music: A Biblical Defense* [Música na adoração contemporânea: uma defesa bíblica]. Phillipsburg: Presbyterian and Reformed, 1997.

[176] Veja Edmund P. Clowney, "Presbyterian Worship [Adoração presbiteriana]", em *Worship: Adoration and Action* [Adoração: ação e prática], p. 115. Clowney apresenta um bom exemplo em que Calvino manteve o princípio regulador de adoração, embora a concepção de Calvino acerca de "circunstâncias" não essenciais fosse mais ampla do que a de muitos outros defensores desse princípio.

[177] Veja a nota 12 sobre como o princípio regulador não consegue produzir uma forma única e simples de adoração.

[178] Não há limites para se fazer livros sobre a pós-modernidade! Mas há três acessíveis (para mim), Gene Veith, *Post-Modern Times* [Tempos pós-modernos]. Wheaton: Crossway, 1994, Stanley Grenz, *A Primer on Postmodernism* [Cartilha do pós-modernismo]. Grand Rapids: Eerdmans, 1996, e Richard Lints, "The Theological Present [O presente teológico]", em seu *The Fabric of Theology* [O tecido da teologia]. Grand Rapids: Eerdmans, 1993. Em seu tom de voz, Veith é mais negativo, Grenz é mais positivo, e Lints é mais acadêmico. Juntos eles apresentam uma visão geral sem falar em demasia.

transcendência e experiência; Calvino causa espanto e admiração de um modo mais efetivo do que os cultos da Igreja Livre, da forte cognição na tradição de zuingliana-puritana e também melhor do que os cultos que enfocam o gosto da audiência de "informal e arejada".

As pessoas da geração pós-moderna são muito mais ignorantes das verdades cristãs básicas do que seus antepassados e precisam de um lugar para aprendê-las, mas eles também estão mais desconfiados do "exagerado" sentimentalismo do que as gerações mais antigas. A tradição de adoração de Calvino evita a manipulação emocional que tanto assusta as pessoas não religiosas em relação aos cultos carismáticos, mesmo quando eles desejam a transcendência que o culto contemporâneo de louvor parece oferecer.

Embora não devamos nos adaptar demais ao pós-modernismo, boa parte do que ele busca se baseia numa válida crítica pós-moderna dos ídolos da atualidade (por exemplo, o individualismo, as visões sentimentais da natureza humana, o racionalismo) e, portanto, pode ser justificadamente levado em conta ao planejarmos nossa adoração como uma comunidade reunida. Calvino nos oferece muitos recursos para isso.

### Fontes da adoração coletiva de Calvino

Dissemos há pouco que os defensores do CA e do CH têm processos excessivamente simplistas para chegar a suas formas de adoração coletiva. Como Calvino chegou à sua?

Ninguém questiona que Calvino tenha considerado a Bíblia como a suprema autoridade e a fonte para a adoração a Deus. Mas Calvino também entendeu que a Bíblia não nos deu um "Guia de Adoração" no Novo Testamento, como Levítico havia fornecido para o culto pré-cristão.[179] A Bíblia pode nos oferecer elementos básicos de adoração coletiva, mas nos deixa livres com relação aos estilos, às formas e à ordem desses elementos (tradicionalmente chamados de "circunstâncias" concretas de adoração). Portanto, o reformador não reivindicou a capacidade de criar uma adoração puramente bíblica coletiva "a partir do zero". Antes, ele consultou a tradição antiga e produziu uma liturgia simplificada de Palavra e da Eucaristia baseada no culto patrístico. A confiança de Calvino na tradição da igreja foi bem documentada por Hughes Old, então não há necessidade de retomar esse caso novamente.[180]

---

[179] João Calvino, *Institutes* [Institutas], IV.x.30. Citada em Clowney, "Presbyterian Worship [Louvor presbiteriano]", 117.

[180] Hughes Oliphant Old, *The Patristic Roots of Reformed Worship* [As raízes patrísticas da adoração reformada].

Calvino não só se envolveu com a tradição cristã antiga, mas também de forma consciente consultou a capacitação dos congregantes. O latim da missa medieval só era acessível às classes "eruditas" e educadas na "cultura superior", mas Calvino não escolheria a alta cultura para promover a inteligibilidade para uma pessoa comum.[181] A pregação e o canto deveriam ser executados de modo que fossem acessíveis até mesmo aos não instruídos.[182] Calvino chegou a escrever que a liturgia que apresentou à igreja estava "inteiramente voltada para a edificação."[183]

Essa recusa de Calvino em escolher entre transcendência e acessibilidade é impressionante.[184] Quando ele enfrentou a questão de como organizar as "circunstâncias" concretas de adoração (tais como, se devemos orar em pé ou ajoelhados, em uníssono ou individualmente etc.) ele escreveu que devemos ser totalmente dirigidos pela preocupação com a edificação, pelo amor dos presentes. "Se deixarmos que o amor seja nosso guia, estaremos seguros."[185]

A atual relevância do processo de Calvino para moldar o culto coletivo é óbvia. Os críticos dos "buscadores de cultos" insistem em que os cultos de adoração coletiva são estritamente "para Deus" e não para as pessoas presentes; que na adoração coletiva "só Deus importa".[186] Mas Calvino recusou-se a "glorificá-lo" em oposição à "edificação" dos participantes. Os elementos básicos da adoração coletiva são estabelecidos por Deus em sua

---

[181] Isso deve ser levado em conta por aqueles que justamente temem a perda da transcendência e o sentimentalismo da adoração evangélica. Eles enfatizam os perigos da cultura popular, mas sua ênfase e preferência pela cultura superior pode perder contato com a preocupação de Calvino com a acessibilidade e a inteligibilidade do culto para a pessoa com menos educação formal.

[182] Calvino, *Commentary on 1Corinthians* [Comentário sobre 1Coríntios], p. 449.

[183] Calvino, *Opera Selecta*, 2:15, citado em Leith, *Introduction* [Introdução], p. 176.

[184] Felizmente, penso que Calvino, nesse momento, tem muitas afinidades com as ideias de David Peterson, "Worship in the New Testament [Adoração no Novo Testamento]", em *Worship: Adoration and Action* [Adoração: Ação e prática], bem como as de Don Carson no primeiro capítulo deste livro. Eles indicam como é usual descrever o Novo Testamento nos cultos semanais da igreja como "edificador".

[185] Calvino, *Institutes* [Institutas], IV.x.30. Citado em Clowney, "Presbyterian Worship [Adoração presbiteriana]", p. 116.

[186] A primeira citação nessa frase é de John Armstrong, "A louca corrida pela adoração que agrade à audiência", em *Modern Reformation* [Reforma moderna] 4/1, jan/fev 1995, 25. A segunda é de C. W. Gaddy, *The Gift of Worship* [A dádiva da adoração]. Nashville: Broadman, 1992, citado em Dawn, *Reaching Out* [A busca], p. 80.

Palavra, mas nosso arranjo e utilização deles é fortemente controlado por aquilo que ajuda e toca aqueles que participam.[187]

### Equilíbrio da adoração coletiva calvinista

O que é adoração? A adoração seria *principalmente*, o que acontece aos domingos quando desenvolvemos atividades específicas de cantar, orar, ofertar, confessar e assim por diante? Ou a adoração seria *principalmente*, a maneira como vivemos toda a nossa vida para a honra do Senhor, de tal forma que as reuniões de domingo não sejam uma "adoração" mais importante do que qualquer outro momento da semana?

Dentro do protestantismo, esse é um velho debate. Os defensores da "igreja de nível popular" tradicionalmente se inclinaram para a segunda visão, e insistem em que os cultos dominicais não são distintivos da adoração da "vida com um todo", enquanto os defensores da "igreja de alto nível" sustentam que é no culto coletivo que a "verdadeira" adoração realmente acontece.

Na igreja de hoje, esse debate assumiu novas formas. O CA e as igrejas carismáticas têm uma nova maneira de considerar a visão antiga – que a adoração realmente acontece no culto de louvor coletivo em vez de no contexto exterior do mundo, durante a semana. A alternativa a esse ponto de vista foi recentemente apresentada de forma muito articulada por anglicanos evangélicos de igrejas de nível baixo[188] na Austrália e na Grã-Bretanha.[189] Essa visão argumenta que Cristo cumpriu completamente todos os elementos "cultistas" da adoração – o templo, o sacerdócio, os sacrifícios, o sábado, a Páscoa – de modo que agora a linguagem da adoração é aplicada à forma como todos os cristãos vivem sua vida como um todo (1Pedro 2:5, Romanos 12:1, Hebreus 13:16-17). Essa visão sustenta, então, que nossos encontros coletivos não são nenhuma forma distinta de "adoração". A principal razão para os cristãos se reunirem agora é para edificação.

---

[187] Um modelo estrito de Willow Creek pressupõe que uma igreja não pode fazer evangelismo e adoração no mesmo culto. É por isso que o modelo prevê os "buscadores de cultos" no fim de semana e no meio da semana para a adoração. Ironicamente, os críticos mais severos do culto "sensível a quem busca" compartilham das mesmas premissas (como pode ser visto em Armstrong, "The Mad Rush"). A premissa é que você não pode combinar o vertical e o horizontal – não pode ter adoração transcendente com edificação efetiva e evangelismo num mesmo culto. As declarações de Calvino minam essa premissa, creio eu.

[188] Nível baixo, neste caso, indica a igreja que dá pouca ou nenhuma importância aos rituais, sacramentos e à autoridade do clero (N. do T.).

[189] Veja, por exemplo, David Peterson, *Engaging with God* [Envolvendo-se com Deus]. Leicester: Apollos, 1992 e "Worship in the New Testament [Adoração no Novo Testamento]" em *Worship: Adoration and Action*.

Aqui não é lugar para apresentar argumentos detalhados sobre essas duas visões. Don Carson faz isso em seu capítulo neste livro e chega a uma posição "intermediária" com a qual concordo essencialmente.[190]

Por outro lado, dizer que nos encontramos no domingo apenas para edificação é um erro. A adoração, como Carson escreve, "está atribuindo toda a honra e valor a... Deus, precisamente porque ele é digno, graciosamente assim".[191] Portanto, estamos apenas adorando verdadeiramente quando servimos a Deus com todo o nosso ser, incluindo nosso coração, tudo o que deve ser "afetado" pela glória de Deus. A definição mais completa de adoração, então, seria algo como "ação obediente motivada pela própria beleza de quem Deus é". Se isso é adoração, é mais do que apenas ser movido "afetivamente", mas também não é menos do que isso.

Por exemplo, quando nos reunimos para ouvir, orar e louvar como uma comunidade, estamos tentando "lembrar" o evangelho (1Coríntios 11:25). "Lembrar-se" não pode ser simplesmente uma ação cognitiva, mas sobre captar um "senso" a respeito da verdade que vem do coração, de modo que nossa vida possa estar em maior conformidade com o que acreditamos. A oração, o canto, a oferta e o ouvir a Palavra de Deus de modo coletivo têm uma função distinta de adoração.[192]

---

[190] Veja também uma visão bem equilibrada e exegeticamente pensada do tema em Herman Ridderbos, *Paul: An Outline of His Theology* [Paulo: um esboço de sua teologia]. Grand Rapids: Eerdmans, 1975, 481ss.

[191] Veja o capítulo deste livro, "Adoração por meio da Palavra", p. 11.

[192] John Frame, a partir de uma perspectiva reformada, acerta bem essa visão "equilibrada" do culto no capítulo 3 de *Adoração em Espírito e Verdade*. Ele dá todo o peso à exegese de Peterson e ao fato de que a vinda de Cristo cumpriu as cerimônias e rituais, de modo que "essencialmente, o que resta é a adoração em seu sentido amplo: vida de obediência à Palavra de Deus, sacrifício de nós mesmos para seus propósitos. Tudo em nossa vida tem a ver com nosso serviço sacerdotal, a nossa homenagem à grandeza do nosso Deus da aliança " (p 30). No entanto, Frame não concorda que os cristãos, portanto, não mais se encontrem para qualquer tipo de adoração coletiva específica, embora ele admita que há algum perigo em chamar os cultos do domingo de "adoração" (p. 32). Ele aponta que muitas das coisas que fazemos nessas reuniões, tais como ofertas e louvor (Hebreus 13:15-16), orações (Apocalipse 5:8; 8:3-4), a leitura e o ouvir da Palavra (Hebreus 4:12) têm conferido a esses elementos como a adoração ou adoracional a terminologia "cúltica" pelos escritores do NT. Além disso, somos ainda exortados a "nos aproximar" de Deus (Hebreus 10:19-22, veja 12:28-29) – isso não é adoração em algum sentido distinto da obrigação normal de obedecer a Deus? Frame mesmo dá uma ilustração para explicar a diferença entre a adoração coletiva e "toda a vida" de adoração. Se você servir ao rei em seu palácio, estará fazendo isso o tempo todo. No entanto, certamente, quando o próprio rei entra na sala onde você está trabalhando e tem uma conversa com você, "seu serviço assume um caráter diferente... torna-se um pouco mais cerimonial. Você se curva e lembra o melhor que puder da linguagem de honra... Algo assim acontece em nosso relacionamento com Deus. Toda a vida é adoração..., mas quando nos encontramos com ele, algo especial acontece" (p. 33). Assim Frame conclui que toda a vida é adoração, mas há algo distintivo sobre o louvor e adoração em conjunto.

Igualmente, é também um grande erro colocar no culto de domingo tudo o que a Bíblia tem a dizer sobre adoração. Eu temo que a visão de "só edificação" poderá conduzir a adoração para uma abordagem acadêmica sem expectativa de transcendência, de modo que corremos o risco de que essa visão oposta possa nos conduzir ao exagero emocional ou a uma mentalidade de desempenho nos cultos coletivos. Se a adoração só "acontece" num "grande evento", então estaremos muito preocupados em oferecer às pessoas uma enorme experiência emocional ou estética.

Há outro perigo em se diferenciar muito a adoração coletiva da forma de adoração particular, envolvendo a adoração na "vida como um todo". Você pode tornar-se muito inflexível sobre o que ocorre dentro do culto de adoração. Por exemplo, entre muitos tradicionalistas em minha denominação, é permitido a uma mulher ensinar em uma classe de escola dominical ou num grupo pequeno, mas não falar do púlpito durante o culto coletivo. Isto acontece porque, sua opinião deles, o "culto" do domingo é algo muito diferente e desligado da vida que vivemos durante o restante da semana. Uma vez que o culto formal de adoração é visto como a adoração real, ele deve ser regulamentado muito mais estritamente do que todo o restante da vida. No entanto, a visão equilibrada "intermediária" colocadas aqui significa que não há nenhuma distinção escritural entre os cultos de adoração "formal" e "oficial" e outros encontros em reuniões da igreja.[193]

Tanto quanto eu possa dizer, o próprio Calvino se utilizou de uma forma "intermediária".[194] Por exemplo, Calvino acreditava que Cristo cumpriu de tal forma o sábado, que os regulamentos do Antigo Testamento sobre a observância do sábado não são realmente vinculantes para os adoradores de hoje (os puritanos e a *Confissão de Westminster*, evidentemente, discordaram fortemente dele). Por outro lado, Zuínglio parecia ver a reunião dominical

---

[193] Frame efetivamente critica a visão de que exista tal coisa como um culto de adoração "formal" que é mais regulamentado pela Palavra de Deus do que qualquer outra parte da vida. Esse é um dos resultados infelizes do fracasso em reconhecer como Cristo transformou o culto cristão de modo a incluir toda a vida (ver *Adoração em Espírito e Verdade*, p. 37-49). É irônico que os dois principais protagonistas das "guerras de adoração" – o movimento carismático contemporâneo de louvor e adoração e aqueles que defendem o retorno ao culto tradicional – parecem ter uma visão semelhante (desequilibrada) da adoração que vê o culto como nitidamente diferente do restante da vida cristã e das reuniões.

[194] Por outro lado, Calvino certamente compreendeu o princípio de que, para o cristão, adoração envolve "toda a vida". Veja o seu comentário nas *Institutas* sobre a "soma da vida cristã", como visto em Romanos 12:1: "Aqui está o princípio deste plano: o dever dos crentes é 'que se ofereçam em sacrifício vivo, santo e agradável a Deus; este é o culto racional de vocês', e nisto consiste a adoração legal dele (Romanos 12:1)" (III.vii.1). Por outro lado, Calvino está, naturalmente, muito interessado no que ele chama de orações e adoração "públicas" (por exemplo, IV.x.29).

como, principalmente, um tempo de ensino e edificação, indistinguível de uma classe. Calvino, entretanto, sabia que um propósito do culto era a transcendência, uma experiência coletiva de Deus. Por isso, ele introduziu mais elementos litúrgicos e deu mais ênfase à música.

Em suma, Calvino acreditava que havia adoração coletiva e que era distinta e favorável à adoração dos cristãos em todos os aspectos de sua vida. Se esse equilíbrio não for mantido, você obterá uma forma excessivamente cognitiva ou emocional para sua adoração (nota: é por isso que eu costumo usar o termo um pouco elegante "adoração coletiva" em muitos títulos, a fim de manter esse equilíbrio).

### Ponto central da adoração calvinista

O excelente artigo de Nicholas Wolterstorff identifica o compromisso central que é primordial para todos os traços distintivos da adoração coletiva de Calvino.[195] Se pudéssemos retornar ao século 16 e participar de um culto católico e de um liderado por Calvino, imediatamente observaríamos diferenças óbvias. Primeiro, notaríamos o quanto mais simples era o culto de Calvino. A liturgia medieval era extremamente elaborada. Segundo, notaríamos o quanto a Bíblia era lida e pregada na liturgia de Calvino. Na missa, a "homilia" praticamente desapareceu. Em terceiro lugar, veríamos a participação crescente da congregação de Calvino em cantar, orar juntos, ler e ouvir. Na missa medieval, os leigos passivamente observavam as ações dos sacerdotes e dos músicos. Havia muito pouca oração em comum. Os fiéis oravam silenciosa e individualmente, enquanto os sacerdotes atrás de uma tela oravam de forma inaudível em latim.[196] Nem sequer lhes ofereciam o copo eucarístico.[197]

O que causou essa diferença? Uma resposta superficial poderia ser que o "estilo" reformado era mais democrático e intelectual, mas isso é dar um discurso sociológico a um princípio teológico. Wolterstorff identifica a

---

[195] Nicholas Wolterstorff, "The Reformed Liturgy [A liturgia reformada]", in *Major Themes in the Reformed Tradition* [Temas importantes na tradição reformada], ed. Donald McKim. Grand Rapids: Eerdmans, 1991, p. 280-81.

[196] Veja Robert M. Kingdon, "The Genevan Revolution in Public Worship [A revolução de Genebra da adoração pública]" em *Princeton Seminary Bulletin* 20, 1999: 167. Kingdon afirma que a diferença essencial entre o culto de Calvino e o culto medieval era que "acima de tudo, eles tinham que implantar um conjunto diferente de sentido. Esperava-se que [os protestantes] absorvessem o que é mais essencial na religião ao ouvir [a Palavra] em vez de assistir [a Missa]", (p.180). Ouvir um sermão exige muito mais envolvimento do que assistir à apresentação da eucaristia.

[197] Veja White, *A Brief History* [Uma breve história], caps. 3 e 4.

concepção de graça como a diferença central entre o culto coletivo medieval e o dos reformadores suíços. Tomás de Aquino, por exemplo, insistiu que os sacramentos são literalmente a causa da graça, independentemente do estado de piedade do sacerdote ou do destinatário.[198] O objetivo final do culto era usar os instrumentos da graça para alcançar Deus.

Essa visão da graça teve o efeito prático de perder a ação do próprio Deus no culto. Em nenhum lugar do culto se ouviu Deus falar ou agir ou iniciar. Mesmo o movimento físico (do sacerdote de costas para o povo, aproximando-se de Deus com o sacrifício de Cristo) era tudo do povo para Deus. Nunca havia movimento de Deus para com o povo. Os sacerdotes usavam os instrumentos em nome do povo para satisfazer Deus.

O "compromisso fundamental" da adoração coletiva de Calvino foi redescobrir o evangelho bíblico da graça imerecida e livre. A graça de Deus vem a nós como uma palavra a ser crida, e não como uma ação a ser realizada. Essa nova ênfase na "graciosidade da graça" distinguiu a adoração coletiva de Calvino da missa medieval. Calvino acreditava que a adoração coletiva medieval estava "realizando o sacramento", a fim de obter a bênção de Deus para o povo. Foi por isso que os aspectos emocionais, rituais, místicos e sacramentais foram completamente dominantes. Por outro lado, Calvino evitou as reuniões completamente não sacras, racionais e não físicas dos zuinglianos (e, em grande parte, dos anabatistas). Pode ser que ele tenha percebido que havia um erro de "adoração como desempenho" no lado protestante. Não poderiam os membros da congregação cair no erro de "praticar a Palavra" para que Deus os abençoasse?[199]

O equilíbrio de Calvino entre os "elementos coletivos de adoração" (canto, sacramento, oração comum) com a pregação da Palavra, tudo fluía a partir de sua ênfase na graça livre e soberana de Deus no evangelho. O que segue é um esboço de alguns dos traços relevantes desta adoração coletiva.

### Traços da adoração coletiva reformada

Sua voz: *Simplicidade*. Calvino acreditava que a simplicidade da forma e da linguagem poderia ser mais valorizada do que o espetáculo, por um lado, e o sentimentalismo, por outro.

---

[198] *Summa Theologica*, III, Q. 62, art.1. Citado por Wolterstorff, "Reformed Liturgy [Liturgia reformada]", p. 282.

[199] Para uma evidência de que o culto zuingliano caracterizava a si próprio como adoração em forma de performance, veja adiante, a referência 211, e a discussão em Wolterstorff, "Reformed Liturgy [Liturgia reformada]".

A adoração medieval trabalhava diretamente as emoções das pessoas por meio de pompa, cerimônia, arquitetura espetacular e performances. Mas Calvino escreveu que a adoração coletiva deve "omitir... toda pompa teatral, que deslumbra os olhos... mas amortece suas mentes". Assim, em relação às cerimônias, "é necessário manter a pequenez em número, a facilidade na observância, a dignidade na representação".[200]

Os reformadores viram como o espetáculo medieval tendia a tornar os observadores passivos adoradores e agitar as emoções sem mudar seu entendimento e sua vida. Acima de tudo, o "espetáculo" representava uma falta de confiança na ação graciosa de Deus. Será que ele precisa de uma grande atuação antes de nos outorgar seu favor? Portanto, Calvino não buscou a mediocridade, mas a falta de ostentação – na cerimônia, na música e na arquitetura.

Calvino também falou de "dignidade na representação", no entanto. Isso era um aviso contra opor o moderno à cerimônia – o que hoje podemos chamar de "informalidade" ou sentimentalismo. Muitas vezes é uma forma inversa de orgulho: "Nós não somos como os esnobes que precisam de toda essa elegância artística". Em um esforço para não se mostrar pretensiosas, muitas igrejas produzem um culto com uma deliberada falta de preocupação com a qualidade da música, leitura, canto e pregação. "Líderes de adoração" falam "sem preparo algum", compartilhando pensamentos espontâneos. Como resultado da mediocridade e da informalidade, não há senso de temor, nem senso de estar na presença do Santo. Calvino conhecia a diferença entre simplicidade e sentimentalismo.

O sentimentalismo é sutil. C. S. Lewis disse certa vez a um jovem escritor: "Em vez de nos dizer que uma coisa é "terrível", descreva-a para que fiquemos aterrorizados. Não diga que foi um "deleite", faça-nos dizer "delicioso" quando lemos a descrição. Você vê, todas essas palavras ('horrível', 'maravilhoso', 'terrível', 'requintado') estão apenas dizendo aos seus leitores: 'Por favor, façam meu trabalho por mim'".[201]

Lewis queixa-se de que os autores de palavras extravagantemente sentimentais são tirânicos porque dizem aos leitores como devem se sentir em vez de deixar que o sentimento possa agir neles da mesma maneira como o fez com o autor. A adoração sentimental funciona exatamente assim como Lewis descreve. Com comentários típicos – "Ele não é simplesmente

---

[200] As citações são das *Institutas*, IV.xv.19 and IV.x.14. Veja John Leith, que discute essas citações sob o título de "simplicidade" em *Introduction* [Introdução], p. 176.

[201] *Cartas de C. S. Lewis,* ed. W. H. Lewis. Nova York: Harcourt, Brace, and World, 1966, 271.

maravilhoso?", "Não é uma bênção?" – o líder diz às pessoas como elas deveriam se sentir em relação a Deus, em vez de lhes falar a respeito de Deus.

Tanto o espetáculo quanto o sentimentalismo trabalham diretamente nas emoções das pessoas, em vez de confiar no Espírito de Deus para trazer a verdade "para casa".[202] A forma "moderadamente litúrgica" do culto coletivo de Calvino foi um resultado prático de sua preocupação em ser simples, evitando o espetáculo por um lado e o sentimentalismo por outro.[203]

O culto coletivo reformado não tem tantas formas prescritas, partes fixas e referências históricas (por exemplo, credos) como igrejas "superiores" (anglicanas e luteranas), mas tem mais do que a Igreja Livre ou as igrejas carismáticas. A liturgia suave significa que não é tão dependente de observações ocasionais e espontâneas do pastor e de outros líderes.

Sua Meta: *Transcendência*. Calvino acreditava que o objetivo da adoração coletiva era conduzir as pessoas a Deus face a face. Seu propósito não era que as pessoas simplesmente aprendessem informações sobre Deus, mas que realmente ouvissem Deus falar e conhecessem sua presença no culto.

A adoração coletiva de Calvino era o famoso *Soli Deo gloria*.[204] A adoração era centralizada em Deus, e seu propósito era honrar a Deus. Mas nada honra mais ao Senhor do que o "temor de Deus". Esse "temor" não é um assédio servil, mas reverência e admiração.[205] A teologia de Calvino mostra um notável equilíbrio entre o conhecimento objetivo e o subjetivo. Ele ensinou que a cabeça e o coração estão coerentemente ligados no ato de adoração:

---

[202] Veja Ken Myers, *All God's Children and Blue Suede Shoes: Christians and Popular Culture* [Todos os filhos de Deus e os sapatos de camurça azuis: os cristãos e a cultura popular]. Westchester, Ill.: Crossway, 1989, 84-85, para ter um bom resumo do que está errado no sentimentalismo: 1. As emoções sentimentais são fugazes e não associadas a mudanças. 2. Elas são bem-vindas apenas por amor à emoção, como um bem em si mesmas, em vez de como uma devida resposta à verdade. 3. Elas são sempre tomadas com um grão de sal. O sentimentalismo cria um profundo cinismo. Ninguém leva isso muito a sério.

[203] No sentido mais amplo, a liturgia significa simplesmente "a forma do culto". Nesse (melhor) sentido da palavra, todas as tradições de adoração têm uma liturgia. Estou usando a palavra em outro sentido válido, como "cerimônias, símbolos e respostas fixas". Nesse sentido, o culto anglicano é mais "litúrgico" do que o reformado, o que é mais do que o culto da Igreja Livre. Wolterstorff tem uma bela discussão do significado da liturgia em "Reformed Liturgy [Liturgia reformada]", p. 274-75.

[204] O princípio essencial da adoração reformada é que "a adoração acima de tudo deve servir para glorificar a Deus" (Hughes Oliphant Old, *Worship That Is Reformed According to Scripture* [Adoração que é reformada de acordo com as Escrituras], Atlanta: John Knox, 1984, p. 2).

[205] O salmo 130:3-4 é o famoso texto que prova o contexto positivo do termo bíblico "temor do Senhor". Aqui o salmista essencialmente diz: "mas contigo está o perdão para que sejas temido". Isso significa que o "temor do Senhor" contém tanto um alegre assombramento quanto um humilde e sóbrio temor.

> Uma boa afeição para com Deus não é algo sem vida e brutal, mas um movimento animado, procedente do Espírito Santo, quando o coração é corretamente tocado e o entendimento é iluminado.[206]

Anos mais tarde, Jonathan Edwards certamente falou na tradição de Calvino quando disse que a adoração não ocorre quando os "deveres externos" de "ler, orar, cantar, ouvir sermões e coisas semelhantes" são praticados, mesmo quando há um "envolvimento zeloso", mas somente quando nosso coração é afetado e nosso amor cativado pela livre graça de Deus e quando as coisas grandiosas, espirituais, misteriosas e invisíveis do evangelho... têm o peso e o poder de coisas reais em seu coração".[207]

Assim, para Calvino, o objetivo da adoração coletiva é tornar Deus "espiritualmente real" em nosso coração. É aí que as verdades (que possamos ter conhecido intelectualmente), agora pela influência do Espírito, tornam-se ardentes, poderosas e profundamente afetadas (por exemplo, Romanos 8:15,16). Elas agora emocionam, confortam, fortalecem (ou mesmo) perturbam você de uma maneira que não fizeram antes (Efésios 1:18-22; 3:14-21). Não bastava, para Calvino, ser informado sobre a graça. Você tinha que se *surpreender* com a graça.

Como, então, ajustamos o primeiro traço (simplicidade) com este segundo? Como podemos levar as pessoas a ter um respeito transcendente e admirador na presença de Deus, quando Calvino proibiu as maneiras mais óbvias de "criar" esse senso de temor – o uso de algo espetacular ou o de uma coisa piegas? Isso é feito das seguintes maneiras.

Primeiro, o sentido da transcendência depende da qualidade do falar, ler, orar e cantar. A falta de respeito drena imediatamente a dimensão "vertical" do culto coletivo.[208] Não havia nada "descuidado" na abordagem de Calvino! Seu uso da música é um exemplo disso.

Mark Noll indica que, na Reforma, os luteranos e os católicos usavam "música complexa e desempenho profissional", enquanto os anabatistas evitavam todas as formas "mundanas" de música em favor da música

---

[206] Citado em Leith, *Introduction* [Introdução], p. 176.

[207] Jonathan Edwards, *Religious Affections* [Afeições religiosas], ed. John Smith. New Haven: Yale, 1959, p. 163, 263, 291-92.

[208] Na América, os termos metafóricos "vertical" e "horizontal", no que diz respeito à adoração, têm uso generalizado. "Vertical" tem a ver com o nosso relacionamento para com Deus, com o sentimento de temor e reverência pelo Senhor. "Horizontal" tem a ver com o nosso relacionamento uns para com os outros, com o sentido de comunidade e unidade no Senhor.

congregacional não acompanhada. A razão alegada pelos anabatistas era aquilo que Noll chamava de sentimentos "populistas".[209] Eles sentiam que menos profissionalismo tornava a música menos "mundana" e mais espiritualmente "pura". O outro grande reformador suíço, Zuínglio, tornou seu culto de adoração quase totalmente orientado na direção do conhecimento e para a mente, eliminando a maioria das músicas por causa de seu poder emocional.[210]

Calvino, no entanto, adotou um meio termo. Como músicos profissionais podiam transformar os congregantes em uma audiência, em vez de uma comunidade, ele escolheu não usar corais ou solistas. Mas de modo algum ele compartilhava a visão de que a excelência artística seria elitista.[211] Em vez disso, tomou o cuidado de contratar excelentes poetas para colocar os salmos em forma métrica e excelentes compositores para colocá-los em música. Longe de evitar a excelência, a prática reformada inicial era transformar a congregação em um coral bem treinado, sob a direção dos "mestres cantores".[212]

A música e a linguagem medíocres só podem fornecer uma referência "horizontal". Nosso coração pode ser aquecido pela sinceridade do cantor ou orador, mas a excelência tem uma referência "vertical", elevando o coração em direção ao transcendente.

A segunda maneira de obter a transcendência com simplicidade é a atitude de conduta ou coração daqueles que lideram a adoração coletiva. Se o seu tom é apenas alegre e quente, o serviço terá uma referência exclusivamente

---

[209] Mark Noll, *Turning Points* [Pontos de retorno]. Grand Rapids: Baker; Leicester: IVP, 1997, p. 17.

[210] Leith, op. cit., p. 177.

[211] O livro de cultos de Calvino (1545) incluía um hino – uma indicação de que ele não achava pecado cantar hinos. No entanto, como um "controle de qualidade", limitou a música de adoração ao canto de salmos métricos. Ele também evitava órgãos, a maioria dos instrumentos, e até a polifonia elaborada. Como vimos há pouco, essas restrições não eram fundamentadas no mesmo desdém da excelência artística que levou os anabatistas à música não acompanhada. Foi devido à sua preocupação pela simplicidade e inteligibilidade (como vimos, a qualidade musical é importante para a transcendência). Portanto, enquanto a teologia anabatista da arte impedia o acompanhamento e os corais de participar da adoração, a teologia de Calvino não. Seu "caminho intermediário" entre os anabatistas e os luteranos aponta o rumo para que o culto reformado de hoje possa incluir o uso judicioso de acompanhamento, conjuntos e solos – desde que os propósitos de Calvino de simplicidade, transcendência e edificação sejam honrados. A música não deve transformar a igreja em um público que aprecia a música, mas em uma congregação cantando os louvores ao Senhor em sua presença.

[212] Veja as notas de programa de Anne Heider aos *Salmos espirituais: saltério anglo-americano 1550-1800*, por His Majestie's Clerkes; Paul Hillier, regente – um CD do selo Harmonia Mundi. Veja também *A Land of Pure Delight: William Billings Anthems* e *Fuging Tunes* pelos mesmos artistas no mesmo selo.

"horizontal". Pode ser muito doce e aconchegante, mas não inspirará um temor transcendente. No entanto, se seu tom é apenas digno e sóbrio, só criará um ambiente sombrio ou estranho.[213] Não haverá surpresa, que é uma parte constituinte do temor transcendente. A transcendência é melhor servida quando o prazer e o temor são evidentes na conduta e no coração dos líderes. Então a congregação sentirá que está sendo introduzida na presença de Deus.

Por que esse seria o caso? Novamente, ele decorre do evangelho da graça. O evangelho significa (como disse Lutero) que somos *simul justus et peccator*, isto é, em Cristo somos simultaneamente justos e pecadores. Se temos uma visão mais antinomiana da salvação, acreditando que todos somos aceitos porque Deus está vagamente amando, então podemos estar existencialmente conscientes do amor de Deus, mas não de sua santidade. Não haverá temor. Isso pode levar ao comportamento exclusivamente quente, "desleixado". Se, por outro lado, temos uma visão mais legalista da salvação, acreditando que somos aceitos porque vivemos e acreditamos em fazer tudo "exatamente certo", então podemos estar existencialmente conscientes da santidade de Deus, mas não de sua generosa misericórdia. Não haverá nenhuma maravilhosa graça. Isso pode levar a uma maneira excessivamente rígida e solene.[214]

Em nenhum caso os líderes estão realmente encantados com a graça. Somente quando houver uma profunda consciência da santidade de Deus e do custo do sacrifício que ele proporcionou, haverá um temor de júbilo que é, ao mesmo tempo, caloroso e vivaz. Somente um coração alegre, ainda que cheio de espanto – um decoro exuberante – pode manter a pompa e o

---

[213] Enquanto uma atitude exclusivamente calorosa e feliz dos líderes da adoração pode proporcionar um bom senso de unidade e de comunidade no Senhor (o "horizontal" – veja n. 182), uma atitude exclusivamente digna e séria não traz um sentido de transcendência e temor do Senhor. Em vez disso, cria uma atmosfera de afastamento, soturnidade e severidade. Faço este comentário adicional porque muitos escritores e líderes da igreja que corretamente desprezam a perda da transcendência (especialmente na adoração "contemporânea") podem passar para o outro extremo. Eles estimulam a dignidade e a seriedade, mas sem uma alegria profunda misturada a ela. Tal espírito não ajudará as pessoas na presença de Deus.

[214] Naturalmente, todos os termos, como "solene", são culturalmente um tanto elásticos. O que é considerado como decoro adequado numa cultura pode ser considerado rígido e remoto em outra. Esse é frequentemente o caso mesmo entre gerações na mesma cultura: o que a geração de meus pais considerava respeitosa, a geração de meus filhos considera dura e severa. Mas, embora esses termos sejam elásticos, não são sempre assim. Existem atitudes e comportamentos que em todas as culturas serão considerados indignos, desrespeitosos e superficiais. Portanto, não podemos dizer que tudo é relativo. Os subsídios e ajustes devem ser constantemente pesados e feitos.

sentimentalismo imitando os dois verdadeiros polos da adoração bíblica: o temor e a intimidade.[215]

*Sua reconstituição ordem-evangelho.* Pela "ordem" do culto coletivo reformado, não estamos falando tanto sobre a sequência exata do culto de Calvino, mas sobre o ritmo fundamental e o fluxo de sua liturgia.

À *"direita"* do culto de Calvino estava a liturgia medieval, que quase perdeu completamente o sentido de Deus falando para nós.[216] Toda a ação era feita pelo sacerdote, em nome da congregação. À "esquerda" de Calvino estava Zuínglio, cujo culto foi quase completamente retomado com o pregador, em nome de Deus, falando à congregação.

Ironicamente, ambos os tipos de cultos tornaram as pessoas passivas. Por quê? Porque não havia "ritmo" de recepção e resposta. No culto medieval, havia muita resposta, mas nenhum lugar em que elas pudessem ouvir uma palavra de graça. No culto zuingliano havia muita audição, mas nenhum lugar para a resposta. O sermão encerrava o culto. Assim, em ambos os tipos não havia ritmo de recepção e resposta na fé, de receber graça e ação agradecida.

Wolterstorff contrasta a atitude de Calvino em relação à Ceia do Senhor com a de Zuínglio. A oração de abertura de Zuínglio para a eucaristia pede que possamos justamente apresentar nosso louvor a Deus, enquanto a oração de abertura de Calvino pede que possamos receber corretamente o que Deus tem para nos dar. "Quão irônico isso se tornou em sua compreensão... Zuínglio aliou-se aos medievais contra Calvino!"[217] Ele argumenta que Zuínglio tinha mais do conceito medieval de graça como desempenho, do que o conceito calvinista de graça como uma dádiva concedida.

Essa visão da graça explica o desequilíbrio de Zuínglio em relação à Palavra sem a resposta do sacramento, assim como o desequilíbrio dos católicos do sacramento sobre a Palavra.[218] Todos esses desequilíbrios vêm de uma falta de orientação para a graça livre e uma orientação para o desempenho.

---

[215] Este parágrafo é baseado em um comentário tipicamente brilhante e incisivo de Derek Kidner sobre Salmos 66:2: "A glória [de louvor] será a de 'espírito e verdade...', a grandeza e a vitalidade do culto que... nunca é trivial, [mas] nunca pretensioso", Salmos 1-72. Leicester: IVP, 1973, 234.

[216] Cf. a seção já apresentada, "O coração da adoração reformada", e o artigo de Wolterstorff, "Liturgia reformada".

[217] "*Reformed Liturgy* [Liturgia reformada]", p. 192-93.

[218] Existiam, também, no culto medieval e no de Zuínglio, um desequilíbrio entre a "cabeça" e o "coração", ou o pensamento e a emoção. O medieval enfatizava a magnificência artística, o rito, o misticismo e a emoção; enquanto Zuínglio enfatizava a mente, o aprendizado e a racionalidade.

Se deixarmos de captar a graça, procuraremos realizar por meio da Palavra – obediência ou uso da eucaristia. Em vez disso, Calvino viu todo o culto, não como uma representação para Deus pelos celebrantes, mas como uma forma de receber a palavra de graça de Deus e, em seguida, responder em louvor grato.

É assim que o evangelho opera. Nós não realizamos tarefas, esperando ansiosamente que algum dia mereceremos entrar no Reino de Deus e em sua família. Em vez disso, ouvimos a palavra de nossa aceitação agora; e transformados por esse entendimento, respondemos com uma vida de alegria e gratidão (Romanos 5:1-5).

Assim, para Calvino, cada culto reafirmava a recepção do evangelho. Como isso funcionava? Havia duas características básicas para a ordem do culto de Calvino.

A primeira e mais óbvia era que, ao contrário dos cultos medievais e zuinglianos, Calvino proporcionou um equilíbrio entre ouvir o evangelho na primeira metade do culto, o "Culto da Palavra", e responder com alegria e gratidão na segunda parte do culto, o "Culto da mesa", a eucaristia.

Se separarmos a eucaristia da pregação aprofundada, a Mesa do Senhor torna-se algo relacionado com desempenho, e a resposta de agradecimento pelo evangelho é silenciada na estrutura da liturgia. Se separamos a pregação da eucaristia, a Palavra torna-se algo voltado para o desempenho, e a resposta de agradecimento ao evangelho também é silenciada. Sabemos que os líderes de Genebra não deixavam Calvino celebrar a Ceia do Senhor todas as semanas como ele desejava. Nós hoje poderíamos responder à preocupação de Calvino por ter a eucaristia com muito mais frequência.[219]

Mas o tema de Calvino, de "ouvir e responder", não estava confinado ao sacramento. A segunda característica básica de seu culto era o ciclo repetido dentro do culto da audição – arrependimento – renovação na graça. O seguinte gráfico apresenta a liturgia de Calvino em destaque.[220]

---

[219] Na Igreja Presbiteriana Redeemer, temos celebrado durante muitos anos a Ceia do Senhor no culto matutino no primeiro domingo de cada mês e no culto vespertino no terceiro domingo de cada mês. Uma vez que muitos membros frequentam ambos os cultos, oferecemos essencialmente a eucaristia a cada duas semanas.

[220] A liturgia medieval e a zuingliana baseiam-se na informação de White, *A Brief History* [Breve História], p. 89, enquanto a liturgia de Calvino é baseada em informações de Leith, *Introduction* [Introdução],185ss.

| Zuingliana | Calviniana | Medieval |
|---|---|---|
| Invocação | Frase das Escrituras | Introito do coral |
| Escrituras | Confissão/perdão | Kyrie |
| Sermão | Canto dos Salmos | Coleções |
| Oração | Oração de iluminação | Leitura do AT |
| Credo/Decálogo | Leitura bíblica | Cântico antifonal |
| Bênção | Sermão | Leitura da epístola |
|  | Salmo cantado | Aleluia |
|  | Ofertas | Leitura do evangelho |
|  | Oração de intercessão | Sermão |
|  | Credo (cantado) | Glória |
|  | Palavras das Institutas | Despedida |
|  | Exortação | Salmo 43 |
|  | Comunhão com cânticos ou leitura bíblica | Credo Niceno |
|  |  | Oração de ofertório |
|  | Oração | Agnus Dei |
|  | Bênção | Consagração |
|  |  | Coleta |
|  |  | Despedida |

Diferentemente do típico culto evangélico com os cânticos seguidos de pregação, a liturgia de Calvino mostra o "ritmo" do culto coletivo baseado no evangelho.[221]

Primeiro, há um ciclo "isaítico". A Palavra de Deus é lida (um texto bíblico), e a congregação responde com uma confissão dos pecados. As palavras de perdão divino são, desse modo, uma resposta graciosa de Deus ao arrependimento. Depois, o canto de um salmo é, por sua vez, uma resposta de agradecimento e louvor a Deus por sua misericórdia. Temos aqui uma aproximação muito semelhante da experiência de Isaías 6.

---

[221] Veja John Murray, "The Church – Its Identity, Functions, and Resources" [A Igreja – sua identidade, funções e recursos], em *Works* [Trabalhos]. Edimburgo: Banner of Truth, 1976, 3:239: "Há dois aspectos na adoração, a mensagem de Deus para nós e nossa resposta à sua mensagem. A primeira consiste particularmente na leitura e na pregação da Palavra, e a última na adoração, na recepção, na ação de graças e na oração". Murray não menciona a crença de Calvino de que a eucaristia é a mensagem de Deus para nós e a nossa resposta a ele.

Em seguida, há um ciclo "mosaico". A oração pela iluminação pede que Deus se manifeste por meio de sua Palavra lida e pregada como fez com Moisés na sarça ardente. O objetivo não é simplesmente instrução e informação, mas o conhecimento de sua glória. Para responder à Palavra de Deus, vêm as ofertas e orações de intercessão.

Finalmente, já o ciclo de "Emaús", no qual Jesus se torna conhecido a nós pelo partir do pão. A exortação sobre a mesa foi incluída para que a Ceia do Senhor não fosse vista apenas como uma resposta. A ceia em si é uma palavra evangélica, um sinal incorporado da obra de Cristo por nós. Assim, dentro do terceiro ciclo, temos o trato de Deus conosco (o credo cantado, as palavras das *Institutas* e a exortação), e nossa resposta de jubilosa gratidão a ele (na Comunhão, nas orações e nos cânticos). Esses ciclos de arrependimento mais profundos, conduzindo a uma graça mais intensa e a alegria, é o "ritmo do evangelho" que molda a liturgia de Calvino.

Resumo: concluindo, temos dito que a orientação de Calvino sobre o culto coletivo é buscar a simplicidade da forma em razão de nossa confiança na graça de Deus (1Coríntios 2:2-5). O objetivo é entrar na presença de Deus, em assombro com sua graça (Êxodo 33:18). A ordem consiste em ciclos de reencenação do evangelho para a recepção da graça de Deus novamente. "Aproximemo-nos do trono da graça com toda a confiança, a fim de recebermos misericórdia e encontrarmos graça que nos ajude no momento da necessidade" (Hebreus 4:16).

### Testes para o culto de adoração reformado

Se estamos realmente recebendo graça na presença do Deus vivo, três efeitos devem acontecer. Se não ocorrerem, devemos reexaminar radicalmente o que estamos fazendo.[222]

*Evangelismo doxológico.* A recusa de Calvino em escolher entre a glória de Deus e a edificação (veja *Sources of Calvin's Worship* [Fontes do culto coletivo de Calvino] já citados) estabelece as bases para o que Edmund Clowney chama de "evangelismo doxológico".[223]

---

[222] Devo admitir que Calvino e os reformadores não apresentaram os seguintes "testes" com tanta ênfase e desenvolvimento quanto mereciam. Creio, porém, que esses testes estão implícitos na tradição reformada que Calvino nos deixou. É por isso que outros teólogos reformados nos ensinaram isso. Acho que é justo incluir esses testes como parte da histórica tradição reformada de adoração que Calvino nos legou. Mas porque não sou capaz de citá-lo muito nesta seção, vou ser bastante breve.

[223] Esse termo foi extraído de um trabalho de seminário sobre o tema "adoração evangelística" de Edmund Clowney, "Kingdom Evangelism" [Evangelismo do reino], em *The Pastor-Evangelist* [O pastor evangelista]. Phillipsburg: Presbyterian and Reformed, 1985, p. 15-32. Toda esta seção é um resumo de seus ensinamentos.

Clowney destaca que Israel foi chamado para tornar Deus conhecido às nações incrédulas (Salmos 105:1) cantando seus louvores (Salmos 105:2). O templo de Deus deveria ser o centro de uma "adoração vencedora no mundo". O povo de Deus não só adorava perante o Senhor, mas também perante as nações (Isaías 2:1-4, 56:6-8, Salmos 47:1; 100:1-5; 102:18; 117). Deus deve ser louvado diante de todas as nações e, *enquanto* ele é louvado por seu povo, as nações são convocadas e chamadas a se juntar em um cântico.

Esse padrão não muda essencialmente no Novo Testamento, no qual Pedro fala a uma igreja gentílica que "declare os louvores" daquele que nos chamou das trevas. O termo não pode meramente se referir à pregação, mas também deve fazer referência ao culto coletivo. Dois estudos de caso estão em Atos 2 e 1Coríntios 14. Em Atos 2, os incrédulos ouvem inicialmente os discípulos louvando Deus (v. 5), o que os leva a perguntar o que é a adoração (v. 12) e como eles podem encontrar Deus (v. 37).

Em 1Coríntios 14:24-25, um incrédulo em meio à adoração coletiva pode chegar à convicção de que Deus é real. Esses dois estudos de caso mostram que os incrédulos são esperados na adoração coletiva, que os incrédulos devem achar que o culto é compreensível (que é o ponto de Atos 2:11 e 1Coríntios 14:23-24) e que os não cristãos podem ser convencidos e convertidos por meio da adoração coletiva.

Apesar dessas exortações bíblicas, os pregadores e outros líderes costumam conduzir o culto congregacional, como se nenhum incrédulo estivesse presente. Isso só garante que os cristãos não se sintam seguros em trazer visitantes não crentes. Mas se não seguimos Calvino em outros pontos, nossa adoração coletiva também não será desafiadora ou compreensível para os não crentes, mesmo que sejam trazidos à igreja. A falta de simplicidade (especialmente o sentimentalismo) ou a falta de transcendência (especialmente a mediocridade) aborrecerão, confundirão ou ofenderão os visitantes.

Por outro lado, se um culto visa a ser *apenas* evangelístico, os cristãos não terão seu coração envolvido em adoração, e o poder principal do "evangelismo doxológico" estará perdido. Os não cristãos não verão um povo formado e sustentado pelo glorioso louvor.

Em resumo, se o culto dominical tem como objetivo principal o evangelismo, ele irá aborrecer os santos. Se ele visa primariamente à instrução, confundirá os incrédulos. Mas se ele visa a louvar o Deus que salva pela graça, ele vai tanto instruir os fiéis quanto desafiar os visitantes. A boa adoração coletiva será naturalmente evangelística.

*Construção comunitária*. A passagem em 1Pedro 2 não só nos ordena que devemos adorar perante as nações, mas nos recomenda que declaremos seus louvores como "um povo escolhido... Uma nação santa" (v. 9).[224] A adoração cristã é tanto causa como efeito de sermos uma comunidade muito distinta.

É típico dos sociólogos dividir os grupos religiosos de duas formas – "igreja" e "seita".[225] Uma "seita", dizem eles, tem uma identidade de grupo distinta e muito forte, porque é negativa em relação ao mundo, enfatizando a pureza e a santidade de Deus. Já a "igreja", entretanto, começou a perder sua identidade distintiva. É muito mais positivo, em relação ao mundo, enfatizar a aceitação e o amor de Deus.

Miroslav Volf, em um estudo de 1Pedro, mostra que a igreja bíblica transcende essas categorias.[226] Por um lado, ela não "demonizou" o mundo circundante, mas deu, sim, o devido respeito à autoridade secular (2:13-21) e demonstrou paciência quando perseguida (3:8-17). Por outro lado, nunca perdeu de vista o fato de sermos "estrangeiros e peregrinos" (2:11).

Como a igreja poderia manter uma identidade forte e distinta sem "afirmar" ou "negar" o mundo? Isso ocorreu porque "ela não forjou sua identidade por meio da rejeição [demonização] de seu ambiente social, mas por meio da aceitação do dom de Deus e seus valores".[227] Como vimos, é primordial na adoração coletiva que a verdade do evangelho se torne "espiritualmente real" para nós e nos renova de acordo com seu poder.

Portanto, a verdadeira adoração é a chave para se forjar uma identidade forte sem separatismo e legalismo que marcam tantas "seitas". Mas, então, a "construção de uma comunidade" também se torna um segundo teste de adoração real. Se a pregação eloquente e a música simplesmente atraem uma multidão de pessoas que nada têm a ver umas com as outras no restante da semana, estaremos criando apenas espetáculos, não uma comunidade de adoração.

---

[224] Novamente, eu recorro à exegese de Edmund Clowney. Veja *The Message of First Peter: The Bible Speaks Today* [Mensagem de 1Pedro: a Bíblia fala hoje]. Leicester: IVP, 1992.

[225] Ernst Troeltsch, em seu altamente influente *The Social Teachings of the Christian Churches* [Os ensinos sociais das igrejas cristãs] seguiu Max Weber e foi amplamente copiado até mesmo por H. Richard Niebuhr em seu clássico *Christ and Culture* [Cristo e cultura].

[226] Veja Miroslav Volf, "Soft Difference: Theological Reflections on the Relation between Church and Culture in 1Peter [Pequena diferença: reflexão teológica sobre a relação entre a igreja e a cultura em 1Pedro]", *Ex Auditu* 10, 1994: 15-30.

[227] Ibid., p. 30

*Caráter do culto*. Edwards, em seu livro *Religious Affections* [Afeições religiosas], diz que o difícil teste de um coração com suas afeições verdadeiramente direcionadas para Deus (sua definição de adoração) se revela no amor para com o próximo e o trabalho pelo bem comum na sociedade. Uma experiência real do Deus triúno, disse Edwards, a divina "sociedade ou família de três", conduzirá necessariamente ao amor ao próximo.[228]

A adoração coletiva só é verdadeira e eficaz quando nos leva ao culto envolvendo "a vida como um todo", praticando a justiça e vivendo generosamente (Hebreus 13:16). Wolterstorff ressalta que a ação de Deus no culto reflete perfeitamente sua ação no mundo, de modo que, se nosso coração é verdadeiramente forjado novamente pela reconstituição do evangelho, nós, como ele, nos moveremos para o mundo em acolhimento aos pobres, aos estrangeiros, aos marginalizados.[229]

Essa é uma das razões pelas quais Calvino queria que as ofertas para os pobres fossem incorporadas na adoração coletiva regular. Nossas ações na adoração coletiva influenciarão fortemente nossas ações no culto disperso, "fora do mundo".[230] A reclamação que Paulo fez a Pedro sobre seus preconceitos culturais não era que ele estivesse simplesmente quebrando a lei de Deus, mas que seu preconceito não estava "de acordo com a verdade do evangelho" (Gálatas 2:14).

Amy Plantinga-Pauw escreveu:

> Enquanto os culturalistas reformados contemporâneos insistem rapidamente em que a fé em Deus deve resultar em sede de amor e justiça na terra, eles têm sido mais lentos em reconhecer que uma ética terrena só pode ter origem na sede de Deus."[231]

Não é apenas fé em geral, mas adoração em particular que será a fonte de força e desejo de trabalhar pela paz e justiça no mundo.

---

[228] *Religious Affections* [Afeições religiosas], p. 263.

[229] Veja outro artigo de Wolterstosff, "Worship and Justice [Adoração e justiça]" em *Major Themes in the Reformed Tradition* [Temas essenciais na tradição reformada], ed. McKim.

[230] James White, em *A Brief History* [Uma breve história], p. 1650, explica como o louvor em forma mais igualitária dos Quakers (no qual qualquer pessoa presente ao culto pode falar) teve "repercussão" sobre o abolicionismo e trabalho de justiça social dos Quakers no mundo.

[231] Veja Amy Plantinga-Pauw, "The Future of Reformed Theology: Some Lessons from Jonathan Edwards [O futuro da teologia reformada: algumas lições de Jonathan Edwards]", in *Toward the Future of Reformed Theology* [Rumo ao futuro da teologia reformada], ed. David Willis e Michael Walker. Grand Rapids: Eerdmans, 1999, p. 469.

## PRÁTICA: ADORAÇÃO CONTEMPORÂNEA E REFORMADA

### 1. Reformada e contemporânea

Como a histórica tradição reformada interage com a cultura ocidental contemporânea quando se trata de adoração coletiva? Tratando de forma bem ampla, há quatro maneiras possíveis. As duas primeiras são caracterizadas por uma interação mínima ou nenhuma interação real.

Primeiro, existe o "culto reformado" no qual uma tradição reformada sem precedentes do século 16 até o século 17 é mantida sem qualquer interação real com as realidades contemporâneas. É caracterizado por hinos e instrumentos tradicionais, muito do que é falado é feito a partir da plataforma na frente e com uma pregação substancial. Em segundo lugar, há o "culto contemporâneo", no qual o típico "culto de música de louvor" não interage com a tradição reformada. Ele é caracterizado por um "grupo de adoração composto por uma banda", um longo período de cânticos com interlúdios de comentários devocionais, seguido pelo sermão.

Os dois modelos seguintes são caracterizados pela boa interação entre tradição e cultura. Por um lado, existe o que chamarei de "Adoração contemporânea reformada". Esse é um modo mais contemporâneo, com elementos significativos de CH integrados. Essa forma depende musicalmente, em grande parte, das músicas CA e dos instrumentos (uma "banda") que melhor reproduzem tais músicas.

No entanto, esse modelo também usa muitos hinos históricos e outras letras teologicamente substanciais, colocadas em arranjos e formas contemporâneos. Há também muito mais "simplicidade" de voz, evitando o sentimentalismo típico da "adoração" contemporânea. Finalmente, o culto segue uma forma básica de "reencenação do evangelho". Embora haja menos formas litúrgicas fixas, há atos de introdução e louvor, confissão de pecado e garantia de perdão, mais leituras da Escritura e uso de credos, com maior ênfase no sacramento.[232]

Por último, há o que eu chamarei de "Adoração reformada contemporânea". Esse é um modo mais histórico com elementos CA integrados. Ela depende musical e principalmente de formas de "cultura superior" e hinos históricos e usa os instrumentos (conjuntos orquestrais e órgão) que melhor reproduzem tal música. No entanto, essa forma faz uso cuidadoso de seleções contemporâneas e folclóricas que aclaram e adoçam o tom.

---

[232] Veja Webber, *Blended Worship* [Adoração mesclada], Apêndice II. Sua versão de "*blended worship*" se aproxima do que estou descrevendo como "Adoração reformada contemporânea".

Baseando-se na tradição de Calvino, ela se caracteriza por uma comunhão mais frequente, uma liturgia moderada e uma orientação para o silêncio, o respeito jubiloso e a admiração.

Como já disse antes, não há um "caminho intermediário" ou "uma terceira via". Nenhuma dessas abordagens é um simples compromisso de 50%; mas ambas trabalham para integrar a Bíblia, a cultura e a tradição de tal maneira que o resultado seja um todo coerente.

Nossa própria congregação, a Igreja Presbiteriana Redeemer, tem um culto matutino (chamado "Contemporâneo Reformado") que é o culto reformado com influências contemporâneas, enquanto o nosso culto vespertino (chamado "Reformado Contemporâneo") é o culto habitual com influências reformadas. A Igreja de Village, no centro de Manhattan, usa um formato mais "Reformado Contemporâneo" (embora seja mais litúrgico do que o nosso culto vespertino), enquanto outra igreja afiliada, a Trinity Presbyterian do Condado de Westchester, usa um formato "Contemporâneo Reformado".

O que se segue é um estudo de caso mais específico sobre como o culto coletivo é conduzido, planejado e projetado na Igreja Presbiteriana Redeemer em Nova York.[233]

### Conduzindo o culto coletivo

"Líderes" no culto coletivo incluem todos aqueles que estarão "à frente" – orando, lendo as Escrituras, cantando, pregando, louvando e até apresentando as "notícias" ou "anúncios". Em um culto completamente não litúrgico ou em um ambiente de culto altamente litúrgico, há menos necessidade de os líderes se prepararem (eles fazem algumas observações sem importância ou simplesmente leem orações e fórmulas elaboradas).

---

[233] A Igreja Presbiteriana Redeemer está localizada no Upper East Side e no Upper West Side no bairro de Manhattan em Nova York. 1. Perfil denominacional: a Redeemer é membro da Igreja Presbiteriana na América. 2. Contexto sociocultural: a população de Manhattan é de 1,5 milhão de habitantes, e nossa área de atuação, em nosso ministério (Midtown e Downtown), abrange cerca de 70% de pessoas solteiras. Essa condição define suas "preferências religiosas" como sendo 40% católicas, 21% judaicas, 6% protestantes, e 33% outras/sem preferências" (compare com o restante dos Estados Unidos, que é composto por mais de 50% de protestantes e de 12 a 15% "sem preferências religiosas"). Cinquenta por cento se consideram "muito liberais" comparados aos menos de 20% que não responderam. 3. Nosso público no culto de adoração de domingo, em fins de 2001, era de 3.800 adultos. Desses, 75% eram residentes em Manhattan, 80% eram solteiros, 98% eram profissionais com idade média de 30 anos. Dentre os membros, 50% eram anglo-americanos, 35% asiáticos, e 15% de outros grupos étnicos. Estimamos que de 20 a 35% de nossa audiência seja de pessoas não ligadas a igrejas e/ou de não cristãos.

Em nossa abordagem da adoração coletiva, os líderes não apenas têm muito material para preparar, mas também precisam de muita preparação espiritual. Sua atitude de coração e seu comportamento são tão importantes quanto o que eles dizem. As observações e o espírito do líder são, portanto, extremamente significativos. As seguintes diretrizes e instruções são as que usamos com nossos líderes.

*Conduta*. Primeiro, se tivermos um sentimento de admiração diante da glória de Deus, não devemos procurar ser muito charmosos, exageradamente elegantes ou informais além do necessário, chamando a atenção para nós mesmos. Em vez de informalidade, deve haver dignidade e um senso de contemplação. Em segundo lugar, se tivermos um senso de liberdade no amor de Deus, não estaremos nervosos, intimidados ou autoconfiantes demais. Em vez de tensão, deve haver doçura e paz. Em terceiro lugar, se tivermos um senso de humildade diante da graça de Deus, não seremos pomposos, autoritários, severos ou "ministeriais". Em vez de pompa, deve haver autenticidade e humildade.

*Emoção*. Para começar, não devemos esconder nem expressar nossos sentimentos por trás de um exterior reservado, formal e inexpressivo. Um sinal de genuinidade é que há uma gama completa de emoções. Não devemos ser sempre felizes ou tristes, nem intensos ou ternos. A menos que nossos sentimentos estejam profundamente envolvidos, como podemos levar outros a adorar?

Mas, em segundo lugar, não devemos deixar que nossos sentimentos tenham alcance total, deixando a congregação para trás.[234] Se formos indulgentes em nossos sentimentos individuais, como podemos levar outros a adorar?

Em terceiro lugar, não devemos falar demais sobre como nos sentimos ou sobre nossas experiências e convicções ("creio que..."). E não devemos dizer aos outros como eles devem se sentir no momento ("você realmente não quer...", ou "o Senhor não é tão bom?"). Ambas são atitudes manipuladoras e "não sinceras", trabalhando diretamente sobre os sentimentos, em vez de apontar para o Senhor.

Em vez de esconder, discutir ou forçar sentimentos, podemos revelar uma gama completa de emoções à medida que conduzimos o culto. Deve

---

[234] Se você deixar que suas emoções fluam completamente, chamará atenção para si mesmo. Geralmente, quando permite que suas emoções vão longe demais, você (no mínimo) esquece o aspecto coletivo da adoração e é absorvido em sua própria resposta a Deus. No pior quadro, você estará se exibindo, fazendo um "show espiritual".

ficar claro para os outros que temos fortes emoções, mas que as estamos mantendo sob controle, em vez de esconder um coração vazio sob uma linguagem sentimental, ou usar gestos por demais calorosos.

*Linguagem.* Primeiramente, a linguagem não deve ser muito arcaica. É perigoso buscar transcendência e dignidade usando uma linguagem antiquada, que pode ser abafada, vibrante em excesso, grandiloquente, pedante e exagerada, em vez de ser simples, imediata, clara, vívida e direta.[235] É fácil cair nesse tipo de linguagem porque a versão King James [ou uma versão antiga da Almeida, em português] de muitos textos das Escrituras virá à mente enquanto orarmos e falarmos. Em vez de dizer, "fomos impuros em nosso coração", podemos dizer "nossos pensamentos foram impuros". Não façamos orações como:

> Deus Todo-poderoso, vimos à tua presença agora. Por causa de nossas transgressões, não somos dignos de estar aqui, mas perdoa-nos por amor de Jesus. Dá-nos coração fervente para adorar de uma forma fiel e digna. Que tua Palavra seja poderosa em nossa vida para destruir fortalezas e tudo o mais que se exaltar contra o conhecimento de Deus.

Em vez disso, oremos:

> Deus Todo-poderoso, Pai gracioso, não somos dignos de estar em sua presença, mas olhamos para Jesus Cristo, que tira o nosso pecado. Por meio dele, nós agora vimos à sua presença, ouvindo a sua voz, confiando em seu amor, deleitando-nos em sua Palavra e apoiando-nos em seu braço. Nós alegremente imploramos ver o seu rosto! Agora, limpe nossa mente de todo o erro e nosso coração de todo tipo de ídolos, para que brilhemos no mundo com a sua radiante luz.

---

[235] Em lugar de usar palavras arcaicas ("bonita" em vez de "formosa"), ou uma linguagem florida ("belo" em lugar de "maravilha"), use uma linguagem moderna e clara. Isso se refere a regras de composição num pequeno volume intitulado *The Elements of Style* [Os elementos de estilo], 2ª ed. Nova York: Macmillan, 1972, por William Strunk E. B. White. Suas regras de composição incluem: "use o verbo na voz ativa", "faça afirmações de uma forma positiva", "use uma linguagem definida e concreta", "omita palavras desnecessárias", "expresse ideias coordenadas de maneira similar", "mantenha juntas as palavras relacionadas", "coloque as palavras mais enfáticas de uma sentença no final" (ah, se eu apenas tivesse seguido essas regras ao escrever este ensaio!).

Em segundo lugar, a linguagem não deve ser excessivamente coloquial. Assim como a linguagem arcaica perde a acessibilidade e a intimidade da adoração, a linguagem coloquial perde a transcendência. A linguagem coloquial é casual, familiar, altamente idiomática e sentimental em vez de majestosa, elegante e "não floreada". A linguagem coloquial tem poucos recursos para expressar emoção, a não ser para o uso de palavras "sentimentais". "Senhor, você é tão incrível", "o Senhor é tão empolgante".

Um estilo exageradamente informal de oração poderia ser:

> Senhor Deus, é tão bom estar aqui hoje com você, Pai. Aqui com a família de irmãos e irmãs que amam você. E nós apenas pedimos que você esteja realmente perto de nós, e nos ajude a verdadeiramente a exaltar seu nome. Senhor, você é simplesmente incrível.

Em terceiro lugar, a linguagem deve ser livre do jargão técnico e, sobretudo, a terminologia da subcultura evangélica. Existem inúmeras frases que são recorrentes porque soam "espirituais", mas são sentimentais e indecifráveis para os não cristãos. Por exemplo: "Vamos ao Senhor", "Exaltemos o nome de Jesus", "Oramos por tua proteção em torno dele, Senhor". O uso excessivo da palavra bênção é outro exemplo de jargão. Principais termos teológicos como justificação podem ser introduzidos e explicados. No entanto, a linguagem subcultural é, na melhor das hipóteses, altamente excludente e, na pior das hipóteses, muito falsa, um ardil para esconder a falta de envolvimento real no coração.

### Planejando a adoração coletiva

*Preparação semanal.* Nossos boletins contêm toda a nossa liturgia – todas as orações, músicas e leituras responsivas são totalmente impressas. Não usamos projetores, nem hinários. Isto decorre, parcialmente, uma necessidade física (não possuímos um templo específico), mas achamos que também é mais simples para pessoas não familiarizadas com a adoração cristã. A fim de melhorar a qualidade de nosso canto e adoração coletiva, temos desenvolvido um número limitado de orações confessionais convites para o culto, respostas confessionais, e hinos ou cânticos. Sem a repetição, nosso povo não pode aprender as músicas ou chegar a entender profundamente os conceitos. Portanto, colocamos nossas orações, liturgias e hinos em cerca de vinte e cinco "modelos" que são repetidos duas vezes por ano. Esses modelos nos impedem de ter de começar a desenvolver liturgias "do zero" a cada semana.

Cada segunda-feira, o diretor de música traz para a reunião de planejamento de adoração coletiva, que é composta de pastores, diretores de música e outros funcionários, os modelos semanais para as próximas duas ou três semanas. A equipe já colocou no esboço da liturgia da próxima semana, o título do sermão do pregador, o texto bíblico, as citações de reflexão e a escolha final do hino. Depois que a equipe avalia alguns detalhes dos cultos anteriores, eles se voltam para o próximo esboço litúrgico e começam a fazer as revisões. Muitas delas são feitas a fim de manter cada parte do culto "alinhada" com todas as outras partes e com o sermão. Muitas outras revisões têm a ver com variáveis, como o número de pessoas a serem batizadas, uma oferta especial, e assim por diante.

*Liturgias básicas.* Temos duas liturgias básicas na Redeemer, uma que tem o sermão colocado numa parte anterior do culto, em uma forma mais estritamente calvinista, e a outra que tem o sermão em uma posição posterior, no decorrer do culto. Por sua vez, cada uma dessas liturgias tem dois "modos musicais" básicos: um caracterizado por música clássica/hinos, com adição ocasional de música cuidadosamente selecionada e folclórica/contemporânea. O outro modo é principalmente caracterizado por músicas estilo *jazz*/canções de louvor, cuidadosamente selecionadas e arranjadas com o acréscimo de hinos tradicionais (veja a próxima seção sobre "Adoração da Música"). O que se segue é "Liturgia 1" – a maneira menos calvinista – em um modo de música clássica.

---

### LITURGIA 1

**Ciclo de louvor**
Preparação (Escritura)
Hino de louvor
Chamado responsivo à adoração (Escritura)
Invocação
Oração do Senhor
Doxologia (*Old Hundredth* [A Deus supremo benfeitor])
Adoração silenciosa

**Ciclo de renovação**
Escrituras (Chamado para a renovação)

Oração de confissão
Confissão silenciosa
Responso confessional
Palavras de encorajamento (Escrituras)
[Batismos, votos de membros, testemunhos]
Oração (pastoral ou orações da congregação)
Hino

**Ciclo do comprometimento**
Palavras de boas-vindas
Escrituras (antes do sermão)
Sermão
Chamado para as ofertas
Ofertas e ofertório
Hino
Exortação
Bênção e despedida

**Comentários sobre a liturgia 1:** Cada um dos três ciclos consiste em ouvir a palavra da graça de Deus através da Escritura e responder por meio da oferta de nossa vida. Mas cada ciclo facilita um tipo diferente de ouvir e oferecer. O primeiro é para reconhecer a presença e a grandeza de Deus. O segundo, para limpar do nosso coração qualquer afeição a todas as coisas que possamos adorar além de Deus. O terceiro, para colocar as afeições de nosso coração em Deus e viver nessa nova consciência.

**Ciclo de louvor.** É planejado para liberar os participantes de todas as distrações e lembrá-los de que somente Deus é digno de adoração, e da possibilidade de encontrar Deus em sua presença. Começa com a *Preparação*. Um líder faz uma exortação de 60 a 90 segundos sobre a natureza e a prática da adoração coletiva. Baseia-se em um versículo da Escritura ou em uma ideia bíblica já como parte do culto – no hino prestes a ser cantado ou em algum outro item na liturgia.

*Preparação da adoração*. Deve ir de um caráter amigável (Olá, bem-vindos à Igreja Redeemer. Vamos ajudar e nos preparar para a adoração") a um despertar intenso em apenas alguns segundos. Por exemplo: "Adoração não é menos do que aprender, é muito mais do que isso. Não é menos do que inspirar, é muito mais. Você está aqui para conhecer a Deus. Isso significa que qualquer coisa pode acontecer. Você conseguirá se lembrar, daqui a 20 anos, de como hoje seus olhos foram abertos para algo que você sempre foi cego. Você está pronto para isso? Você está procurando por isso?

*Hino de louvor.* Executado na abertura, é, naturalmente, majestoso, "grandioso" e focado no louvor e adoração. Podemos usar conjuntos orquestrais junto com o órgão. O hino é uma resposta à preparação.

*Chamado responsivo à adoração.* Está em segundo (e principal) lugar no ciclo de louvor em que as pessoas ouvem a Palavra de Deus a respeito de sua grandeza e valor. O chamado é a Escritura repartida em quatro ou seis segmentos responsivos. O líder deve erguer a voz e o coração, e permanecer, obviamente, em pleno louvor vindo do coração. O chamado é feito em forma de clamor, e a Escritura é escolhida para ser da mesma forma.

*Invocação.*[236] O líder responde ao chamado bíblico em nome do povo, geralmente usando os temas e as frases do chamado. A invocação rapidamente cria energia. Não é calma e pedante, mas reúne impulso e geralmente é feita em apenas duas respirações. Deve estar cheia de anseio e deleite para com as riquezas que temos diante de nós. Daí se move em um uníssono para a *oração do Senhor*. Imediatamente vem o clímax do primeiro ciclo e a resposta ao todo – a *Doxologia*. Isto é feito a cada semana ao som da melodia do *Old Hundreth* [A Deus supremo benfeitor], dois versos, com o segundo verso modulado em um tom acima do primeiro. Sempre que possível, temos trompetes e outros instrumentos que complementam o órgão. É muitas vezes o "maior" som e voz que a congregação apresenta em todo o dia.

A parte final do ciclo geralmente consiste em adoração silenciosa. Os momentos de silêncio (pelo menos duas vezes) são partes muito reais da adoração coletiva. Eles não são simplesmente "transições". Levamos nossos momentos de silêncio muito a sério. As pessoas são instadas a tomar um minuto inteiro para louvar a Deus em silêncio. Descobrimos que o silêncio puro às vezes é mais surpreendente e atrai mais atenção do que qualquer outra coisa. Isso realmente força as pessoas a perguntarem: "Eu realmente estou adorando?", e o faz de um modo que as outras partes do culto não

---

[236] Veja Hughes Oliphant Old, *Leading in Prayer: A Workbook for Worship* [Conduzindo em oração: um livro de estudo para a adoração]. Grand Rapids: Eerdmans, 1995, para encontrar uma excelente seleção de orações de invocação com base em textos das Escrituras.

o fazem. O líder apresenta brevemente a minuta, exortando as pessoas a louvar diretamente a Deus ou a revisitar parte do culto até aquele momento (hino, chamado à adoração, doxologia ou preparação) e pedir a Deus que abra seu coração para tornar esses temas realidades vivas.

Em alguns cenários (a hora do dia e o espaço físico fazem a diferença), descobrimos que uma doce e calma canção de louvor pode ser cantada antes da adoração silenciosa. No fim desse ciclo, as pessoas atravessam a primeira montanha durante a viagem. O líder pode simplesmente dizer "amém" e convidar as pessoas a se assentarem (elas estão em pé desde o início do hino), ou encerrar com uma breve oração, sintetizando os temas de todo o primeiro ciclo. Tudo geralmente leva cerca de 10 a 15 minutos.

**Ciclo de renovação.** Projetado com o objetivo de dar uma oportunidade para analisar o que nosso coração está agora adorando *em vez de* Deus. Então nos arrependemos e ouvimos a palavra de graça de Deus no evangelho. Enquanto o primeiro ciclo passa da inércia ao clamor dinâmico, o segundo passa de um recolhimento tranquilo para doçura e alívio da graça e do perdão. Começa com a *Escritura da renovação*. Um leigo lê uma passagem bíblica que é selecionada para ser a base do ciclo de renovação. O líder então explica o texto e como ele pode ser um guia para nós, durante o arrependimento. O tom dessa breve exortação de um minuto é sóbrio, mas traz calor e esperança. A *Escritura de renovação* às vezes pode coordenar o restante do culto com o tema do sermão, mas isso não é necessário.

*Oração de Confissão.* É sempre escrita e apresentada em uníssono pela congregação. Ela é imediatamente seguida pela *confissão silenciosa*. Nesta, o líder convida os participantes a retornar à oração de confissão escrita para torná-la sua própria reflexão silenciosa, ou confessar de "forma livre" seus erros e pecados pessoais.

Após a confissão silenciosa, a congregação responde musicalmente a Deus por meio de uma *resposta confessional* ou *hino*. Os músicos da igreja compõem várias frases curtas (duas ou três linhas) que geralmente são cantadas duas vezes. A música tende a ser brilhante, suave e lírica, com um sentimento de "canto popular". A instrumentação é mais leve, como cordas ou instrumento solo e piano em vez de órgão e trompetes. Imediatamente após a resposta confessional, o líder lê as *palavras de encorajamento*. Sempre imprimimos uma passagem bíblica que fala de remissão e perdão.

Se não temos votos naquele domingo (veja o próximo item), podemos simplesmente escolher o segundo hino para seguir para a confissão e, portanto, ter uma resposta confessional. O "hino intermediário" então pode apresentar mais um sentimento "popular". Pode ser mais acessível, contemporâneo e melódico do que o primeiro e o último. Se o hino vier depois de votos e testemunhos, pode em seu tema focalizar o trabalho da igreja (se os testemunhos forem sobre a vida no Corpo) ou se voltar para a alegria da salvação (se houver batismos adultos) para o sermão que vem a seguir.

*Votos e testemunhos.* Outras respostas apropriadas à palavra de perdão de Deus são os votos e a celebração da aliança. Uma semana por mês temos novos membros que fazem seus votos, e nessa época, fazemos tanto batismos infantis quanto de adultos. Além disso (ou em substituição), temos testemunhos de vidas transformadas. Muitas vezes, algum ministério em conexão com a igreja deseja tornar-se mais conhecido para os congregantes. Em vez de ter "comerciais" ou mesmo "anúncios", temos regularmente pessoas de vários ministérios falando de como a graça de Deus está operando em sua vida. Em certas épocas do ano ouvimos falar de pessoas cuja vida foi influenciada por grupos de irmãos, ou ministérios para os pobres, ou trabalho diaconal, missões internacionais ou outros ministérios voluntários, ou ouvimos daqueles que foram convertidos. Os testemunhos são escritos e revisados pelo pessoal antes de serem apresentados.

*Oração.* É a parte final do ciclo de renovação.[237] Essa é sempre uma oração de intercessão pelas necessidades da igreja e as do mundo, mas pode assumir diferentes formas, dependendo dos elementos desse ciclo. Se não há testemunhos ou votos e não há observância da Ceia do Senhor, a oração pode imediatamente seguir à *resposta confessional* cantada. Nesse caso, a oração é uma resposta direta à palavra de perdão de Deus. Então vamos a Deus com nossas necessidades e as do mundo porque temos confiança em sua graça. Se, por outro lado, a oração vier depois de batismos, votos ou testemunhos, ela se concentrará mais nesses novos compromissos. A oração, às vezes, é simplesmente feita por um pastor, mas preferimos que um ou dois leigos a façam. O segundo ciclo normalmente leva de 15 a 20 minutos e termina com um hino.

**Ciclo do compromisso.** Concentra-se em ouvir a Palavra de Deus por meio do sermão. Depois do sermão, há oportunidade para investir nossa essência, nosso coração e nossa vida nele. Começa com palavras de boas-vindas, que, por mais que sejam "anúncios", são mantidos como parte do culto de adoração. Eles servem como um dos poucos espaços no culto em que há algum alívio da intensidade emocional do restante da liturgia. É

---

[237] Além do antigo *Leading Prayer* [Oração conduzida], que possui uma boa seleção de orações de intercessão, veja Arthur Bennet, *The Valley of Vision* [O vale da visão]. Edimburgo: Banner of Truth, 1975, para uma larga variedade de excelentes orações colocadas em linguagem moderna, extraídas de antigas fontes.

quase literalmente um momento para "recuperar o fôlego", um momento para tossir. Os anúncios estão lá apenas para ser verdadeiramente "palavras de boas-vindas". Eles colocam um rosto humano na congregação para os recém-chegados. Eles devem ser feitos com o humor humilde que admite as falhas de nossa congregação ("estamos tentando trabalhar no sistema de som – sabemos dos problemas que alguns de vocês estão tendo na parte de trás da igreja!") e valores ("por favor, entenda que se você não está em um pequeno grupo, não pode descobrir suas necessidades ou preocupações tão rápido. Então junte-se a um grupo!"). Além disso, a "visão de mundo" de nossa igreja está muito exposta nesse momento – sua visão da cidade, por exemplo.

*Escritura e Sermão*. A Escritura é lida pelo pregador. Uma frase bíblica, declaração ou oração é usada para a iluminação entre o fim da leitura da Escritura e o sermão.[238] O pregador poderia simplesmente dizer: "Esta é a Palavra de Deus", ou fazer uma breve oração.

*Ofertas e Ofertório*. Depois do sermão vem o *Chamado à Oferta*. É necessário forçosamente ter a congregação "na mão", se a oferta e ofertório vão ser verdadeiramente uma parte da adoração coletiva. Exortamos as pessoas a fazer uso da oferta como um tempo para perguntar: "O que Deus tem dito a mim neste culto, e o que devo fazer a esse respeito?" Temos um ofertório musical para acompanhar a oferta do povo. Isso deve ser cuidadosamente escolhido para se adequar ao tema do sermão.

*Hino de Encerramento*. É escolhido dentre os temas que têm a ver com o sermão. No momento em que o hino termina, o pregador apresenta uma breve, mas pungente exortação (30 segundos), animando os visitantes a permanecerem nas classes que tratam dos fundamentos do cristianismo, incentivando os cristãos a permanecerem nas classes de discipulado e convidando as pessoas a se apresentarem para a oração com os oficiais que estão na frente do auditório. Por exemplo: "Você deve ter notado que eu assumi a autoridade da Bíblia e isso pode levantar muitas perguntas em sua mente. Bem, peço que você participe de uma classe sobre esse assunto, que começará em vinte minutos: Por que confiar na Bíblia? Há boas razões para fazê-lo. Por favor fique. Suas perguntas não serão descartadas; você não será intimidado! "A *Bênção* e a *Despedida* liberam as pessoas com um clamor: "Graças a Deus!"

---

[238] Veja o antigo *Leading Prayer* [Oração conduzida], para obter uma excelente seleção de breves orações por iluminação, com base em textos escriturísticos.

# LITURGIA 2

**Ciclo de louvor**
Preparação (Escritura)
Hino de louvor
Chamado responsivo a adoração (Escritura)
Invocação
Oração do Senhor
Doxologia (*Old Hundredth* [A Deus supremo benfeitor])
Adoração silenciosa

**Ciclo de renovação**
Chamado para a renovação
Oração de confissão
Confissão silenciosa
Palavras de encorajamento (Escrituras)
Escritura (antes do sermão)
Sermão

**Ciclo do comprometimento**
Ofertas e Ofertório
[Música para ofertório]
Vida em comunidade

**Oração pelas pessoas**
Hino
Convite para a Mesa
Credo
Oração eucarística
Distribuição do pão e do cálice (Escritura)
Hinos e cânticos
Oração de dedicação
Bênção e despedida

**Comentário sobre a Liturgia 2:** Essa liturgia segue mais literalmente a ordem de Calvino, de ter o sermão em uma parte anterior dentro do culto, no Ciclo de Renovação, dando ao povo mais chance de digerir e responder à mensagem. Uma vez por mês, a Ceia do Senhor é o coração do Ciclo do Compromisso. Em outro domingo do mês, batismos e votos de membros tornam-se o coração desse ciclo. Nas outras semanas, as orações da congregação são mais longas e elaboradas do que na Liturgia 1. Também há dois cânticos ou hinos que seguem, não apenas um.

Aqui estão as diferenças da Liturgia 1: Nesta liturgia, as orações da congregação são mais elaboradas e participativas. Vários leigos podem fazer orações que escreveram antecipadamente ou podem conduzir a congregação numa resposta, escrita, em uma oração em uníssono. Essas orações são em prol das necessidades da igreja e do mundo, mas também estão ligadas ao tema do sermão. Elas dão às pessoas a chance de pedir a Deus que as ajude a aplicar a mensagem em sua vida. Também, nessa liturgia, as "Palavras de boas-vindas" são chamadas de *Vida em comunidade*. Isso consiste em vários avisos cuidadosamente redigidos, mas eles estão ligados às orações que virão a seguir. O líder diz: "É assim que vivemos esta verdade em nossa vida comunitária".

A Ceia do Senhor deve ser conduzida de maneira especial em uma igreja evangelística e urbana. Uma vez que vivemos em uma sociedade pós-cristã, esperamos a presença de muitas pessoas no culto que não irão participar. Mas nosso objetivo é, contudo, incluí-las, de modo que a Ceia se torne uma ordenação de conversão ou renovação para eles. Dizemos algo como: "Se você não está em posição de tomar o pão e o cálice, então apegue-se a Cristo! É o melhor momento possível para se ligar a ele, não importa qual seja sua condição espiritual ou posição. Ele está presente."

Descobrimos que é muito normal as pessoas se converterem no culto mensal da Comunhão, mesmo que não compartilhem. Se estiverem ouvindo a Palavra há algum tempo, o culto da Ceia do Senhor os leva a perguntar: "Onde eu fico com Deus?" e isso ocorre de uma maneira que outros cultos não o fazem. Nós imprimimos no boletim da liturgia as orações que são usadas no culto (veja o apêndice).

Para nos mover de nossa discussão sobre o planejamento do culto coletivo a um debate mais aprofundado dos estilos de música, vou oferecer (sem comentários) outro exemplo da Liturgia 1, este utilizando um estilo de música contemporânea em vez de clássica. Novamente, ambos os exemplos da Liturgia 1 são distintos da Liturgia 2, em que seus sermões vêm numa posição mais tardia, no culto e, portanto, têm uma maneira menos calvinista.

> **LITURGIA 1 (contemporânea)**
>
> **Ciclo de louvor**
> Preparação (Escritura)
> Hinos de louvor (3)
> Aproximando-se de Deus (Invocação)
> Oração do Senhor
>
> **Ciclo de renovação**
> Chamado ao arrependimento
> Cântico de renovação (1)
> Oração de confissão
> Confissão em silêncio
> Palavras de encorajamento (Escrituras)
> Cânticos de renovação (2)
>
> **Ciclo do comprometimento**
> Testemunho
> [Votos/batismo]
> Oração pelas pessoas
> Cântico responsivo
> Palavras de boas-vindas
> Escritura
> Sermão
> Chamado para a oferta
> Oferta e ofertório
> Cântico de louvor (1)
> Bênção e despedida

É interessante notar que, pelo menos em Manhattan, o culto de "música contemporânea" não tem sido mais eficaz do que o nosso culto que usa música clássica, incluindo os não cristãos. Se alguma coisa pôde ser notada, o inverso é que ocorreu.

## Música para o louvor coletivo[239]

Em partes anteriores deste ensaio, estabeleci as bases para uma abordagem mais moderada da música contemporânea, do que os defensores da CA ou da CH normalmente adotam. No entanto, na Igreja Redeemer, acreditamos que uma divisão "50 por 50" entre canções de louvor e hinos tradicionais, não tem sido útil. Nesta seção final, apresento as diretrizes específicas de nossa igreja para escolher a música para os cultos.

**Razões para a "excelência" na música.** Primeiro, estabelecemos um princípio básico de que a música na adoração coletiva deve ser de alta qualidade técnica e artística, bem como teologicamente forte e apropriada para alguns dos traços e testes de adoração coletiva. Muitas igrejas acreditam que só o último fator não é negociável. Por que decidimos, então, que ambos são absolutamente necessários?

*Transcendência.* Como dissemos há pouco, a música excelente é mais importante para o culto reformado do que para outros tipos de culto coletivo, porque o objetivo é a transcendência sem espetáculo e ritual. Sem a música grandiosa é difícil capturar a transcendência e ainda assim ter simplicidade. Nada contribui para um silêncio de temor melhor do que uma música surpreendentemente boa.

*Inclusão evangelizadora.* Quanto melhor a estética, mais ela incluirá tanto membros e visitantes, recém-chegados e veteranos. A música de qualidade mediana pode até ser edificante para os membros mais antigos por duas razões. Em primeiro lugar, eles podem conhecer os cantores e pensar: "Ah, como é ótimo ter esses fiéis membros usando seus dons desta maneira!" Em segundo lugar, eles são muito mais propensos a conhecer e a entender as letras cristãs. Mas os incrédulos ou os que que estão em busca de algo diferente, ao entrarem e assistirem a um desempenho musical medíocre ou pobre não serão ajudados a sentir a presença de Deus ou a serem impressionados pela beleza das palavras. Na melhor das hipóteses, eles se mostrarão impassíveis e, na pior delas, ficarão distraídos ou incomodados pelo desempenho de pouca qualidade.

*Contextualização.* A tecnologia está fazendo com que as pessoas, em todos os lugares, se acostumem mais e mais com a excelência na música. É óbvio que a população em geral, residente em Manhattan, é notavelmente alfabetizada em matéria de música. Por isso podemos ocasionalmente oferecer uma peça provocativa, mais atonal, de música culta que provavelmente não deveria ser apresentada na maioria das ocasiões em outros lugares.

---

[239] Muito do incluído nesta seção foi trabalho de nosso diretor de Artes do Culto, Dr. Tom Jennings.

No entanto, em geral, todas as partes dos Estados Unidos e em grande parte do restante do mundo, as pessoas estão cada vez mais "conectadas" e, portanto, será cada vez menos conveniente que as igrejas apresentem uma arte medíocre em seus cultos.

**Razões para a seleção de música.** Existem várias razões pelas quais não somos estritamente "contemporâneos" ou "históricos" ou comprometidos com uma mistura "50 por 50" de música contemporânea e histórica.

Primeira, a forma e o estilo musical não são neutros. Os defensores da adoração contemporânea geralmente insistem que o estilo de música é neutro e uma questão de gosto pessoal, não havendo nenhuma razão pela qual não possamos usar qualquer tipo de música.[240] No entanto, o que os defensores contemporâneos realmente fazem é "elaborar padrões", reconhecendo que uma música é inapropriada para as reuniões de adoração.[241] Algumas das melodias e arranjos da música popular são muito adocicados, melosos ou bombásticos (por outro lado, para dizer a verdade, encontramos essas características também num bom número de hinos "tradicionais"). Ninguém é realmente um relativista musical.

A segunda razão é que os limites do estilo musical, no entanto, são muito elásticos. Os defensores da adoração tradicional insistem que o estilo de música não é neutro e que carrega conotações que podem não ser apropriadas para a adoração coletiva. Eles então eliminam a música popular com argumentos que falam sobre sua superficialidade e sentimentalismo. Entretanto, outros notam que o *jazz* e a música popular exigem muita habilidade, podem ser marcados pela excelência e expressam uma gama mais ampla de sentimentos humanos. Esses estilos não surgiram a partir do mercantilismo e da modernidade, e, portanto, são considerados apropriados para a reunião do culto.[242]

Mas as fronteiras entre a música *pop* e o *folk* (mais substancial), o *jazz* ou o *black gospel* são muito difusas. Há muitas peças individuais que são difíceis de classificar. Como os partidários da música não contemporânea conseguiriam estabelecer limites definitivos e sem ambiguidades? Eles não podem. Nossa posição, então, é um meio termo. Cada peça musical tem de ser julgada por seus próprios méritos. A música que as pessoas podem considerar "pop" é aceitável se puder ser executada excelentemente, se as

---

[240] Dawn, op. cit., p. 183.

[241] Donald Miller, *Re-Inventing American Protestantism* [Reinventando o protestantismo americano]. Berkeley: University of California Press, 1997, p. 84-85.

[242] Calvin M. Johansson, op. cit.

palavras de seu texto forem ricas e doutrinariamente iluminadoras e se ela transmitirem o evangelho. Não temos uma definição ampla de "música pop" que elimine uma peça automaticamente, antes de aplicar esses testes.

Terceiro, *os estilos de música têm integridade*. Como eu disse antes, nós não achamos seja fácil misturar música clássica e contemporânea no mesmo culto. O primeiro obstáculo é a instrumentação. Estamos comprometidos com a qualidade e a excelência, mas poderiam um órgão, metais e tímpanos, acompanharem "Senhor, eu elevo teu nome nas alturas" tão bem como uma guitarra e uma caixa [tarol]? Por outro lado, poderiam uma guitarra, um saxofone e um tambor acompanhar "Castelo Forte", do mesmo modo que um órgão e metais? A resposta em ambos os casos é não. E seria extremamente chocante ir do órgão e metais para saxofone e tambor num mesmo culto.

Outro obstáculo é que, uma vez que o estilo musical não é neutro, devemos reconhecer que a música *folk*/contemporânea tem um quadro de referência que é diferente de Bach. Eles definem tons diferentes. Cada um transmite certos temas teológicos melhor do que o outro. Um tipo de música é melhor para certas ocasiões, para certas arquiteturas e configurações, e até mesmo para certos estilos de pregação do que o outro.

Portanto, geralmente achamos melhor deixar um tipo de música dominar qualquer culto em particular. No entanto, como disse há pouco, uma judiciosa mistura de música clássica e popular em um culto é possível e desejável. Em um culto na forma de CH, uma canção *folk* ou popular pode adoçar e iluminar o tom no fim de um tempo de louvor, depois de uma confissão de pecado ou durante a Ceia do Senhor.

Por outro lado, o culto de característica CA quase requer alguns hinos históricos, uma vez que os cânticos modernos tendem a tocar nos mesmos temas uma e outra vez (é quase impossível encontrar neles certos conteúdos, como a santidade de Deus ou a justiça social). No entanto, para honrar a integridade das formas musicais, é melhor que as letras de hinos tradicionais sejam colocadas em músicas contemporâneas ou, pelo menos, fazer arranjos contemporâneos.

**Razões para a seleção de músicos.** Em primeiro lugar, usamos apenas músicos profissionais e/ou treinados para nossos cultos coletivos, e pagamos a todos. A razão para isso tem a ver com nosso compromisso com a excelência. Somos uma das muitas congregações hoje que contratam apenas profissionais para compor seu clero. Espera-se que os ministros (e outros funcionários, tais como conselheiros) sejam educados e treinados especificamente para o seu trabalho e depois pagos pela igreja. No entanto, muitas dessas mesmas congregações distinguem e tratam os músicos de maneira diferente. Na Redeemer, nós não agimos assim. Buscamos os serviços dos melhores músicos que pudermos encontrar, assim como fazemos com os melhores conselheiros, pregadores e educadores.

Em segundo lugar, muitas vezes incluímos músicos não cristãos em nossos cultos que têm dons e talentos maravilhosos. Não os usamos como solistas, mas os incorporamos aos nossos conjuntos. Acreditamos que isso se encaixa em uma "visão de mundo e vida" reformada. Muitas igrejas evangélicas consideram que um cristão piedoso e sincero que seja um músico mediano será mais agradável a Deus do que um músico profissional não cristão. Mas a teologia reformada ensina que os dons naturais de Deus na criação são tanto uma obra de graça quanto os dons de Deus na salvação.

No filme *Amadeus*, Antonio Salieri pôde ver que Mozart, embora "indigno" em muitos aspectos, tinha sido escolhido pela graça de Deus para receber um dom artístico. O talento musical é dom de Deus e pedir a um músico que ofereça esse dom em um culto é algo bom, tanto para ele quanto para nós (ver Êxodo 31, que considera o talento artístico como um dom do Espírito, e Tiago 1:17).

Creio que a própria abordagem de Calvino em relação à música fornece orientação para um enfoque intermediário: por um lado, a igreja evangélica que paga seus ministros, mas não seus músicos, e, por outro lado, cristãos que tocam e cantam se fizessem apenas um "show". Quando incorporamos os não cristãos em nossos cultos, oramos para que a adoração coletiva em si tenha um impacto sobre eles. Nós mostramos a eles a diferença entre só fazer e procurar "encontrar a consciência" da nossa música. Quando convidamos os não cristãos a usar seus talentos na adoração coletiva, estamos chamando-os, junto de todas as criaturas, a trazer suas "honras peculiares" e dons para louvar seu Criador.

## APÊNDICE A
## EXEMPLOS DE CULTOS DE ADORAÇÃO

### Culto matinal, 3 de setembro de 2000

**Reflexão**

O amor oferece mel para uma abelha que não tem asas.

– John Trapp, *Puritano do sétimo século*

O que os pobres necessitam, mais do que alimentos, roupas e abrigo (embora necessitem desesperadamente dessas coisas), é serem aceitos. É sua condição de excluídos, imposta pela pobreza, que os faz sentir maior agonia.

– Madre Teresa, *Algo belo para Deus*

Eu não tenho o coração duro; longe disso – ao contrário, sou cheio de piedade e com uma lágrima pronta para ser derramada. Só que meus impulsos emocionais sempre se voltam para mim, meus sentimentos de piedade me preocupam. Afinal, não é verdade que eu nunca amei. Eu concebi pelo menos um grande amor em minha vida, do qual eu era sempre o objeto.

– Jean-Baptiste Clamence, o advogado parisiense que "confessa" seu caminho através de Albert Camus em *A Queda*. Tentando ser um homem completo, Clamence encontra-se constantemente dominado pelo amor-próprio.

A cruz é uma revelação da justiça de Deus, bem como de seu amor. É por isso que a comunidade da cruz deve se preocupar com a justiça social, bem como com a filantropia amorosa. Nunca é suficiente ter piedade das vítimas da injustiça, se não fizermos nada para mudar a própria situação de injustiça. Os bons samaritanos serão sempre necessários para socorrer àqueles que são assaltados e roubados; contudo, seria ainda melhor livrar a estrada de Jerusalém-Jericó de bandidos.

– John R. W. Stott, *A cruz de Cristo*

**Prelúdio**
*Sonata in C Major*          A. Corelli
                             1. Adagio, II. Allegro

**Preparação**               Tim Pettit

## Louvor

Levante-se, ó, igreja, e erga sua voz,
Cristo conquistou a morte e o inferno.
Cante, enquanto toda a terra se alegra;
Hinos de ressurreição,
Venha adorar, venha adorar,
Adorar a Cristo, o Rei ressurreto!

Veja o túmulo onde a morte o tinha colocado,
Vazio agora, sua boca declara:
"A morte e eu não conseguimos contê-lo,
Pois o trono da vida ele compartilha."
Venha adorar, venha adorar,
Adore a Cristo, o Rei ressurreto!

Ouça a terra protestando e tremendo,
Ao ver a pedra removida com poder;
Todos os asseclas do inferno podem se reunir,
Mas não são capazes de suportar sua hora.
Ele conquistou, conquistou,
Cristo, o Senhor, o Rei ressurreto!

A dúvida pode levantar a cabeça para murmurar,
Escarnecedores zombam e pecadores zombam;
Mas a verdade proclama uma maravilha
Os corações pensativos recebem com louvor.
Ele ressurgiu, ele ressurgiu,
Agora receba o Rei ressurreto!

ós aclamamos a tua vida, ó Jesus,
Agora cantamos tua vitória;
O pecado ou o inferno podem tentar nos aprisionar,
Mas tua conquista nos mantém livres.
Permaneça em triunfo, permaneça em triunfo,
Adore a Cristo, o Rei ressurreto![243]

---

[243] © 1986 Rocksmith Music/Annamarie Music (ASCAP). Todos os direitos admin. por Brentwood-
-Benson Music Publishing, Inc. Todos os direitos reservados. Usado com permissão.

## Chamado à adoração                    do salmo 98
**Ministro:**
O Senhor tornou conhecida sua salvação e revelou sua justiça.
**Todos:**
Ele relembrou seu amor e sua fidelidade à casa de Israel; todos os confins da terra viram a salvação de nosso Deus.
**Ministro:**
Deem brados de alegria perante o Senhor, o Rei!
**Todos:**
Que o mar ressoe, e tudo o que nele existe, o mundo e todos os que nele vivem.
**Ministro:**
Que os rios batam palmas, que as montanhas juntas cantem com alegria.
**Todos:**
Ele julgará o mundo com justiça e os povos com equidade.

## Oração de Adoração
[Concluída com a Oração do Senhor]
Pai nosso, que estás nos céus! Santificado seja o teu nome.

Venha o teu Reino; seja feita a tua vontade, assim na terra como no céu.

Dá-nos hoje o nosso pão de cada dia. Perdoa as nossas dívidas, assim como perdoamos aos nossos devedores. E não nos deixes cair em tentação, mas livra-nos do mal, porque teu é o Reino, o poder e a glória para sempre. Amém.

## Doxologia
Todos vós que tendes coração sensível
Fazei vossa parte perdoando aos outros.
Cantai louvores, aleluia!
Vós que carregais sofrimentos e dores
Louvai a Deus e lançai seus cuidados sobre ele!
Oh, louvai-o, oh, louvai-o!
Aleluia! Aleluia! Aleluia!

Que o Criador abençoe todas as coisas,
E adorai-o com humildade!
Oh, louvai-o, aleluia!
Louvai, louvai o Pai, louvai o Filho
E louvai o Espírito, três em um,

Oh, louvai-o, oh, louvai-o!
Aleluia! Aleluia! Aleluia!

## Oração silenciosa e gratidão
## Renovação
## Oração de confissão

Ministro:

Deus Todo-poderoso, tu és generoso em abundância. Tu nos deste os dons que não merecemos. Tu nos chamaste da morte para a vida, nos concedeste o perdão através da morte e ressurreição de teu Filho, Jesus Cristo, nos deste o Espírito Santo e nos tornaste teus filhos.

Congregação:

Tu nos deste tudo, tanto o que é espiritual quanto o que é material. No entanto, falhamos em agradecer e nos alegrar em tua bondade. Nós te ignoramos e negligenciamos dar-te o louvor que é devido ao teu nome.

Perdoa nossa ingratidão. Dá-nos os olhos que possam ver tua mão no trabalho em todas as áreas de nossa vida. Permite-nos perceber que cada coisa boa vem de ti. E aprofunda nossa gratidão para que possamos servir-te com coração não dividido e alegre. Em nome de Jesus Cristo nosso Senhor. Amém.

## Oração particular

## Palavras de encorajamento

Atos 4:12

Não há salvação em nenhum outro, pois, debaixo do céu não há nenhum outro nome dado aos homens pelo qual devamos ser salvos.

*[Crianças com idades entre 5 e 10 anos podem ser encaminhadas para o lugar de culto destinado a elas. Os programas para o berçário e a pré-escola já estão sendo realizados e todas as crianças podem ser reunidas assim que o hino começar]*

## Hino

Jesus, tua alegria é amar os corações,
Jesus, tua alegria é amar os corações,
Tu, fonte de vida, luz para os homens,
Da bem-aventurança que transmite à terra,
Voltamos novamente vazios para ti.

A verdade inalterada permanece para sempre;
Tu salvas aqueles que clamam pelo teu nome.
Para aqueles que te buscam tu és bom,
Para os que encontram tudo em ti.

Nós provamos de ti, ó pão vivo,
E festejamos ainda em tua presença;
Bebemos de ti, o manancial,
E saciamos a sede de nossa alma em ti.

Nosso espírito inquieto anseia por ti,
Em quem nossos fardos são lançados;
Ficamos alegres quando vemos teu sorriso;
Abençoa nossa fé quando nos agarramos em ti.

Oh, Jesus, fica para sempre conosco,
Torna nossos momentos calmos e brilhantes;
Retira de nós a noite escura do pecado,
Derrama tua santa luz sobre o mundo.

**Compromisso**

**Oração**

**Anúncios**

**Leitura bíblica**
Lucas 10:25-37

**Sermão**
*Verdades duradouras de quatro
fontes próximas*                    Rev. Terry Gyger

**Ofertório**
*Sonata em Dó maior*                A. Corelli
                                    II. Adagio non troppo

**Hino**
Senhor, com o coração resplendente eu te louvo,
Por tua graça perdoadora que me salva e a paz que dela flui.
Ajuda-me, ó Deus, em meu fraco esforço, esta fraca alma para aumentar
seu arrebatamento:

Acende tua chama em mim ou meu amor nunca será aquecido para te louvar.

Louva, minha alma, o Deus que te buscou, quando eras miserável, desgraçada;
Encontrou-te perdida e gentilmente te trouxe de volta das sendas da morte.
Louve, com os sentimentos mais devotos de amor, àquele que, temeroso da culpa, te viu,
E a quem a luz da esperança foi revelada, a quem se mostrou a cruz manchada de sangue.

Louvado seja o teu Deus Salvador, que te atraiu para aquela cruz, para vida nova te dar;
Que sangrou para te perdoar, que te pediu que olhasse para ele e vivesse.
Louva a graça, cujas ameaças te alarmaram, que te levanta de teu destino fatal, graça que conduziu a um lugar de paz.

Senhor, os sentimentos ardentes deste peito vão foram expressos por meus lábios:
Ajoelhando-me diante dos teus pés, que a oração de súplica possas atender.
Que o teu amor, o tesouro principal de minha alma, a chama pura do amor se levantem dentro de mim.
E, como as palavras jamais poderão medir, que minha vida manifeste teu louvor.

## Bênção

## Despedida

Ministro:
Que sigamos para servir ao mundo, como aqueles que amam o nosso Senhor e Salvador Jesus Cristo.

Congregação:
Graças sejam dadas ao Senhor!

## Poslúdio

*Sonata em Dó maior*          A. Corelli
                              III. Allegro ma non tropo, V. Giga

(Os oficiais da igreja Redeemer estão disponíveis para atender a pedidos de oração na frente, após o culto)

## Músicos participantes do culto

Mark Peterson (órgão)
Scott McIntosh (trompete)

## Segundo culto de adoração
## Culto vespertino, 3 de setembro de 2000

**Reflexão**

O amor oferece mel para uma abelha que não tem asas.

– John Trapp, *Puritano do sétimo século*

O que os pobres necessitam, mais do que alimentos, roupas e abrigo (embora necessitem desesperadamente dessas coisas), é serem aceitos. É sua condição de excluídos, imposta pela pobreza, que os faz sentir maior agonia.

– Madre Teresa, *Algo belo para Deus*

Eu não tenho o coração duro; longe disso – ao contrário, sou cheio de piedade e com uma lágrima pronta para ser derramada. Só que meus impulsos emocionais sempre se voltam para mim, meus sentimentos de piedade me preocupam. Afinal, não é verdade que eu nunca amei. Eu concebi pelo menos um grande amor em minha vida, do qual eu era sempre o objeto.

– Jean-Baptiste Clamence, o advogado parisiense que "confessa" seu caminho através de Albert Camus em *A Queda*. Tentando ser um homem completo, Clamence encontra-se constantemente dominado pelo amor-próprio.

A cruz é uma revelação da justiça de Deus, bem como de seu amor. É por isso que a comunidade da cruz deve se preocupar com a justiça social, bem como com a filantropia amorosa. Nunca é suficiente ter piedade das vítimas da injustiça, se não fizermos nada para mudar a própria situação de injustiça. Os bons samaritanos serão sempre necessários para socorrer àqueles que são assaltados e roubados; contudo, seria ainda melhor livrar a estrada de Jerusalém-Jericó de bandidos.

– John R. W. Stott, *A cruz de Cristo*

**Prelúdio**

*Change of Heart*                                     Marcus Miller

**Preparação**                                       David Bisgrove

**Cânticos de louvor**

*Senhor, com o coração resplendente eu te louvo*

Senhor, com o coração resplendente eu te louvo,
Por tua graça perdoadora que me salva e a paz que dela flui.

Ajuda-me, ó Deus, em meu fraco esforço, esta fraca alma para aumentar seu arrebatamento:
Acende tua chama em mim ou meu amor nunca será aquecido para te louvar.

Louva, minha alma, o Deus que te buscou, quando eras miserável, desgraçada;
Encontrou-te perdida e gentilmente te trouxe de volta das sendas da morte.
Louve, com os sentimentos mais devotos de amor, àquele que, temeroso da culpa, te viu,
E a quem a luz da esperança foi revelada, a quem se mostrou a cruz manchada de sangue.

Louvado seja o teu Deus Salvador, que te atraiu para aquela cruz, para vida nova te dar;
Que sangrou para te perdoar, que te pediu que olhasse para ele e vivesse.
Louva a graça, cujas ameaças te alarmaram, que te levanta de teu destino fatal, graça que conduziu a um lugar de paz.

Senhor, os sentimentos ardentes deste peito vão foram expressos por meus lábios:
Ajoelhando-me diante dos teus pés, que a oração de súplica possas atender.
Que o teu amor, o tesouro principal de minha alma, a chama pura do amor se levantem dentro de mim.
E, como as palavras jamais poderão medir, que minha vida manifeste teu louvor.

(Francis Scott Key)

*Ele é exaltado*

Ele é exaltado, o Rei é exaltado nos céus, eu o louvarei!
Ele é exaltado, pra sempre exaltado, o Seu nome louvarei!
Ele é o Senhor, sua verdade vai sempre reinar;
Terra e céus glorificam seu Santo nome.
Ele é exaltado, o Rei é exaltado nos céus.

(Twila Paris/© 1985 Straightway Music) CCLI 48102

*Tudo por Jesus*

Tudo por Jesus, tudo por Jesus! Todos os poderes resgatados do meu ser:
Todos os meus pensamentos, palavras e ações, todos os meus dias e todas as minhas horas.

Que minhas mãos cumpram a sua vontade, que meus pés andem nos seus caminhos;
Que meus olhos vejam somente Jesus, que meus lábios cantem seu louvor.

Que meus olhos estejam fixos em Jesus; abandonei tudo o que estava ao meu lado,
Assim, enche a visão do meu espírito, olhando para o Crucificado.

Que maravilha! Quão incrível! Jesus, glorioso Rei dos reis,
Ele me chama como Seu amado, e me permite descansar sob suas asas.

(Mary D. James)

### Aproximando-se de Deus

### Oração de confissão

### Confissão individual

### Resposta confessional
*Uma coisa peço*
Uma coisa pedi ao Senhor, é o que procuro:
Que eu possa viver na casa do Senhor
Todos os dias da minha vida,
Para contemplar a bondade do Senhor.

Ouve a minha voz quando clamo, ó Senhor,
Não escondas de mim a tua face.
Não me desampares nem me abandones,
Ó Deus, meu Salvador.

(Salmos 27:4, 7-9) /© 1989 Mercy Publishing) CCLI 48102

### Louvor
*Anda comigo*
Anda comigo, Senhor, anda comigo.
Anda comigo, Senhor, anda comigo.
Anda comigo nesta jornada, como peregrino,
Quero que Jesus ande comigo.

Tu andaste com Moisés, não queres andar comigo?
Tu andaste com Moisés, não queres andar comigo?
Anda comigo nesta jornada, como peregrino,
Quero que Jesus ande comigo.

m minhas provas, Senhor, anda comigo.
Em minhas provas, Senhor, anda comigo.

Quando meu coração está quase desfalecendo,
Quero que Jesus ande comigo.

Quando estou em dificuldades, anda comigo.
Quando estou em dificuldades, anda comigo.
Quando meu coração está curvado por tristezas,
Quero que Jesus ande comigo.

(James Ward)

## Oração

## Cântico de louvor

*Aclame o Senhor*
Meu Jesus, salvador
Outro igual não há
Todos os dias quero louvar
As maravilhas de teu amor

Consolo, abrigo
Força e refúgio é o senhor
Com todo o meu ser
Com tudo o que sou
Sempre te adorarei

Aclame ao senhor toda a terra e cantemos
Poder, majestade e louvores ao rei
Montanhas se prostrem e rujam os mares
Ao som de teu nome

Alegre te louvo por teus grandes feitos
Firmado estarei, sempre te amarei
Incomparáveis são tuas promessas pra mim

(© 1993 Hillsongs) CCLI#48102

## Anúncios

## Leitura bíblica
Lucas 10:25-37

## Sermão
*Verdades duradouras de quatro
fontes próximas*   Rev.Terry Gyger

## Ofertório

*Cristo para o mundo*

Cristo para o mundo, cantamos;
Trazemos o mundo para Cristo com amor zeloso;
Os pobres e os que choram, os fracos e os que são atacados,
Os pecadores doentes e os desgastados pela tristeza, todos os quais Cristo cura.
(Samuel Wolcott)

*Cântico de compromisso*

Traze-me mais perto, sempre mais perto, Senhor, de ti
Faze com que eu fique cada vez mais perto de ti.
Amor muito puro para um coração como o meu,
Graça para mim, que teve um custo muito alto;
Ternas misericórdias desde agora e para a eternidade, eternidade.
Traze-me mais perto, sempre mais perto, Senhor, de ti.

Traze-me mais perto, sempre mais perto, Senhor, de ti
Traze-me mais perto, tu és muito mais do que eu mereço.
Pai de maravilhas, autor da verdade,
Adoração e honra te pertencem.
Glória e majestade, bênção e louvor
A Jesus nosso Senhor, a Jesus nosso Senhor.

## Bênção

## Poslúdio

*Bordertown*             Grover Washington Jr.
                                           Gary Haase

## Músicos participantes

Gary Haase (baixo)
Joel Frahm (saxofone)
Chuck Jennings (guitarra)
Tom Jennings (piano)
Buddy Williams (percussão)

## APÊNDICE B
## ORAÇÕES PARA OS NÃO PARTICIPANTES DA CEIA DO SENHOR

(escritas pelo Rev. Scot Sherman da
Igreja Presbiteriana Redeemer)

A Igreja Presbiteriana Redeemer recebe todos os cristãos batizados que estejam dispostos a abandonar o seu pecado e a confiar em Jesus Cristo para a salvação, e que sejam membros de congregações que proclamam o evangelho, para receberem a Santa Comunhão conosco. Se você não estiver disposto a participar da Comunhão, use esse tempo para meditar em uma das seguintes orações.

**Oração para aqueles que procuram a verdade.**

Senhor Jesus, o Senhor diz que é o Caminho, a Verdade e a Vida. Conceda que eu não tenha medo de pagar o preço de segui-lo ao considerar as razões para fazê-lo. Sendo que, aquilo que o Senhor diz, é a verdade, por favor me guie, me ensine e me conduza para a realidade de quem o Senhor é. Dê-me uma compreensão sua que seja coerente e convincente, e que leva à vida que o Senhor promete. Amém.

**Oração para quem deseja crer.**

Senhor Jesus Cristo, admito que sou mais fraco e pecador do que ouso admitir, mas por meio do Senhor sou mais amado e aceito do que jamais poderia esperar. Agradeço-lhe o pagamento da minha dívida na cruz, sofrendo o que eu merecia para me oferecer o perdão completo. Sabendo que o Senhor ressuscitou dentre os mortos, eu me arrependo de meus pecados e o recebo como meu Salvador e Senhor. Amém.

# ÍNDICE ESCRITURÍSTICO

**Gênesis**
Livro .... 15, 32, 38, 39,
124, 125, 153
1:1-3............156
2................32
2:15..............39
3:14-24..........124
3:17-19...........38

**Êxodo**
Livro.......21, 153, 240
31................240
33:18.............219

**Levítico**
Livro.......22, 205
4................33
17:11ss............33

**Números**
6:22-27............46
15:37-41...........19

**Deuteronômio**
4:11..............162
4:24..............162
6:8...............32
6:4-9.............19
6:5...............38
8:3...............155
11:13-21..........19

29:29..............14
31:9-13............155
32:1-45............155
32:46..............155

**Josué**
1:5-9..............47

**2Samuel**
6:21b.............161
6:22..............161
24:24..............90

**2Reis**
17:39..............27

**1Crônicas**
12:32.............151
16:29...........26, 27

**Neemias**
2:8...............202
8.................162

**Salmos**
Livro... 19, 21, 45, 47,
68, 78, 153, 218
1:2................47
15.................88
22:22.............166
23.................30

23:2...............30
24................195
27:4..............251
27:7-9............251
28:2..............202
29:2...............27
34:8..............184
33:6..............157
46:8-11...........168
46:10a............168
47:1..............202
66.................31
66:2..............216
75–76..............31
81:9...............26
95:6-7.............27
95:6-8.............59
98....104, 105, 107, 243
98:1..............105
98:8.........107, 243
98:9..............107
100................88
100:1-2......26, 176, 180
100:1-5...........220
100:2..............27
100:3..............27
102:18............220
103:1..............38
105:1.............220
105:2.............220
115:4-8...........130

| | | |
|---|---|---|
| 117............220 | **Amós** | 1:18...............151 |
| 118:22............168 | 5:21-24......20, 21, 250 | 2:13-22.............35 |
| 118:22-24........168 | | 3:5...............157 |
| 118:24............168 | **Mateus** | 3:16..............113 |
| 119..........155, 180 | Livro...............21 | 3:34..............157 |
| 130:3-4............213 | 2:1-2..............129 | 4:23-24.............35 |
| 141:2..............50 | 2:1-12.............133 | 4:24..............35 |
| 145:3-5............27 | 2:2................18 | 5:23..............39 |
| 148..............26 | 2:8................18 | 5:39-49............153 |
| | 4:4...............155 | 6:63..............157 |
| **Isaías** | 4:9................18 | 12:3..............161 |
| Livro...............15 | 4:10...............26 | 12:41.............191 |
| 1:11-17............37 | 6:6................42 | 12:5..............161 |
| 2:1-4.............220 | 11:28..............113 | 12:41.............191 |
| 6.........191, 192, 219 | 18:26..............18 | 17:17..............47 |
| 6:3...............191 | 22:37..............38 | 20:28..............39 |
| 33................54 | 23:1-10.............65 | 21................30 |
| 34:16.............157 | 23:1-13.............96 | |
| 46:6..............26 | | **Atos** |
| 56:6-8............220 | **Marcos** | Livro.............156 |
| 59:21.............157 | Livro...............15 | 1:8..............157 |
| 61:1..............157 | 7:8-9..............200 | 1:23-31............189 |
| 66:2..............155 | 14:6..............161 | 2................220 |
| | 14:8..............161 | 2:5...............220 |
| **Jeremias** | 14:9..............161 | 2:11..............220 |
| 7.................30 | | 2:12..............220 |
| 7:9-10.............37 | **Lucas** | 2:37..............220 |
| 31:31ss.............34 | 4:4...............155 | 2:42..............45 |
| 31:31-34..........140 | 4:20...........45, 68 | 4:12..............244 |
| | 10:25-37.....245, 252 | 4:23-31............188 |
| **Ezequiel** | 20:17..............168 | 4:31..............43 |
| 8.................37 | 20:18..............168 | 5:2...............46 |
| 8-11...............34 | 22.................98 | 5:30-32............157 |
| 11:16..............34 | 22:19..............68 | 6:1-6..............46 |
| 36:25-27............34 | 22:20..............68 | 7:42-43............26 |
| | 24................155 | 11:26..............43 |
| **Daniel** | 24:25-27...........153 | 14:27..............43 |
| 3:15...............26 | 24:44-47...........153 | 15:6...............43 |
| 3:28...............26 | 24:50..............46 | 15:30..............43 |
| 4:1-37.........183, 184 | | 17:11..............94 |
| | **João** | 18:7...............45 |
| **Oseias** | Livro.............151 | 18:11..............45 |
| 6:6................20 | 1:14...............39 | 19:8-10.............45 |

ÍNDICE ESCRITURÍSTICO 255

20:4..............46
20:7..............45
20:7-8............43
20:20.............45
20:25.............45
20:28.............45

**Romanos**
Livro............138
1................30
1:25..............46
4................15
5:1-5.............217
8:15-16...........213
8:22–23...........26
9:5...............46
12:1....140, 159, 207, 209
12:1-2...20, 23, 35, 46, 58
12:8..............46
12:13.............46
14:19............186
15...............36
15:1-3...........202
16:1..............46
16:2..............46
16:1-2............46
16:16.............46

**1Coríntios**
Livro......52, 110, 115
1:17-25..........109
1:17–2:5.........108
1:25.............110
1:26-31..........109
2:1-5............109
2:2..............107
2:2-5............219
2:5..............109
3:16-17........35, 42
4:6...............49
5...............110
5:4...............43
5:7...............36

6:19..............35
6:19-20............42
11................98
11–14..............64
11:17..............43
11:23............183
11:23-25..........145
11:24.........46, 183
11:25....110, 183, 207
11:33-34...........43
12................13
13................64
14.........12, 16, 46,
      52, 57, 76, 220
14:1..............64
14:12.............64
14:15........45, 166
14:16..........45, 46
14:19.............64
14:23-24......183, 220
14:24-25.........220
14:25........44, 202
14:26.............45
14:29.............94
14:40.............76
15:1-3............46
16:1-4............46
16:2..............46
16:20.............46

**2Coríntios**
8:19-21............46
9:11-15............46
13:12.............46
13:14.............46
20:4..............46

**Gálatas**
2:14.............222
3................15

**Efésios**
1:18-22...........213

3:14-21..........213
3:21..............46
5:19..........43, 45
5:19-20..........166

**Filipenses**
2:9-10............39
3:1...............32
4:18..............46

**Colossenses**
Livro............152
1:15-20......42, 152
1:16.............152
1:17.............152
1:18-20..........153
2:9...............39
3:15..............45
3:16......43, 65, 107
4:15..............45
4:16..............45

**1Tessalonicenses**
1:4-5............157
2:13.............157
5:27..............45

**2Tessalonicenses**
3:14..............45

**1Timóteo**
1:15.............113
2:1...............45
2:1-2.............78
2:8..............202
3:16..............45
4:13.........45, 156
5:26..............46
6:12..............46

**2Timóteo**
2:8-13......176, 178
2:15.............156

3:14-17..........45, 182
3:15-17............ 45
3:16...............45
4:1-5..............156
4:2...............45

**Hebreus**
Livro......16, 20, 21, 34,
           35, 153
1:3...............152,
2:11...............40
2:12..............166
4:12............. 208
4:16.............. 219
7-10...............153
7-11...............140
8:7-13..............140
8:13.............34, 36
9:1-23...............20
9:23-10:18..........20
10:10..............40
10:14..............40
10:19-22........... 208
10:19-25............43
12................162
12:18-21............162
12:18-29........64, 162
12:22-24.............42
12:25-27........... 162

12:28..............162
12:28-29............208
12:29..............162
13:15...........36, 195
13:15-16........ 63, 208
13:16...... 46, 207, 222
13:17...........207, 222

**Tiago**
1:17..............240
1:18..............157

**1Pedro**
Livro........... 35, 221
1:8..............159
1:23..............157
2...............220
2:5............16, 207
2:9.............. 221
2:11..............221
2:11-12.............41
2:13-21.............221
3:8-17..............221
3:21..............46
5:14..............46

**2Pedro**
3:1............. 32
3:2............. 32

3:15...............45
3:16...............45

**1João**
2:1..............113

**Apocalipse**
Livro...........21,
22, 39, 40, 45, 50, 54
1:6...............16
4.....25, 27, 39, 191, 192
4:8...............27
4:10...............27
4:11...............27
5................50
5:4.............. 39
5:6...............40
5:8...............208
5:9...............45
5:9-13..............45
5:12..............183
5:14..............46
8:3-4............. 208
11:17-18............45
15:3...............45
15:4...............45
19:10...........26, 44
21-22..............54

# ÍNDICE DOS HINOS E CÂNTICOS

A Deus demos glória, 114
A Deus supremo benfeitor, 228, 230, 234
A revelação da cruz, 145
Aclame ao Senhor, 10, 252
Adorai a Cristo, o rei ressurreto, 9
Agora o silêncio, 10
Alegria para o mundo, 145
Aleluia! Adorai o Senhor Deus santíssimo, 9, 184
Aleluia, a luta terminou, 178
Aleluia, cantai para Jesus, 185
Amor desconhecido, 9, 117
Amor divino, 145
Anda comigo, 251
Ao Deus de Abraão louvai, 183, 186
Ao pé da cruz de Cristo, 185
Ao teu lado quero andar, 137
Benditos laços, 145
Bons cristãos, regozijai, 177, 179
Cantai a Deus louvores de adoração, 9, 104
Cantai louvores, 243
Castelo forte, 239
Com alegria, como os homens do passado, 9, 128
Cristo para o mundo, 252

Cristo ressuscitou, 177
Deus da criação, 188-189
É teu sangue, 9, 112
Ele é capaz, 188-189
Ele é exaltado, 10, 249-250
Ele tem o mundo em suas mãos, 188
Ele veio da glória, 133
Envia tua Palavra, 10, 180, 181
Este é o dia, 9, 167
Eu não posso dizer, 124
Eu te amo, 188, 189
Filhos do Pai Celeste, 189-189
Glorificado seja teu nome, 187
Grande é o Senhor, 187
Guia-me, ó grande Jeová, 145
Há um país, 125
Há uma fonte plena de sangue, 145
Jesus vive e então eu viverei, 176, 179
Jesus está voltando, 169
Jesus, tua alegria é amar, 245
Levanta-te, ó igreja, 242
Lindo és, meu Mestre, 188
Manancial de toda bênção, 145
Marchando para Sião, 145
Meu coração sempre fiel, 145

Meu divino protetor, 145
Não foi a luz brilhante, 9, 130
Não sei dizer, 126
Não tenho tempo para morrer, 188
O amor de Jesus é maravilhoso, 10, 106
O apresentador, 163
O dia da ressurreição, 176-177
O anjo proclamou o primeiro natal, 10, 134
O nome de Jesus saudai, 145, 187
O Senhor é Rei, 184
O Senhor meu pastor, conduz minha vida, 9, 123
Oh, filhos e filhas cantemos, 176
Oh, maravilhosa estrela, 133
Oh, Palavra de Deus encarnada, 182
Oh, vinde adorá-lo, 19
Os bons cristãos se alegram, 176
Pelas coisas que fiz de errado, 130
Provai e vede, 184

Quão majestoso é teu nome, 187
Quão profundo é o amor do Pai por nós, 10, 120
Que firme alicerce, 145
Rocha eterna, 145
Sempre mais perto, 252
Senhor, com um coração resplendente, 10, 246, 248
Silenciado foi o hino da noite, 31
Sou um soldado da cruz, 145
Tal qual estou, 145
Todos os cristãos regozijai, 179
Tola é a sabedoria do mundo, 10, 108
Traze-me mais perto, 252
Três reis orientais, 131
Tu és tudo para mim, 167
Tudo por Jesus, 250
Uma coisa peço, 10, 250
Vós, criaturas de Deus Pai, 177, 183-184

# ÍNDICE DE AUTORES

Alcantara, Jared, 189
Ambrose, 263
Ames, William, 143
Andrewes, Lancelot, 144
Aquino, Tomás, 210
Armstrong, John H., 206
Aune, David E., 47
Bach, Johann Sebastian, 9, 183, 184, 239
Baker, Peter, 91, 92
Baughen, Michael, 9, 110, 253
Baxter, Richard, 175
Beaumarchais, Pierre Augustin Caron de, 90
Bennett, Arthur, 231
Bisgrove, David, 245
Blanchard, John, 193, 194
Blanchard, Jonathan, 139
Blumhofer, Edith, 145
Blunt, A. W. F., 156
Bockmuehl, Markus N. A., 46
Bonhoeffer, Dietrich, 41
Bradshaw, Paul F., 12
Bucer, Martin, 57, 67, 70
Calvino, John, 56, 174, 203-205, 209-214, 216-220, 222, 223, 235, 240

Campbell, Alastair, 24
Camus, Albert, 241, 248
Carson, D. A., 11, 22, 40, 46, 63, 64, 140, 151, 203, 206, 207
Cartwright, Thomas, 143
Chaucer, Geoffrey, 17
Childs, Ed, 179
Christ, Michael, 9, 112
Clamence, Jean-Baptiste, 241, 248
Clowney, Edmund P., 40, 46
Corelli, Arcangelo, 241, 246, 247
Costen, Melva Wilson, 12
Cotton, John, 143
Cranmer, Thomas, 12, 61-63, 65-75, 77-85, 87-89, 91, 93, 95-97, 99, 101-103, 105, 107, 109, 111, 113, 115, 117, 119, 121, 123, 125, 127, 129, 131, 133, 135, 147
Crossman, Samuel, 9, 117
Davidson, Anita, 9, 130
Davies, Horton, 12, 143, 145, 146, 173
Davies, J. G., 12, 34
Dawn, Marva J., 12, 27, 150, 197, 199, 206, 238
Dix, William C., 9, 128
Donne, John, 144

Dostoievski, Fiodor, 33
Doyle, Robert, 47, 48
Dumbrell, William J., 140
Dunnill, John, 21
Earey, Mark, 13
Edwards, Jonathan, 159, 213, 221, 222
Ehrman, Carole, 188
Elwell, Ellen, 180
Elwell, Nate, 180
Ferguson, Everett, 43, 55
Finney, Charles G., 147
Frahm, Joel, 253
Frame, John M, 51, 52, 201- 203, 208, 209
Fretheim, Terence E., 21
Fullerton, W. Y., 126
Gaddy, C. W., 206
Gardiner, Stephen, Bishop, 67
Garrett, Les, 9
Goldsworthy, Graeme, 140
Goodwin, Thomas, 143
Graham, Billy, 137
Gramann, F., 178
Green, Christopher, 156
Grenz, Stanley, 204
Grieg, Edvard, 176
Gruendyke, Randy, 184
Guthrie, Donald, 21
Gyger, Terry, 245, 252
Haase, Gary, 253
Hamblin, Stuart, 137
Hanaoka, Nobuaki, 181
Handel, G. F., 180, 182
Hattori, Y., 33
Hayford, Jack, 9

Heider, Anne, 214
Henry, Matthew, 174
Herbert, George, 183
Hilber, John W., 21
Hill, Andrew E., 19
Hill, E. V., 154
Hillier, Paul, 214
Hollinger, Debbie, 187
Hooker, Richard, 23, 51, 52, 71
Hooper, John, 67, 144
Horton, Michael S., 197, 199
Hughes, Kent, 5, 137, 177, 179, 182, 184, 186, 188
Hughes, Rose, 137
Hurtado, Larry W., 54
Hustad, Donald, 165
Idle, Christopher, 9, 87, 123
Iliff, David, 78
Imakoma, Yasushige, 10, 181
Irons, Lee, 52
Jackman, David, 156
James, Mary D., 250
James, William, 33
Jeffrey, David Lyle, 34
Jennings, Chuck, 253
Jennings, Tom, 237, 253
Jewel, John, 74
Johansson, Calvin M., 200, 238
Johnson, Terry L., 202, 203
Johnston, Jim, 181, 184, 187
Jolly, Hilary, 10, 108
Jones, C., 66
Jordan, Diane, 178, 182
Justino Mártir, 156
Kaiser, Glenn, 10
Keesecker, T., 181

Keller, Tim, 52, 137, 197
Key, Francis Scott, 10, 249
Kidner, Derek, 216
King, Charles, 195
Kingdom, Robert M., 140, 219
Ladd, Bill, 178
Law, William, 43
Leithart, Peter, 30
Leith, John, 201, 205, 214, 217
Leo, John, 28
Levin, Bernard, 61
Lewis, C. S., 212
Lewis, Peter, 203
Lewis, W. H., 212
Lints, Richard, 201, 204
Lucas, R. C., 156
Luter Jr., A. Boyd, 24
Lutero, Martinho, 158, 165, 174, 215
Madre Teresa, 241, 248
Maillefer, Marc, 177, 184
Marini, Stephen, 145
Marshall, I. Howard, 24
Marty, Martin, 12
Mason, John, 52, 136
McComiskey, Thomas Edward, 174
McIntosh, Scott, 247
McKibbens Jr., T. R., 148
McKim, Donald, 209, 222
McKinnon, James, 12, 165
Mendez, Guillermo W., 203
Merrill, Eugene H., 32
Milhaud, Darius, 187
Miller, Donald, 238
Miller, Marcus, 248, 264
Montgomery, David, 45

Morganthaler, Sally, 198
Mozart, Wolfgang Amadeus, 240
Muggeridge, Malcolm, 61
Murray, John, 218
Myers, Ken, 199, 212
Newman, Paul, 163
Niebuhr, H. Richard, 221
Nielson, Niel, 177, 181, 184, 189
Noll, Mark, 31, 145, 214
O'Brien, Peter T., 152
Oesterley, W. E., 19, 20
Old, Hughes Oliphant, 12, 46, 173, 174, 203, 205, 213, 229
Ortega, Fernando, 198
Packer, J. I., 70, 143
Paris, Twila, 10, 250
Park, Andy, 10
Payton, Leonard R., 51
Peacock, David, 78
Perkins, William, 143, 144
Perry, Michael, 78, 120, 136
Peterson, David, 12, 22, 67, 79, 141, 206, 207
Peterson, Mark, 247
Pettit, Tim, 241
Plantinga Jr., Cornelius, 28, 29
Plantinga-Pauw, Amy, 222
Powell, Mark Allan, 21
Preston, John, 143
Pugh, Melody, 187
Ralston, Tim, 31
Rasmussen, Adam, 181
Rattle, H. W., 10, 106
Rayburn, Robert G., 37, 142, 158
Redford, Robert, 163
Richardson, John P., 24

Ridderbos, Herman, N., 207
Runia, Klass, 203
Ryken, Leland, 144
Salieri, Antonio, 240
Schalk, Carl, 185
Schaller, Lyle, 197
Scott, Lee, 177
Shaper, Robert, 24
Sherman, Scott, 56, 255
Sibbes, Richard, 143
Singley III, H. E., 186, 188, 189
Smith, John, 213
Stott, John, 156, 241, 248
Strunk, William, 225
Madre Teresa, 241, 248
Thomas, Jay, 181
Thompson, E., 186
Thompson, Marianne Meye, 22, 46,
Thompson, Michael B., 46
Torrance, James, 40, 41
Townsend, Stuart, 10, 121
Tozer, A. W., 150, 151
Trapp, John, 241, 248
Troeltsch, Ernst, 221
Vajda, Jaroslav J., 10, 185
Veith, Gene, 204
Volf, Miroslav, 41, 221
Wagner, C. Peter, 197, 198
Wainwright, G., 66

Wakefield, Gordon S., 12
Walker, Michael, 222
Walls, Andrew F., 201
Ward, James, 251
Washington Jr., Grover, 253
Watts, Isaac, 174
Webber, Robert E., 45, 49, 50, 200, 223
Weber, Max, 221
Wells, David, 197
Wesley, John, 62, 85, 161
Wheatley, Greg, 177
White, David, 177, 184, 188,
White, E. B., 225
White, James F., 12, 143, 148, 201, 203
Williams, Buddy, 253
Willan, H., 179
Willis, David, 222
Wilson-Dickson, Andrew, 12, 53
Wolcott, Samuel, 252
Wolterstorff, Nicholas, 209-212, 216, 222
Woodhouse, John, 156, 157
Wordsworth, William, 161
Wright, N. T., 54
Yarnold, E., 66
Young, G., 186
Zschech, Darlene, 10
Zuínglio, Ulrich, 202, 203, 204, 209, 214, 216, 217

# ÍNDICE DE ASSUNTOS

Acessibilidade, 69, 72, 83, 95, 96, 101, 199, 205, 206, 226
Adoração centralizada em Cristo, 141, 180
Adoração centralizada em Deus, 146, 149, 151, 164, 213
Adoração centralizada no ser humano, 149, 150
Adoração coletiva, 7, 8, 13, 16, 20, 23-25, 28-31, 35, 36, 39, 42, 43, 45-53, 55, 57, 59, 137, 138, 140-143, 146-151, 154, 156-159, 164, 165, 171, 172-174, 188, 191, 195, 198, 199, 201, 202-206, 208-213, 215, 220-222, 224, 227, 229, 230, 232, 237, 238, 240, 266, 267
Adoração como parte do culto, 141, 158
Adoração contemporânea, 52, 197, 198, 203, 204, 222, 223, 238
Adoração e ação, 22, 33, 41, 46, 48, 63, 64
Adoração espiritual, 35, 38
Adoração histórica, 198, 199
Adoração prazerosa, 25, 29
Adoração vespertina, 186
Amor, *pelo próximo*, 221, 222; *pelo Senhor*, 138

Ano eclesiástico, 97
Antecipação da consumação, 54
Anúncios, 91, 92, 101, 122, 163, 172, 173, 188, 189, 224, 231, 232, 245, 252, 266
Arquitetura, 95, 96, 146, 211, 239
Assombro, 39, 219
Autenticidade, 56, 57, 138, 172, 224
Barreiras, veja *Unidades homogêneas*.
Batismo, 19, 46, 90, 99, 146, 147, 174, 228, 231, 232, 235, 236
Bíblias na congregação, 18, 134, 138
Boas-vindas, 49, 104, 105, 110, 115, 117, 119, 128, 129, 171, 172, 177, 181, 183, 184, 185, 187, 228, 232, 235, 236
"Buscadores de cultos", 206
Cânticos, veja *Hinos*.
Caráter de Deus, 31, 165
Ceia do Senhor, 13, 41, 46, 48, 52, 53, 54, 57, 68, 98, 110, 115, 145, 203, 216, 217, 219, 231, 235, 239, 255
Centralizadade *de Deus*, 16; *da cruz*, 82; *da palavra*, 146, 175
"Cerimônias", 71, 208, 211, 212
Comando, 152, 188, 189

Comunhão. *Veja* Ceia do Senhor,

Comunidade, 13, 19-22, 27, 34, 36, 41, 79, 84, 142, 188, 198, 200, 201, 203-205, 207, 214, 215, 221, 234, 241, 248

Confissão, 16, 19, 23, 46, 47, 49, 57, 67, 78, 80, 84, 88, 101, 106, 107, 118, 119, 130, 132, 162, 165, 174, 230, 231, 234, 236, 239, 244, 250

Corais, 16, 34, 170, 175, 197, 201, 214

Credo, 19, 56, 57, 78, 80, 82, 84, 101, 139, 171, 173, 177, 181, 184, 212, 218, 219, 223, 234

Criador, 19, 25-27, 29, 33, 57, 138, 150, 152, 153, 177, 183, 240, 244, 261

Crianças, 28, 58, 97, 99, 100, 104, 105, 107, 108, 115-117, 119, 128, 129, 132-136, 139, 172, 179, 186, 191, 192, 245

Culto para visitantes, 101, 117, 122, 125, 127

Culto, 5, 7, 9, 11-14, 18, 20-26, 39, 41-45, 47-52, 55-58, 61-71, 73-105, 107, 108, 110, 113, 115-117, 119, 122, 125-129, 132, 134, 136-142, 144, 146-151, 154, 157-161, 163-165, 169, 171-174, 176, 180, 182, 183, 186-189, 197-212, 214, 216-225, 227, 229, 230, 232, 235, 247

Cultos de família, 83, 99, 128, 129, 134

Cultos matinais, 183, 241

Cultura, 12, 43, 69, 74, 80, 83, 95, 97, 150, 197-202, 204, 205, 222, 223

Debate sobre adoração, 13, 14, 208

Definição de adoração, 14, 24, 63, 221

Drama, 9, 11, 47, 50, 80, 89, 101, 148

Duração do culto, 94, 95, 101, 103

Edificação, 23, 24, 43, 44, 46, 64, 66, 68, 71, 75, 78, 79, 80, 82, 85, 140-141-142, 158, 164, 166, 174, 186, 205-209, 214, 219

Embaraço, 81, 90

Emoção, 49, 78, 159-161, 212, 217, 225, 226

Entretenimento, 55, 87, 139, 148, 170

Equilíbrio, 70, 76, 77, 80, 82, 84, 90, 102, 125, 186, 206, 209, 211, 213, 216, 217

Escrituras, *leitura pública*, 156, 174, 193; *uso das*, 13, 61, 69, 144, 174, 215. Veja também *Palavra de Deus*.

Espírito Santo, 41, 88, 157, 177, 179, 198, 213, 244

Estudos de palavras, 14, 45

Evangelismo, 6, 56, 59, 63-64, 75, 79-80, 85, 91, 95, 100, 138-139, 149, 206, 219, 220

Excelência na adoração, 55, 147, 214

Exemplos de cultos, 241

Graça, 14, 41, 47, 49, 54, 68, 80, 91, 101, 113, 153, 162, 169, 181, 210, 213, 215-219, 230, 233, 240, 246, 247, 252

Hinos, 13, 43, 65, 80, 84, 86, 105, 145, 148, 157, 161, 165, 167, 172, 176, 186, 187, 200, 222, 227, 235, 239, 242, 261

Honra, 17, 18, 25, 27, 28, 54, 81, 184, 206-208, 213, 214, 239, 240, 253

Idolatria, 26, 32, 37, 150, 195

Igreja universal, 16, 35, 64, 97, 141, 159

Invocação, 47, 54, 171, 218, 229, 234

Justificação pela fé, veja *Graça*.

# ÍNDICE DE ASSUNTOS 265

Liturgia, 12-13, 19-21, 57-58, 62-63, 65-66-67, 69, 72, 74; *da sinagoga*, 19-20; *revisão da*, 62, 72-73, 93, 101103, 206; *tradicional*, 49, 70, 139, 204, 209, 238; *variação da*, 83

Livro de culto alternativo, 62, 67, 113

Livro de oração comum, 18, 23, 24, 52, 61-63, 65, 66, 71, 72, 136, 147

Método, 12, 13, 16, 17, 21

Missa, 67, 96, 141, 205, 210

Música pop, 199, 238

Música, *excelência da*, 55, 237; "música especial", 11, 50, 101; *estilo*, 86, 188, 235, 238. *Veja também* música pop,

Músicos não cristãos, 240

Natal, 31, 57, 97, 130, 132, 134-136

Notícias, veja *Anúncios*.

Nova aliança, 16, 17, 20, 21, 23-25, 28, 34-39, 41-43, 45, 51-53, 111

Obstáculos para cultos de adoração coletiva, 55

Ofertas, 20, 21, 26, 37, 140, 172, 178, 182, 184, 188-189, 208, 219, 222, 228, 232, 234

Oração, 67, 68, 70, 72, 74, 76-78, 80, 83, 84, 88, 89, 93, 96, 98, 101, 103, 113, 115, 121, 126, 144-147, 150, 157, 162, 171-172, 174, 181, 187

Palavra de Deus, 45,47, 55, 65, 67, 70, 77-80, 84-85, 93-95, 100, 102, 122,142-143, 147, 154-158, 160, 162, 164, 166, 169-170, 174-175, 180, 182, 193, 208-209, 218-219, 229, 232. Veja também *Escritura*.

Páscoa, 16, 22, 31, 97, 176, 207

Planejamento, 57, 76, 77, 82, 85, 90, 103, 127, 136, 171, 227, 235

Pós-modernismo, 33, 198, 204, 205

Pragmatismo, 71, 82, 147-150

Pregação expositiva, 143, 144

Preparação, veja *Planejamento*.

Princípio de "Somente a Escritura", veja *Princípios regulatórios*.

Princípio de Hooker, 23, 51

Princípios regulatórios, 23, 51, 52, 141, 201, 203

*Proskyne* (grego), 18, 44

Resposta apropriada, 26-28

Ressurreição, 26, 48, 120, 153, 176, 177, 242, 244, 261

Ritmo de adoração, 70, 107, 134, 136, 216, 218

Sacerdócio de todos os cristãos, 96

Sacerdócio, 35, 40, 140, 141, 153, 207

Sacrifício, 16, 19, 21, 23, 33-38, 41, 46, 47, 63, 66-68, 91, 111, 112, 114, 121, 140, 141, 153, 154, 159, 195, 207-210, 216

Santidade, 26, 27, 38, 80, 215, 216, 221, 239

Sentimentalismo, 198, 204, 205, 211, 212, 216, 220, 223, 238

Seres morais, 25-26

Sermões, 29, 31, 74, 76, 93, 110, 125, 144, 146, 213, 235

Silêncio, 41, 71, 76, 87, 93, 110, 137, 171-173, 177, 181, 183-185, 191, 203, 210, 223, 230, 236, 237, 261

Simbolismo, 36, 39, 50

Simplicidade, 24, 73, 100, 146, 147, 211, 213-215, 219, 220, 223, 237

Tamanho da congregação, 92

Temor de Deus, 213

Teologia sistemática, 15-17

Testemunhos, 89, 125, 139, 187, 228, 231, 232

Tipologia, 20, 21, 153

Trabalho, 20-23, 29, 38, 39, 43, 56, 61-63, 66-70, 77, 82, 84, 85, 90, 103, 105, 107, 115, 124, 129, 136, 138, 145, 157, 169, 171, 175, 191, 195, 199, 202, 212, 218, 219, 221, 222, 231, 237, 239, 244

Tradição da Igreja Livre, 139, 140, 142, 143, 145, 147-148, 158, 173

Tradição reformada, 56, 141, 201, 202, 204, 209, 219, 222, 223

Tradição, 34, 38, 41, 52, 53, 55-58, 61, 71, 99, 137, 139, 140-148, 154, 161, 173, 197-205, 209, 219, 222, 223

Tradicionalismo, 11, 32, 58

Trindade, a, 14, 99, 165, 193

Unidade, 73, 150, 171, 176, 197, 200, 214, 215

"Unidades homogêneas", 56

Vestes, 191

"Vida como um todo", 22, 38, 44, 207, 208, 222

Votos, 54, 146, 228, 231, 232, 235, 236, 246, 248

Este livro foi impresso pela Assahi em 2025 para a
Thomas Nelson Brasil. O papel do miolo é pólen
natural 70g/m² e o da capa é cartão 250g/m².